首都经济贸易大学·法学前沿文库

操纵市场行为的类型化认定研究

孙宝玲 著

Identification of Market Manipulation

Based on Typification

中国政法大学出版社

2025·北京

图书在版编目（CIP）数据

操纵市场行为的类型化认定研究 ／ 孙宝玲著.

北京 ： 中国政法大学出版社，2025. 3. -- ISBN 978-7
-5764-2015-9

　　Ⅰ. D922.287.4

中国国家版本馆 CIP 数据核字第 2025RR2442 号

出　版　者　中国政法大学出版社

地　　　址　北京市海淀区西土城路 25 号

邮寄地址　北京 100088 信箱 8034 分箱　邮编 100088

网　　　址　http://www.cuplpress.com（网络实名：中国政法大学出版社）

电　　　话　010-58908441(编辑部) 58908334(邮购部)

承　　　印　保定市中画美凯印刷有限公司

开　　　本　880mm×1230mm　1/32

印　　　张　10

字　　　数　240 千字

版　　　次　2025 年 3 月第 1 版

印　　　次　2025 年 3 月第 1 次印刷

定　　　价　49.00 元

首都经济贸易大学·法学前沿文库
Capitaol University of Economics and Business Library, Frontier

主　编　张世君

文库编委　高桂林　金晓晨　焦志勇　李晓安
　　　　　　米新丽　沈敏荣　王雨本　谢海霞
　　　　　　喻　中　张世君

总　序

　　首都经济贸易大学法学学科始建于 1983 年；1993 年开始招收经济法专业硕士研究生；2006 年开始招收民商法专业硕士研究生；2011 年获得法学一级学科硕士学位授予权，目前在经济法、民商法、法学理论、国际法、宪法与行政法等二级学科招收硕士研究生；2013 年设立交叉学科法律经济学博士点，开始招收法律经济学专业的博士研究生，同时招聘法律经济学、法律社会学等方向的博士后研究人员。经过 30 年的建设和几代法律人的薪火相传，首都经济贸易大学现已经形成了相对完整的人才培养体系。

　　为了进一步推进首都经济贸易大学法学学科的建设，首都经济贸易大学法学院在中国政法大学出版社的支持下，组织了这套"法学前沿文库"，我们希望以文库的方式，每年推出几本书，持续、集中地展示首都经济贸易大学法学团队的研究成果。

　　既然这套文库取名为"法学前沿"，那么，何为"法学前沿"？在一些法学刊物上，常常可以看到"理论前沿"之类的栏目；在一些法学院校的研究生培养方案中，一般都会包含一门叫作"前沿讲座"的课程。这样的学术现象，表达了法学界的一个共同旨趣，那就是对"法学前沿"的期待。正是在这样的期待中，我们可以发现值得探讨的问题：法学界一直都在苦苦期盼的"法学前沿"，到底长着一张什么样的脸孔？

首先，"法学前沿"的实质要件，是对人类文明秩序作出了新的揭示，使人们看到文明秩序中尚不为人所知的奥秘。法学不同于文史哲等人文学科的地方就在于：宽泛意义上的法律乃是规矩，有规矩才有方圆，有法律才有井然有序的人类文明社会。如果不能对千差万别、纷繁复杂的人类活动进行分门别类的整理，人类创制的法律就难以妥帖地满足有序生活的需要。从这个意义上说，法学研究的实质就在于探寻人类文明秩序。虽然在任何国家、任何时代，都有一些法律承担着规范人类秩序的功能，但是，已有的法律不可能时时处处回应人类对于秩序的需要。"你不能两次踏进同一条河流"，这句话告诉我们，由于人类生活的流动性、变化性，人类生活秩序总是处于不断变换的过程中，这就需要通过法学家的观察与研究，不断地揭示新的秩序形态，并提炼出这些秩序形态背后的规则——这既是人类生活和谐有序的根本保障，也是法律发展的重要支撑。因此，所谓"法学前沿"，乃是对人类生活中不断涌现的新秩序加以揭示、反映、提炼的产物。

其次，为了揭示新的人类文明秩序，需要引入新的观察视角、新的研究方法、新的分析技术。这几个方面的"新"，可以概括为"新范式"。一种新的法学研究范式，可以视为"法学前沿"的形式要件。它的意义在于，由于找到了新的研究范式，人们可以洞察到以前被忽略了的侧面、维度，它为人们认识秩序、认识法律提供了新的通道。新的研究范式甚至还可能转换人们关于法律的思维方式，并由此看到一个全新的秩序世界与法律世界。可见，法学新范式虽然不能对人类秩序给予直接的反映，但它是发现新秩序的催生剂、助产士。

再其次，一种法学理论，如果在既有的理论边界上拓展了新的研究空间，也可以称之为"法学前沿"。在英文中，前沿（frontier）也有边界的意义。从这个意义上说，"法学前沿"意味着在已有的法学疆域之外，向着未知的世界又走出了一步。在法学史上，这种突破边界的理论活动，常常可以扩张法学研究的范围。譬如，以人的性别为基础展开的法学研究，凸显了男女两性之间的冲突与合作关系，拓展了法学研究的空间，造就了西方的女性主义法学；以人的种族属性、种族差异为基础而展开的种族批判法学，也为法学研究开拓了新的领地。在当代中国，要拓展法学研究的空间，也存在着多种可能性。

最后，西方法学文献的汉译、本国新近法律现象的评论、新材料及新论证的运用……诸如此类的学术劳作，倘若确实有助于揭示人类生活的新秩序、有助于创造新的研究范式、有助于拓展新的法学空间，也可宽泛地归属于法学理论的前沿。

以上几个方面，既是对"法学前沿"的讨论，也表明了本套文库的选稿标准。希望选入文库的每一部作品都能在法学知识的前沿地带作出新的开拓，哪怕是一小步。

喻　中

2013 年 6 月于首都经济贸易大学法学院

目 录

第
四
章　欺诈型操纵的认定研究

导　论

一、研究背景与意义

对操纵市场行为的监管是新《证券法》[1]（2019年）实施的重点。但从行政执法实践角度而言，我国对操纵市场的行政执法公信力不强，缺乏说理。虽然中国证券监督管理委员会（以下简称"证监会"）对操纵市场的监管极为重视，近年来操纵市场行政处罚案例明显增多，2018年更是达到了37件之最，但对操纵市场的处罚缺乏清晰、可操作性强的认定标准。如〔2016〕70号"陈岑宇"案行政处罚决定书中的认定思路完全不能将操纵市场与做空行为相区别，处罚的合法性有待商榷。[2]

---

[1]　为表述方便，本书凡涉及我国的法律规范均用简称，如《中华人民共和国证券法》，简称《证券法》。

[2]　《中国证监会行政处罚决定书（陈岑宇）》，〔2016〕70号，2016年5月26日发文。

就民事赔偿司法实践而言，"恒康医疗"案于 2019 年 12 月 27 日宣判，作为操纵市场民事赔偿胜诉第一案，在操纵市场民事审判领域迈出了历史性步伐，但赔偿金额与投资者起诉请求相差甚远。在如何区分操纵市场和虚假陈述二者的行为特征、主观意图、损害后果、损失计算逻辑、市场影响、行政处罚以及各违法行为人的民事责任分配等方面，还亟需在今后的操纵市场民事审判实践中不断加以探索完善。

此外，对操纵市场行为与虚假陈述、内幕交易等其他禁止的交易行为的竞合缺乏明晰可辨的区分规则，造成实务中执法困难，也亟待立法明确。而以操纵市场行为类型化及其认定标准为基础的法律制度研究，可服务于新《证券法》操纵市场行为监管的实践，增强监管说服力，符合维护证券市场健康稳定发展的迫切需要。

由此，本书以操纵市场行为为研究对象，以操纵市场行为的类型化为路径，以操纵市场行为认定标准的厘清为目的，分析以下问题：为何应禁止操纵市场行为；怎样认定操纵市场行为；以及如何在监管实践中落实操纵市场行为的认定标准。对操纵市场行为本质的充分理解和把握是本研究的难点。操纵市场行为的危害性是反操纵立法的基础，但损害具体指什么？操纵意图能否作为认定当事人行为违法性的唯一标准？市场优势地位与操纵意图的关系是什么？目前，美国理论界一团乱麻，我国学术界也未形成系统性观点。

特别是目前我国新《证券法》有关操纵市场行为的整体分析框架存在缺陷，无法区分正常的交易行为与操纵市场行为，而以美国为代表的国外操纵市场行为认定规则集中于对操纵意图的认定，即行为的主观方面。但实质上损害后果也是认定某些行为是否构成操纵市场的关键性构成要件，应建立以损害为中心的操纵市场行为认定体系。当前关于操纵市场行为的研究多为零散、具体的分析，而溯源而上，从禁止操纵行为的核心理论中寻找规制基础，对操纵市场行为进行类型化、系统性研究还有可深化的空间，本书拟运用多种法学方法全面解构操纵市场行为的具体认定标准。操纵市场本质上涉及证券交易，因此，本书将借助法律的经济分析理论、微观经济学理论、证券市场的微观结构理论等方法工具，对证券市场的定价机制、流动性供给等市场运行机制进行分析，解析不同操纵市场行为类型的作用机理和违法性根源，从而为其具体认定标准的厘清提供思路。从操纵市场行为的类型化角度切入，可为操纵市场行为的认定提供理论定义明确、行为认定明晰、因果关系一致的逻辑基础，有助于厘清操纵市场行为规制的理论基本面，也有助于为指导操纵市场行为的监管实践提供坚实的规范基础。

二、学术史回顾

自我国 20 世纪 90 年代建立证券市场以来，国内对规制操纵市场行为的法学研究逐渐深入。研究内容从最初操纵市场行为四种单薄的分类，到对操纵市场行为的认定及监管进行阶段性反思，再到对操纵市场行为的法教义学研究、实证研究、具体规则研究，学界对操纵市场行为的认定研究正不断深入。这与我国证券市场中操纵市场违法行为频发、操纵手段不断更新的现实是分不开的。

国内关于操纵市场行为的早期研究基本是在对相关规则进行阐述与解释，既包括对刑法领域中操纵证券市场罪的解释，也包括对证券法领域中关于禁止操纵市场规则的解释。如刘宪权根据国务院颁布的《禁止证券欺诈行为暂行办法》（1993 年颁布，2008 年废止），分析了刑法上惩治操纵市场行为的原理；[1]顾肖荣比较分

---

[1] 刘宪权：《惩治证券市场上操纵行为的刑法思考》，载《河北法学》1994 年第 2 期，第 18—20 页。

析了我国香港、台湾地区关于操纵证券市场罪的规定以及我国内地操纵证券市场罪的规定;[1]董华春则分析了操纵期货市场价格的认定和处罚规则。[2]

但学界对操纵市场行为的构成要件意见并不统一,如季秀平、王朋认为应从客观方面与主观方面两个角度予以考量;[3]黄永庆则认为应从行为、后果及动机三个方面予以考量,比季秀平、王朋的意见增加了后果构成要件。[4]总体而言,早期对操纵市场行为的研究都重视对操纵意图的认定。如许克显就强调刑法要求构成操纵证券交易价格罪必须具有"意图影响证券交易价格"的主观故意,否则不构成本罪。[5]一些典型的操纵证券交易价格的行为方式主观故意性比较明显,而有些正常的证券交易行为也会影响证券市场的价格变化,但如果不是为达到一定目的而有意为之,就不能被认定为犯罪。许克显明确地指出,区分正常的证券交易行为与操纵市场行为的关键之一是操纵意图。

自 1993 年起,我国开始逐步规制各种操纵市场行为。如国务院于 1993 年颁布的《股票发行与交易管理暂行条例》第 74 条就规定了操纵证券市场行为的处罚。此阶段对于操纵市场的文献研究较少,对于操纵市场行为认定标准的认识还不够深入。自 1998 年《证券法》起,我国就在法律中规定了禁止操纵市场,其中规

〔1〕 顾肖荣:《关于操纵证券市场行为认定和处罚中若干问题比较》,载《政治与法律》1999 年第 5 期,第 59—64 页。

〔2〕 董华春:《第八讲 期货市场中最大的毒瘤——对操纵期货市场价格行为的认定和处罚》,载《金融法苑》2001 年第 6 期,第 117—122 页。

〔3〕 季秀平、王朋:《操纵证券市场行为及其法律规制》,载《南京大学法律评论》1998 年第 1 期,第 108—114 页。

〔4〕 黄永庆:《第十三讲 简析操纵市场的种类和责任》,载《金融法苑》1999 年第 14 期,第 98—103 页。

〔5〕 许克显:《第二十一讲 "琼民源",难说再见:兼谈操纵证券市场价格的刑法规制》,载《金融法苑》2000 年第 6 期,第 82—86 页。

定操纵市场的构成要件为"获取不正当利益或者转嫁风险"。2005年《证券法》修订之时将此要件删除。直至 2019 年《证券法》修订又将操纵市场的构成要件规定为"影响或者意图影响证券交易价格或者证券交易量",并增加了虚假申报操纵、蛊惑交易操纵、抢帽子交易操纵以及跨市场操纵四种具体操纵手段。实在法的不断修订反映了对操纵市场行为的认识不断深入,也反映了对操纵市场行为认定研究的不足。下面本书以实在法的增删修订为脉络,梳理学界在与实在法的互动基础上,对操纵市场行为的认识发展和主要研究内容。

（一）操纵市场国内研究

1. 操纵市场概论性研究

在 20 世纪早期,国内涉及操纵市场行为认定的文献不多,其中大部分是对某一种操纵手段的认定规则进行解释,或对我国操纵市场的执法现状以及应如何落实操纵市场责任的概括性研究。

张晨颖是国内最早研究操纵市场及其规制的学者之一,她认为操纵证券市场是指以获取利益或减少损失为目的,制造证券市场假象、诱骗他人作出错误的证券投资,或利用资金、信息和工作便利等优势,操纵证券市场价格的行为,我国应该以法律规制操纵市场行为。[1]其中,操纵市场行为的类型大致有以下四种:虚假交易、实际交易操纵、散布谣言或不实资料、违反政令而实施的安定操作。但是其并没有指出这种分类的标准及法律意义,只是在描述事实的基础上对操纵手段进行了总结归纳。除此之外,她基于国外的立法、司法及证券交易过程中的经验以及我国证券业实际操作运行中发生的问题,提出了防范我国操纵市场行为应

---

[1] 张晨颖:《股市中操纵市场行为及防范的法律对策》,载《法学》2000 年第 5 期,第 48—52 页。

采取的法律对策：在一般措施上，应明确证券违法行为的法律责任，不仅应予以行政、民事制裁，还要给予适度有效的刑罚，可以单行法规的形式规定新罪名及法定刑等；在具体措施上，应建立证券稽查监管制度等。董安生、郑小敏、刘燊在对我国操纵市场行为的监管现状进行了反思后，认为我国证监部门对于操纵市场行为的监管处于失灵状态。首次提出该问题是由监管难、成本高、制度供给不足、监管能力尚待提高和我国证券市场的结构性缺陷等制度性原因导致的，并从宏观、中观、微观三个层面对完善我国的操纵市场行为监管体制提出了建议。[1]

此时期的另一个研究方向是关于操纵市场责任制度的探讨。例如，彭冰提出建立补偿投资者的证券行政责任机制。[2]陈舜从操纵市场违法所得的计算方法的角度为证券执法提供了建议。[3]李雪松、宋一欣、王洪光等人则从操纵市场的损害后果角度论述了建立完善民事赔偿责任制度的必要性。[4]王洪光指出操纵市场的后果在于"扭曲价格机制，严重损害中小投资者合法权益，破坏证券市场公正性"，从定价机制及市场公正性角度提出操纵市场的危害性，具有一定启发意义。贾纬、鲜铁可、刘博在考察了操纵市场行为的概念、特征和构成要件的基础上，对我国操纵市场行为民事责任的构成要件以及民事责任的承担进行了法教义学意

〔1〕 董安生、郑小敏、刘燊：《我国操纵市场行为的监管：现状、反思与进路》，载《法学家》2005年第1期，第123—127页。

〔2〕 彭冰：《建立补偿投资者的证券行政责任机制 针对内幕交易和操纵市场行为》，载《中外法学》2004年第5期，第571—583页。

〔3〕 陈舜：《操纵市场违法所得的计算方法》，载《中外法学》2005年第6期，第762—766页。

〔4〕 李雪松：《试论证券市场操纵行为的法律规制》，载《西南政法大学学报》2003年第4期，第101—104页；宋一欣：《证券市场中因内幕交易和操纵市场引发的民事赔偿的有关法律问题》，载《法律适用》2006年第4期，第65—68页；王洪光：《论操纵证券市场民事责任之构成》，载《人民司法》2009年第15期，第84—87页。

义上的论述，释明了我国对于操纵市场行为认定及民事责任的法律规制。[1]

2. 操纵市场构成要件研究

对操纵市场进行概论型研究的基础之上，再对操纵市场的研究逐渐深化，这主要体现在对具体构成要件的分析中。如在 2005 年《证券法》修订的背景下，俞和明认为，将操纵市场行为中的"获取不正当利益或者转嫁风险"的目的要件删去是合理的，因为如果硬要做这样的目的限制，则禁止的操纵市场行为范围可能过大或过小。[2]这一时期的研究对我国的反操纵立法进行了有益的反思，一个是在政策背景层面，一个是在具体的法律规定层面。尤其是关于操纵市场行为的构成要件，已经深入到对行为的主观方面——目的的探讨中。

杨振能从股指期货市场操纵的法律界定角度提出我国期货法上的市场操纵行为规范存在一定缺陷，应予以改进。他从操纵市场行为的本质、类型及具体认定角度对期货市场中的操纵行为进行了研究，将操纵行为定义为"行为人为了引诱他人从事证券交易而实施的，制造各种市场虚假现象或者人为抬高、降低、维持证券市场价格，最终可能导致证券交易量非正常变动或使其价格偏离真实价格的行为"。且从分类上将操纵市场行为分为"行为操纵、信息操纵以及其他操纵行为"。[3]然而此定义虽然包含了主观要件、行为要件和结果要件，但各要件之间的逻辑关系及证明标

〔1〕 贾纬：《操纵市场行为的认定及其民事责任》，载《人民司法》2007 年第 17 期，第 12—15 页；鲜铁可、刘博：《操纵证券市场行为的法律责任》，载《人民检察》2012 年第 4 期，第 84—87 页。

〔2〕 俞和明：《刑法中的操纵市场行为：兼议〈证券法〉相关条文的修改》，载《金融法苑》2005 年第 7 期，第 116—124 页。

〔3〕 杨振能：《股指期货市场操纵的法律界定》，载《河北法学》2009 年第 6 期，第 25—30 页。

准并不清楚，不能为操纵市场行为的界定提供具有可操作性的标准。杨振能提出的分类标准也并不明确，没有深入展开论述。另外，他在分析了操纵市场构成要件中的结果要件后特别指出，"股指期货市场操纵应当属于'危险犯'，某操纵行为只要有可能对市场价格或者交易量产生较大影响，就构成股指期货市场操纵"。这一结果要件的分析有一定的道理，可界定为试图操纵市场行为。同时杨振能在立法建议部分特别指出法律规定跨市场操纵的必要性，具有前瞻性。

陈建旭、李明良、陈洁等人从比较法的视角研究了操纵市场行为的法律规制。[1]陈建旭分析了日本证券法中规定的操纵证券市场罪，包括三种样态：伪装交易、变动交易与安定操作。其中，伪装交易与变动交易本质上类似于笔者对欺诈型操纵和交易型操纵的分类。安定操作则是一种消极的维持证券价格的行为，会导致市场中形成虚拟的价格水平，不是真实市场运行机制所形成的价格，因而为日本证券法所禁止。我国证券法没有针对安定操作作出特别规定，但其本质上也是"影响证券交易价格"的行为，因此根据操纵手段的不同也可将其归入欺诈型操纵或交易型操纵。李明良、陈洁在对美国、英国、德国、欧盟、日本、澳大利亚及中国香港、中国台湾等操纵市场的监管规则进行分析后，提出中国应建立操纵市场民事责任赔偿制度的法律建议。蔡奕研究了我国台湾地区的操纵市场司法和行政执法实践，通过理论结合实践，指出了我国操纵市场监管中应予完善的几个问题，如对操纵意图的证明、对"影响股价"的灵活判断等。[2]

---

[1] 陈建旭：《日本证券法之操纵市场罪及其借鉴价值》，载《北方法学》2008年第2期，第117—125页；李明良、陈洁：《证券市场操纵行为法律规制之国际比较研究——以民事法律责任为重点》，载《证券法苑》2009年第1期，第237—257页。

[2] 蔡奕：《我国台湾地区对证券市场操纵行为的法律界定与规制》，载《证券法苑》2010年第1期，第349—360页。

此外，刑法领域的学者也研究了操纵市场行为的认定标准。如刘博从行政与刑事衔接的角度提出应完善刑法中操纵证券市场罪兜底条款的追诉标准，做到"不枉不纵"。[1]鞠曦明则认为刑法中对操纵证券市场罪兜底条款的认定应与证监会 2007 年《证券市场操纵行为认定指引（试行）》相衔接。[2]郭文龙从操纵证券、期货市场罪的角度探究了金融界与法学界之间的关系，并指出操纵证券、期货市场罪应扩容，使其包括股指期货操纵这种新的行为类型，才能更好地应对资本市场的发展实践。[3]

3. 操纵市场实证研究

汤欣、高海涛梳理了证监会自成立以来截至 2016 年 6 月底公开披露的 80 起操纵证券市场行政处罚法律文书，揭示了证监会打击操纵行为的政策规律，特别是结合法律规范、市场实践和监管经验形成了认定不同种类操纵行为的处罚标准。通过样本案例分析发现，证监会执法实践针对蛊惑交易、约定交易、抢帽子交易等操纵行为的违法属性认定和规制的思路还需要处罚经验的积累和丰富。但针对连续交易、虚假申报、特定期间价格操纵等违法行为已经通过相当数量的处罚案例明确了认定思路和标准，并在判罚文书中开始深入探讨操纵行为的主观意图、欺诈的属性及表现方式、违法所得的计算等疑难问题。[4]

徐瑶通过研究证监会 2016—2017 年操纵市场案例后发现，

〔1〕 刘博：《完善操纵证券市场罪兜底条款的追诉标准》，载《人民检察》2010年第 16 期，第 79—80 页。

〔2〕 鞠曦明：《试论操纵证券市场罪中的"其他方法"》，载《犯罪研究》2010年第 3 期，第 94—97 页。

〔3〕 郭文龙：《操纵证券、期货市场罪扩容研究——以股指期货刑法规制为视角》，载《朝阳法律评论》2011 年第 1 期，第 179—189 页。

〔4〕 汤欣、高海涛：《操纵市场行政处罚案例全景观察》，载《证券法苑》2016年第 2 期，第 21—64 页。

2016—2017 年证监会及地方各证监局处罚的操纵市场案例共计 39
起，占证监会 2001 年公开数据以来历年案件数量的 1/3 有余。通
过对这些案件进行研究，其分析了证监会对操纵市场违法行为的
关注重点和打击趋势。她指出对操纵行为尤其是新型操纵行为进
行归类，总结操纵行为模式的演变趋势及认定思路，既可以为监
管主体未来的监管方向提供参考，也可以对相关市场主体起到警
示作用。此实证研究以证监会 2007 年发布的《证券市场操纵行为
认定指引（试行）》中总结的十种操纵手段为考察基础，具体包
括：连续交易、约定交易、自买自卖、蛊惑交易、抢帽子交易、
虚假申报、特定时间的价格或价值操纵、尾市交易、大宗交易以
及市值管理。实际上这种分类还是对操纵手段的事实性列举，缺
乏规范性和整体性，没有揭露操纵市场的实质，难以涵盖所有可
能出现的操纵市场行为类型。[1]

4. 操纵市场认定标准研究

信息型操纵是近两年操纵市场领域的研究热点。如缪因知于
2019 年及 2020 年发表的两篇论文：《信息型操纵市场行为执法标
准研究》及《利用信息优势操纵市场之执法案例解析》，分别从理
论及实证层面重点研究了信息型操纵市场行为的认定标准。[2]从
理论层面，他指出，信息型操纵是目前证券执法的一大热点，但
其学理尚不成熟。结合当前执法实践，可将其分为编造传播虚假
信息型和利用信息优势型两个基本类型。根据上市公司信息发布
和关联主体配合买卖的模式，后者又可分为三个亚类。认定编造

---

〔1〕 徐瑶：《中国证监会 2016—2017 操纵市场案例综述》，载《法律与新金融》
2017 年第 9 期，第 2 页。

〔2〕 缪因知：《信息型操纵市场行为执法标准研究》，载《清华法学》2019 年第 6
期，第 159—176 页；缪因知：《利用信息优势操纵市场之执法案例解析》，载《金融法
苑》2020 年第 1 期，第 145—170 页。

传播虚假信息型操纵的关键是行为人具有能够影响市场的特定身份。认定利用信息优势型操纵的关键是以直接或间接证据认定操纵故意。认定不正当信息发布和外部事件之间配合关系的间接证据应当能证明二者在时间轴上具有关联性、对应性，以及配合结果可能产生特定的操纵作用力。执法部门应积极主动地指明信息型操纵的构成要件，在保持各自立场一致时，行政执法和刑事司法部门亦应协调法律适用标准。

此外，缪因知又从实证层面研究了信息型操纵市场中的利用信息优势型亚类。从"信息发布+配合交易"、"有信息发布，无配合交易"、"无信息发布，有配合交易"三个角度分析利用信息优势型操纵行为。并总结出，在认定时涉及的法理疑难点和争议点有：①如何适用"故意"作为利用信息优势型操纵的构成要件；②如何认定利用信息优势型操纵的行为模式；③如何在行为人之间进行责任分配；④如何区分利用信息优势型操纵与其他违法行为；⑤如何区分利用信息优势型操纵与其他合法行为，如做市商行为、三板市场中的交易行为等。

缪因知关于信息型操纵市场行为执法标准的研究利用了分类的研究方法，值得借鉴，但《信息型操纵市场行为执法标准研究》对信息型操纵分类的法理基础及具体类型的论证不够周延。该文根据2014年《证券法》第77条关于禁止操纵市场行为的规定，将信息型操纵与其他操纵行为进行了区分，又根据证监会新闻中的观点将信息型操纵分为编造传播虚假信息型和利用信息优势型，说理不够充分。但该文指出信息型操纵不一定是一种逻辑自洽的合理分类，之所以将之称为信息型操纵旨在较为准确地勾画我国执法实践，并评价其与证券法理的契合性，同时兼顾应然构建，为反思信息型操纵执法范畴的适当性和证券欺诈执法原理提供理论准备。因此，此研究的主要贡献在于深入地分析了我国信息型操纵市场的执法实践，并指出了信息型操纵在执法实践中存在的主要争议，为未来学界的研究指出了问题所在。

此后，我国学界关于信息型操纵的研究逐渐增多，如王彦光关于信息型操纵要件的研究，张泽辰关于信息型操纵行为模式及风险防控的研究，商浩文关于信息型操纵犯罪司法认定路径的研究，等等。[1]在信息型操纵的分类上，张泽辰以信息型操纵的行为模式为基础，认为信息型操纵不仅包括利用信息优势交易、蛊惑交易，还包括抢帽子交易。这一点与缪因知以法律规范为基础划分信息型操纵范围的观点不同，缪因知依据证监会的新闻观点，认为应将抢帽子交易单列于信息型操纵之外。[2]但是张泽辰研究的重点在于分析信息型操纵的行为模式，指出在认定信息型操纵时，信息与交易之间的因果关系不应被忽视。王彦光也认为信息型操纵的认定应从行为的整体性考虑，不能割裂地看各个行为，且提出信息型操纵应从散布行为、引诱交易、虚假信息和主观意图四个构成要件予以认定。

商浩文的研究虽然是从刑事立法角度切入，但本质上仍为对信息型操纵行为的认定研究。与缪因知、张泽辰对于信息型操纵的分类认识不同，商浩文以对证券市场的损害为基础，认为信息型操纵是指以信息为手段进行的操纵行为，其特点在于信息的编造、散布对市场造成的危害程度。而利用信息优势进行连续买卖，即前文缪因知的"利用信息优势型"与张泽辰的"利用信息优势

〔1〕 王彦光：《做空报告监管的"南橘北枳"——论中国信息型操纵市场规则的建立》，载《金融法苑》2020年第2期，第192—210页；张泽辰：《信息型操纵证券市场行为模式探究及风险防控——以大额持股变动与因果关系为视角》，载《法治研究》2020年第2期，第23—30页；商浩文：《论信息型操纵证券市场犯罪的司法认定路径——以2019年"两高"最新司法解释切入》，载《法学》2020年第5期，第50—60页。
〔2〕 缪因知：《信息型操纵市场行为执法标准研究》，载《清华法学》2019年第6期，第164页。

交易"则不属于信息型操纵,而是交易型操纵,因为其对市场的损害在于通过交易手段而非通过信息来操纵市场。这与信息型操纵有本质上的不同。

笔者认同商浩文的观点,以对市场的损害作为操纵市场行为的规范基础,通过对市场的损害手段不同对操纵市场进行分类,并在此分类的基础上探究不同操纵市场行为的具体认定,更符合证券市场法理和操纵市场行为的本质。除此之外,笔者也认同王彦光的观点,认为应建立操纵市场行为的整体分析框架。

2020年是操纵市场行为研究成果比较多的一年,除了前文中关于信息型操纵市场的多篇研究,还有关于围绕操纵证券、期货市场罪司法解释(2019年)[1]的一系列研究,以及围绕程序化交易与市场操纵、操纵市场民事责任的相关研究。[2]这些研究中都触及操纵市场行为的认定问题。如徐文鸣、张玉美从新型操纵手段——程序化交易中的操纵行为这一角度提出应建立操纵市场的量化认定指标。缪因知在研究操纵市场民事责任时提到应从行为与交易的因果关系、操纵行为与投资者损失的因果关系两个层面仔细分析操纵市场行为,而不宜轻易简单推定。以上研究都说明了我国证券法领域对于操纵市场行为认定研究的基础性、疑难性与急迫性。

---

〔1〕 《最高人民法院、最高人民检察院关于办理操纵证券、期货市场刑事案件适用法律若干问题的解释》,法释〔2019〕9号,2019年6月27日发布。

〔2〕 除了前文提到的商浩文的研究,另可参见刘宪权:《操纵证券、期货市场罪司法解释的法理解读》,载《法商研究》2020年第1期,第3—15页;谢杰:《市场操纵犯罪司法解释的反思与解构》,载《法学》2020年第1期,第138—153页;徐文鸣、张玉美:《新〈证券法〉、程序化交易和市场操纵规制》,载《财经法学》2020年第3期,第95—106页;缪因知:《操纵证券市场民事责任的适用疑难与制度缓进》,载《当代法学》2020年第4期,第126—137页。

（二）操纵市场国外研究

1. 反操纵立法原理性研究

以美国为代表的国外操纵市场的早期研究多聚焦于对传统操纵手段的立法分析。如扎卡里·T. 克奈珀（Zachary T. Knepper）研究了公开交易型操纵与短线交易的区别与联系。[1] 约瑟夫·T. 凯利赫（Joseph T. Kelliher）研究了美国联邦能源管理委员会（Federal Energy Regulatory Commission）的政策制定权，其中涉及该委员会监管市场操纵的规则，其强调了市场优势地位对于整个能源市场可能带来的威胁，以及市场操纵规则对于稳定能源市场价格的重要意义。[2] 虽然凯利赫研究的是关于能源市场的操纵市场规则，但是也能为证券市场的操纵市场行为认定提供一定的借鉴。

丹尼尔·J. 克莱默（Daniel J. Kramer）等人在1934年《证券交易法》一书中专章研究了美国对操纵市场行为的监管。美国国会通过《1934年证券交易法》之时，试图通过该法制止具有欺诈性的行为来解决导致1929年美国股市大崩盘的许多问题。这些欺诈性的行为通常以某些手段制造虚假的市场活动，旨在使市场形成虚拟的价格水平。然而，1929年存在的许多操纵手段如今仍然存在，且随着技术的进步和证券投资的日益普及，市场操纵比以往任何时候都更加广泛，监管操纵市场行为的需求也变得更加迫切。克莱默等人在《证券交易法》一书中研究了证券市场中最常见的操纵行为类型，分析了美国监管市场操纵行为的复杂规则体系，并探讨了市场操纵成为威胁当今证券市场的时代背景。

随着法律的经济分析、市场的微观结构理论等经济学理论的

---

〔1〕 Knepper, Zachary T., "Future-Priced Convertible Securities & the Outlook for 'Death Spiral' Securities-Fraud Litigation", *Whittier Law Review*, Vol. 26, p. 359 (2004).

〔2〕 Kelliher, Joseph T., "Market Manipulation, Market Power, and the Authority of the Federal Energy Regulatory Commission", *The Energy Law Journal*, Vol. 26, p. 1 (2005).

发展，对操纵市场的研究逐渐注重从这些交叉学科的理论中寻找合理性依据。如戴维·C. 唐纳德（David C. Donald）认为，有关市场操纵的监管规则忽略了市场中证券价格的定价机制。现有的监管规则主要是事后性的，如操纵市场认定标准中关于"虚拟价格"和操纵意图的认定等，且规则实施具有模糊性，可操作性低。自 20 世纪 30 年代以来，操纵市场的监管规则主要是禁止一些采取明显不当手段的操纵行为，如洗售操纵、约定交易操纵等，但该列举式禁止清单已经很久没有更新了。通过对金融经济学和市场的微观结构领域的现有文献进行回顾分析，立法者和监管者不仅应注意到特定的时间、市场状况以及证券类型可能为操纵市场行为人提供动机，还应注意到其他特殊情境下的操纵手段。例如，随着一些机构投资者技术能力的迅速提升，可能采用更隐秘、更难被监测的操纵手段，这时就迫切需要更新市场操纵的监管规则。在上述情境下，机构投资者和普通投资者之间的竞争环境变得非常不平衡，对证券市场运作机制的认识亟待深化。因此，立法者和监管者应明确制定操纵意图的具体标准，以更好地处理市场操纵行为所带来的监管挑战。[1]

　　除了对禁止操纵市场行为进行原理性研究，国外研究还注重对操纵市场构成要件的不断反思，主要是梅里特·B. 福克斯（Merritt B. Fox）、吉娜－盖尔·弗莱彻（Gina-Gail Fletcher）等人的研究。[2] 这些研究反映了美国学界目前针对操纵市场行为的研究趋势。经过 20 多年的实践，美国《私人证券诉讼改革法》中关于欺

---

〔1〕　Donald, David C. , "Regulating Market Manipulation Through an Understanding of Price Creation", *National Taiwan University Law Review*, Vol. 6, p. 55 (2011).

〔2〕　Fox, Merritt B. , Glosten, Lawrence R. and Rauterberg, Gabriel V. , "Stock Market Manipulation and Its Regulation, *Yale Journal on Regulation*, Vol. 35, p. 67 (2018); Fletcher, Gina-Gail, "Legitimate Yet Manipulative: The Conundrum of Open-Market Manipulation", *Duke Law Journal*, Vol. 68, p. 479 (2018).

诈故意的认定标准在实施过程中也不尽完美，因此，这些研究对目前的操纵市场认定标准作出了反思。福克斯用微观经济学理论和公司理论分析了操纵行为的不同类型，指出每种操纵行为类型对不同证券市场参与者的危害性，以及对证券市场整体的影响。弗莱彻在阐述反操纵立法的目标和内容、操纵行为构成要件的基础上，认为表面合法的交易也可能扰乱市场秩序。而以主观意图为标准认定表面合法的操纵行为具有理论上的缺陷，因此提出了以损害为基础的操纵行为认定标准。

2. 对新型操纵手段的研究

国外操纵市场的研究重视对反操纵立法的原理性、框架性研究，近几年的研究热点也聚焦于对新型操纵市场行为的认定进行研究。如汤姆·C. W. 林（Tom C. W. Lin）重点研究了互联网技术下出现的新型市场操纵行为。他认为，证券市场中面临着新型操纵模式，通过这种新型市场操纵模式，数百万美元可以在几秒钟内消失，只需输入几个代码，几万亿美元的金融市场就可以扭转。每个投资者和机构都面临风险，金融市场不稳定的现实不容忽视。因此，监管者应制定具有可操作性的规则，以更好地应对新型市场操纵行为对金融市场日益严重的威胁。他在研究了新金融技术的兴起和监管以及不断变化的市场操纵格局后认为，利用电子网络、社交媒体和人工智能等现代技术，幌骗交易等新型市场操纵手段比传统的连续交易操纵、抢帽子交易操纵、虚假申报操纵等手段更具危害性，并在此基础上提出了三个建议以应对新型操纵市场行为带来的新威胁，即强化证券中介机构的监督性、增强金融网络安全性和简化投资策略。[1]

---

〔1〕 Lin, Tom C. W., "The New Market Manipulation", *Emory Law Journal*, Vol. 66, p. 1253 (2017).

斯坦尼斯拉夫·多尔戈波洛夫（Stanislav Dolgopolov）分析了市场操纵概念的历史渊源和现代电子资本市场的现实，为操纵市场监管实践的理论困境勾画出了一个整体性分析框架。他认为，市场操纵的本质是通过市场活动制造"人为价格"，而不是其他概念中所认定的"虚假性"。例如，高于正常水平的报价或交易频率并不一定是操纵行为，如果这些交易活动没有对定价机制及市场流动性造成损害，则不应认定为操纵市场。以此为分析框架，其讨论了当今证券市场中与操纵市场相关的几个关键性问题，例如试探性交易（exploratory trading）、做市和做市商与市场操纵的监管、交易型操纵、幌骗交易和其他破坏性交易以及市场微观结构的含义等。[1]

丹尼尔·W. 斯莱默（Daniel W. Slemmer）重点研究了人工智能背景下如何监管操纵市场行为。由于人工智能在识别市场走势方面具有卓越的能力，证券交易员正竞相使用人工智能在市场上作出更有利可图的决策。但人工智能的复杂性会掩盖其决策过程，且超出了人类的理解力，而美国现行的操纵市场行为认定标准建立在对操纵意图的认定上，人为的决策概念不足以监管通过人工智能作出的操纵市场行为。斯莱默认为无须改变现有的操纵市场行为认定标准，只需调整以适用人工智能背景即可。如监管机构应要求人工智能用户利用其技术向监管机构反馈，以便监测潜在的操纵市场行为，或为涉及人工智能的操纵市场诉讼创建证据记录等。[2]

---

〔1〕 Dolgopolov, Stanislav, "The Doctrinal Quandary of Manipulative Practices in Securities Markets: Artificial Pricing, Price Discovery, and Liquidity Provision", *The Journal of Corporation Law*, Vol. 45, p. 145 (2019).

〔2〕 Slemmer, Daniel W., "Artificial Intelligence & Artificial Prices: Safeguarding Securities Markets from Manipulation by Non-Human Actors", *Brooklyn Journal of Corporate, Financial & Commercial Law*, Vol. 14, p. 149 (2019).

吉迪恩·马克（Gideon Mark）则研究了期货和证券市场中的幌骗交易和塞单问题，并提出了一系列建议。幌骗交易和塞单是市场操纵的形式，交易者在交易所或其他交易场所中申报商品或证券的订单，但实际上无意执行，主要是为了欺骗其他交易者相信这是真实的供求水平，通常表现为交易者以多个价格等级下订单，而无意执行。美国 2010 年的《商品交易法》修正案明确禁止幌骗交易，联邦证券法理论上也规制这种行为，司法部还曾以商品、邮件和电汇欺诈罪起诉了幌骗交易。在过去几年中，美国在反幌骗的监管和刑事执法方面已加快步伐，同时为研究带来了新的问题。[1]

总之，市场操纵理论是一个不断发展的有机体，应对现实中的不正当交易是一个持续完善的过程，如对幌骗交易或公开交易型操纵等的识别和认定方法需要进行不断改进与完善。研究中的模糊之处和疏忽是不可避免的，法院和监管机构也在一定程度上行使自由裁量权以纠正某些问题，例如，美国法院不仅注重对操纵意图的认定，还以人为价格标准认定某些新型的操纵市场行为等。[2]关于市场操纵的定义及构成要件的边界应予以足够的重视，对操纵市场行为认定中"交易策略"的定义、"非善意"订单的概念、"影响证券交易价格"交易的合法性边界，以及复杂操纵市场策略中主要责任人和次要责任人的责任划分等关键性问题都需要研究者给予高度重视。

（三）现有研究评述

关于操纵市场行为认定的早期研究，总的来看集中于对规则的解释和对构成要件的讨论。随着研究的深入，对操纵市场行为认定的分析面逐渐展开。通过对既有文献的分析，笔者认为我国

---

〔1〕 Mark, Gideon, "Spoofing and Layering", *The Journal of Corporation Law*, Vol. 45, p. 399（2020）.

〔2〕 City of Providence v. BATS Glob. Mkts. , Inc. , 878 F. 3d 36（2d Cir. 2017）.

操纵市场认定研究还存在以下缺陷。

第一，现有研究缺乏对反操纵立法的社会目标、证券市场运行基本原理与市场操纵本质之间逻辑关系的深入论证，缺乏规制操纵市场行为核心理论的统一支撑。多数文献对操纵市场规制基本原理及具体认定的探讨只有零星涉及，如欺诈市场理论、操纵市场行为的社会危害性等。金山等人从金融学和经济学角度对中国证券市场操纵行为进行了实证研究，从动态面板数据角度得出结论，认为交易型操纵是中国证券市场操纵者获得超常收益的一个重要手段。[1]但此类研究当时并没有得到学界重视，直到近几年王近等研究者引证了此篇文献，也从金融学角度分析了我国股票市场操纵行为对市场流动性的影响。[2]此类研究大多是金融学领域的实证研究，研究成果还没有被法学界重视起来。

第二，现有研究缺乏对操纵市场行为认定标准的分析框架研究。张晨颖是我国最早提到操纵市场行为类型化的学者之一，其提出操纵市场行为大致有虚伪交易、实际交易操纵、散布谣言或不实资料、违反政令而实施的安定操作等类型。但其未说明此分类的原理及规范意义，大体可认为是从操纵手段角度进行的分类。在张晨颖之后，程啸、王忠、吴朝阳等人也分析了操纵市场的类型化，认为操纵市场行为可大体分为"虚伪交易型"、"实际交易型"、"恶意散布、制造虚假信息型"、"其他操纵行为"四大类。[3]此分类与张晨颖的观点基本相同。而其他的现有研究多聚焦于对

〔1〕　金山、许建春、乔耀莹：《中国证券市场操纵行为研究——基于动态面板数据的实证分析》，载《广东金融学院学报》2010年第5期，第90—98页。

〔2〕　李志辉、王近、李梦雨：《中国股票市场操纵对市场流动性的影响研究——基于收盘价操纵行为的识别与监测》，载《金融研究》2018年第2期，第135—152页。

〔3〕　程啸：《论操纵市场行为及其民事赔偿责任》，载《法律科学（西北政法学院学报）》2001年第4期，第91—104页；王忠、吴朝阳：《操纵证券市场若干问题研究》，载《国家检察官学院学报》2002年第4期，第19—25页。

某一操纵行为的具体研究，如缪因知、徐瑶对信息型操纵行为的研究，程红星、王超对跨市场操纵行为的研究，王崇青、左坚卫、张淑芬对"抢帽子交易"型操纵行为的研究，谢贵春、商浩文对幌骗交易的研究等，但对操纵市场行为整体缺乏类型化、系统性研究。[1]

　　在操纵市场行为的意图、损害等构成要件上，于莹重点从刑法的角度研究了操纵证券市场罪的主观要件。[2]她在借鉴美国与日本证券法中操纵市场行为认定标准后强调，我国证券法中连续交易操纵的主观要件规定可能使处罚过宽过严，无法区分合法的证券交易与违法的连续买卖之间的差别。我国1998年《证券法》第71条第1款及2001年《刑法》第182条第1款仅规定须有操纵证券交易价格的故意，没有像美国、日本证券法中规定"诱使他人买卖有价证券"这一要件。依据我国《证券法》和《刑法》，在认定行为人的主观故意时，必须有操纵证券价格即抬高或压低证券价格的故意，至于是否有诱使他人买卖的故意，则可在所不问，然而抬高或压低证券价格的行为本身并非当然违法。因此，于莹认为，在认定操纵证券市场罪时，加上主观上须有"诱使他人买卖"的故意，在认定时更加稳妥。

　　笔者认为，于莹对刑法上操纵证券市场罪的研究正确地指出了我国连续交易型操纵在认定标准上存在的问题，即可能处罚过

---

〔1〕　程红星、王超：《跨市场操纵立法与监管研究》，载《证券法苑》2017年第4期，第472—486页；王崇青：《"抢帽子"交易的刑法性质探析——以汪建中操纵证券市场案为视角》，载《政治与法律》2011年第1期，第44—50页；左坚卫、张淑芬：《"抢帽子交易"型操纵证券市场罪研究》，载《法学杂志》2019年第6期，第86—92页；谢贵春：《证券市场如何规制幌骗交易——以美国为例》，载《证券法苑》2017年第3期，第191—207页。

〔2〕　于莹：《论以连续交易的方式操纵证券市场价格罪》，载《法学家》2002年第6期，第81—87页。

宽，无法区分合法的证券交易与违法的连续交易操纵行为。并提出了增加"诱使他人买卖"的主观认定条件，此研究已经触及理论研究的深水区。她还研究了以虚伪交易方式操纵证券市场，从行为的主体、行为方式及主观要件角度厘清了对敲和洗售的区别。[1]从本质上而言，其所研究的虚伪交易操纵与连续交易操纵与笔者所提出的欺诈型操纵和交易型操纵不谋而合。此外，王文海在研究操纵市场侵权损害赔偿时则提到了操纵市场的危害性要件。[2]他认为操纵市场损害了市场的公正性，对投资者造成了损害，该研究有很大的启发性，但没有具体提出损害对于认定操纵市场行为的规范意义。

第三，现有研究缺乏对操纵市场行为认定标准的具体论证思路，对执法实践的说理支撑较弱。对某一操纵市场行为认定标准的研究缺乏可操作性，多为对某一操纵行为中主观意图、操纵手法等的列举分析，而无构成要件之间关系的逻辑性论证；对操纵市场监管机制的设计多为宽泛的原则性建议，[3]缺乏对市场参与者自我监管、行刑量罚体系的设计、投资者求偿诉讼中构成要件的证明等对法律实践具有指导意义的深入研究。

三、研究方法与创新之处

本书将采用以下研究方法：其一，比较研究方法。不同国家为解决同一问题可以采取不同方法。本书在功能比较的基础上，立足中国实际，借鉴国外经验，以找出适合中国的解决方案。其

---

〔1〕 于莹：《论以虚伪交易方式操纵证券市场》，载《国家检察官学院学报》2003年第5期，第15—23页。

〔2〕 王文海：《对操纵市场侵权损害赔偿的法律思考》，载《云南大学学报（法学版）》2002年第2期，第97—102页。

〔3〕 如彭冰主编的《规训资本市场：证券违法行为处罚研究》（法律出版社2018年版，第203—292页）等。

二，实证研究方法。通过收集操纵市场行政执法案例，揭示还原我国的操纵市场监管实践，在总结国内外监管及民事审判实践经验的基础上，探究适合我国国情的操纵市场认定解决方案。其三，跨学科研究方法。对操纵市场行为危害性的解释、对证券市场运行基本原理的探究离不开金融和经济学知识，跨学科的经济学分析方法不可缺席。

本书的创新之处主要表现为：首先，理论基础的创新。本书对禁止操纵市场的理论基础进行系统性反思，并认识到国内操纵市场行为认定规范无法区分操纵市场行为与正常的市场交易行为，国外理论中以人为价格作为证明操纵意图的间接证据或作为损害后果的证明标准存在理论上的片面性。

其一，不同类型操纵行为的损害后果不同，人为价格并非禁止操纵市场行为唯一的本质原因。如根据证券市场微观结构理论，欺诈型操纵和公开交易型操纵损害的主要是市场流动性，而外部利益型操纵所造成的损害主要是对外部交易相对方不公平。其二，不同类型的操纵行为获利方式不同，即使未形成人为价格，操纵人也有动机通过损害市场公平而获利。如外部利益型操纵中行为人在证券市场中的交易表现为正常的交易活动，与市场中存在的不知情交易没有本质区别，并未造成人为价格等损害后果，对其禁止的原理是因交易成本的提高所导致的对外部交易相对方的不公。其三，与信息技术结合的新型操纵市场行为对人为价格标准提出了新挑战，如高频交易操纵中用频繁报单、双向报单、选择执行等策略实施的操纵行为损害了市场效率和市场公平，应予禁止。基于此，本研究的一个创新之处是重构禁止操纵市场的核心理论，并在此理论基础上提出操纵市场的类型化以及不同类型下操纵行为的具体认定标准、举证要点。

其次，研究材料的创新。本书前沿性地研究金融与科技创新给监管机构带来的新挑战，以应对操纵市场监管的新威胁。幌骗交易操纵等作为一种新类型的操纵市场行为，是利用计算机程序和算法进行证券交易的典型代表，具有自动下达交易报价、交易速度极快等特点。本研究基于幌骗交易操纵等新型操纵市场行为的特点，提出不同于对传统操纵市场行为的事后规制模式，对新型操纵市场行为应建立有效的事前监控机制。

最后，规范构造的创新。本书通过对操纵市场行为的认定进行体系性研究，建立了类型化基础上的操纵市场行为认定标准。根据行为模式的不同，本书将操纵市场分为欺诈型操纵与交易型操纵。在欺诈型操纵中，行为人存在明显的不当行为，只要证明其是基于故意，而不是出于偶然或疏忽，就应认定其构成欺诈型操纵。而在交易型操纵中，认定标准则较为复杂。因获利机制的不同，交易型操纵又可进一步分为公开交易型操纵与外部利益型操纵。由于在这两类操纵市场行为类型中，行为人采取的是表面合法的交易行为，仅存在一般操纵意图而未对证券市场造成损害的行为又不具可罚性。因此，对于交易型操纵的认定应建立以损害为核心的规范构造。将人为价格或损害市场公平为标准的损害认定与操纵意图为标准的主观认定相结合，可为实际操纵市场行为与试图操纵建立具有操作性的规范基础。

第一章

操纵市场法律规制的理论基础

第一节 操纵市场法律规制的正当性基础

分析一个交易行为是否应作为操纵市场行为予以禁止,应考虑此交易是否扰乱了证券市场的基本秩序,阻碍证券市场发挥其应有的社会功能。此外,还应考虑将此行为认定为操纵市场行为对其他市场参与者的影响。总之,对操纵市场行为的认定应首先分析此行为是否影响了证券市场发挥其应有的社会功能,这些社会目标的实现也是当一个操纵市场行为危害证券市场时,监管机关应予以考虑的判断基础。我国《证券法》第 1 条规定,证券法的制定是"为了规范证券发行和交易行为,保护投资者的合法权益,维护社会经济秩序和社会公共利益,促进社会主义市场经济的发展……"这是一个比较笼统的规定，但从证券法基本原理来看，证券立法的目标可以归纳为三点：①保障市场正常运行；②维护市场公平与诚信；③保护投资者。[1]

一、保障市场正常运行

证券市场是一个二级市场：在一级市场中，股票是从发行证券的公司购买的，而在二级市场中，交易人则是互相买卖证券。一般而言，证券二级市场的监管应达到以下四个社会目标：其一，促进资本的有效分配，使之用于最有前途的新投资项目。其二，促进社会现有生产力的有效运作。其三，在当前和未来之间进行有效的资源分配，以最好地满足寻求实业投资公司的资金需求，他们通常是用获得未来现金的承诺来换取当前现金。同时，在当前和未来之间进行有效的资源分配，以最好地满足为了享受未来的消费而放弃当前消费的储户的需求。其四，促进投资者有效分配与持有证券有关的风险，以便证券市场的波动性由对风险厌恶程度最小的投资者承担，从而在投资者之间有效分散投资风险。[2]

总之，对证券市场进行监管应使其发挥以上四个社会目标，这离不开证券市场的正常运行，即证券法的立法目标之一在于保障证券市场经济效率的实现。一个交易行为可能以复杂的方式影

---

[1]　我国关于证券法基本原理的研究较为薄弱［参见朱锦清：《证券法学》（第四版），北京大学出版社 2019 年版，第 106 页］。关于证券法立法目标的论述，参见陈朝阳：《我国证券侵权民事责任归责分析——原则：立法与司法的冲突与协调》，载《西南政法大学学报》2003 年第 5 期，第 76—81 页；颜炳杰：《美国上市公司私有化相关法律问题》，载《北大法律评论》2008 年第 1 期，第 203—229 页；张保红：《论证券非公开发行制度的重构——以投资者规制为中心》，载《政治与法律》2015 年第 4 期，第 90—102 页。

[2]　Fox, Merritt B., Glosten, Lawrence R. and Rauterberg, Gabriel V., "Stock Market Manipulation and Its Regulation", *Yale Journal on Regulation*, Vol. 35, p. 67, p. 80 (2018).

响证券市场实现这四个社会目标，而这些影响市场效率的方式与证券市场两个最重要的特征相关：价格准确性和证券流动性。因此，一个交易行为的社会影响最容易通过两步来评估：第一步，评估此类交易行为对这两个市场特征的影响；第二步，确定该特征对此四个基本社会目标即市场效率的影响。这也是下文分析一个交易行为是否应作为操纵市场行为而予以禁止时所适用的分析思路。

二、维护市场公平与诚信

《证券法》第 3 条规定："证券的发行、交易活动，必须遵循公开、公平、公正的原则。"这从证券的发行、交易活动角度强调了公平原则的重要性。其实，不仅是证券的发行、交易活动，证券立法还应从整体意义上保障证券市场的完整性，以促进投资者对证券市场的信心，促进证券市场的发展。

此处的市场公平应从广义上来理解。整体公平的证券市场是有良好信誉的市场，投资者相信自己将受到有效的保护，市场中没有或很少有错误信息、滥用市场等现象，即使有也能得到有效救济。在金融市场上，一方面，金融市场主体基于平等地位进行公平交易，金融服务的供给者不应具有市场支配地位，更不应凭借其优势地位倾轧和压榨金融服务的需求者。另一方面，金融市场受到有效监管，金融市场主体依法进行金融活动，金融秩序合理有序。[1]

公平的证券市场整体而言是一个健全的市场，证券市场的实际和可感知的健全性对于其吸引资本的能力至关重要。投资者在

---

[1] 冯果：《金融法的"三足定理"及中国金融法制的变革》，载《法学》2011年第9期，第93页。

他们认为市场公平的范围内进行投资，如果投资者认为证券市场不公平，并且选择不去参与证券市场的投资，那么证券市场将会受损，资本的有效分配也将无法实现。[1] 同时，根据"柠檬理论"，诚实的投资者将避免参与这场投资游戏，而参与游戏的投资者则会将所有信息和交易打折，这对证券市场实现其效率的危害是显而易见的。如果投资者拒绝参与市场，将使市场的流动性降低，而交易的减少反过来又会使市场价格的准确性降低，最终导致市场的整体效率降低。因此，尽管市场整体公平感的定义并不明确，但这对证券市场的正常运行，或者说是有效的资本分配至关重要。因而保障证券市场公平也是证券市场立法欲实现的目标之一。

三、保护投资者

保障证券市场的正常运行以及保障市场公平的最终目的都是为了保护投资者，保护投资者不仅是《证券法》第 1 条明确提出的整个证券法的立法目标，还是反操纵立法的最终目标。[2]

首先，保护投资者需要通过保障证券市场的正常运行以及市场公平来实现。通过保障证券市场的正常运行，有利于投资者充分利用证券市场实现投资收益、降低投资风险，在储蓄和投资之间作出符合自己需求的选择。保障市场公平一方面有利于建立投资者对证券市场的信心，同时也会提高市场效率，实现投资者投资收益的最大化；另一方面有利于在证券市场中实现财富在市场参与者之间的公平移转，最终实现保护投资者的立法目标。

其次，保护投资者不仅应从保障证券市场正常运行及保障市

〔1〕 Haft, Robert J. , "The Effect of Insider Trading Rules on the Internal Efficiency of the Large Corporation", *Michigan Law Review*, Vol. 80, p. 1051 (1982).

〔2〕 朱锦清:《证券法学》（第四版），北京大学出版社 2019 年版，第 106 页。

场公平的角度进行立法，还应从执法及司法的角度对投资者予以保护。从立法角度而言，应公平对待所有投资者，在投资者保护、发行人利益、上市公司价值最大化以及其他相关者利益之间取得合理平衡，建立保护投资者的法律法规；从执法角度而言，应建立强有力的执法机构，对侵害投资者的行为进行处罚；从司法角度而言，应建立完善的民事责任赔偿制度，使投资者能够通过司法渠道保护自己的利益。[1]

在各种证券市场的违法违规行为中，操纵市场是最为严重的一种。[2]从立法角度，操纵市场行为损害了市场效率和市场公平，严重侵害了投资者的利益，是应予禁止的交易行为。从执法和司法角度，重点应将操纵市场行为与正常的交易行为进行甄别，明确操纵市场行为的认定标准，并在此基础上，明确主观过错、损害后果、因果关系的行政执法及司法标准，为规制操纵市场行为建立完善的行政执法制度和民事赔偿制度奠定坚实基础。

另外，保护投资者的前提是诚实的市场环境，而不是强迫投资者进行财富重新分配。因此，立法、司法的努力方向应是竭力控制公司对外赔偿责任，目标应是着重打击公司背后的发声人，从而事先阻止操纵市场等行为发生。[3]这是保护投资者利益必不可少的制度性支持，既有利于有效打击操纵市场行为，保护参与证券市场的投资者利益，提高他们对证券市场的公平感和信心，也有利于为投资者勇敢利用司法手段维护自己的利益提供条件，

---

[1] 朱从玖主编：《投资者保护——国际经验与中国实践》，复旦大学出版社 2002 年版，第 14—15 页。

[2] 朱从玖主编：《投资者保护——国际经验与中国实践》，复旦大学出版社 2002 年版，第 206 页。

[3] 耿利航：《欺诈市场理论反思》，载《法学研究》2020 年第 6 期，第 128—148 页。

促进证券市场的良性发展。[1]

第二节　操纵市场行为的危害性

保障证券市场正常运行、保障市场公平以最终保护投资者，是反操纵立法欲实现的社会目标。操纵市场行为危害了证券市场的正常运行和市场效率，是证券市场中应予禁止的行为。

一、对市场效率的损害

从市场效率角度而言，操纵市场行为损害了证券市场的定价准确性和证券流动性，降低了市场效率。

（一）市场效率与价格准确性、流动性

1. 市场效率与价格准确性

价格准确性反映了发行人股票的市场价格在多大程度上能够预测发行人未来的现金流量。由于发行人发行新股的价格将主要由其在股票市场上已发行股票的价格决定，更准确的股市价格将使新股发行筹集的资金更有可能用于发行人最有前途的新实业投资项目。股价还影响其他外部来源提供新项目资金的可得性，以及管理者使用内部资金进行投资的意愿，因此更高的价格准确性也有助于以其他方式有效地分配资本，这有利于实现保障证券市场正常运行、发挥证券市场效率的第一个社会目标，即促进资本的有效分配，使之用于最有前途的新投资项目。

一般而言，更准确的股价有助于将不懂得有效部署内部资金用于新的投资项目，或不懂得有效管理发行人的现有资产的上市

---

[1]　朱锦清：《证券法学》（第四版），北京大学出版社2019年版，第260页。

公司的高管揭示出来，因为这些上市公司的股价通常表现不佳。而通过上市公司的股价变化，可以促进那些有能力对内部资金进行有效部署，并使其用于新投资项目的人走上管理岗位，这有利于资本的有效分配；同时，也可以促进那些有能力对发行人的现有资产进行有效管理的人走上管理岗位，这有利于第二个市场效率社会目标的实现，即促进社会现有生产力的有效运作。[1]更准确的股价还可以提高高管薪酬计划的有效性、有效发挥敌意收购以及激进的对冲基金对上市公司治理的作用，这些动机都能促使上市公司高管们更好地进行管理决策，同时更好地实现第一个和第二个市场效率目标。

从价格准确性对市场公平的意义角度而言，更准确的股价也可以使投资者逐渐感受到更多的公平感，因为他们在证券市场中的交易会更符合期待，购买或出售后的某个时间点会遇到更少的出乎意料的负面消息，这也有利于市场公平目标的实现。总之，证券市场的定价准确性对于实现市场效率必不可少。

2. 市场效率与流动性

较高的流动性有利于市场效率的实现。流动性是一个多维概念，涉及交易规模、完成交易的价格以及完成交易所需的时间。一般而言，购买或出售的规模越大、人们希望交易完成得越快，价格就越不理想。然而，市场流动性越强，这些目标就越可能得到权衡。对于少量的股票购买或零售，"买卖价差"，即市场上最佳可执行卖价与最佳可执行买价之间的价差，是较好的衡量流动性的方式。因为在这些交易中，交易者可以立即以相应的价格进行买卖交易，同时需要支付一半的价差。而对于较大的订单，除

---

〔1〕 Fox, Merritt B., Glosten, Lawrence R. and Rauterberg, Gabriel V., "Stock Market Manipulation and Its Regulation", *Yale Journal on Regulation*, Vol. 35, pp. 258-260 (2018).

了买卖价差，以不低于最佳卖价或不高于最佳买价的价格提供的库存量也很重要，这也关系到买卖最后是否能够成交。[1]

除此之外，流动性的提供还会对许多社会目标产生影响：首先，高流动性可以促进在当前和未来之间进行更有效率的资源分配，促进社会的稀缺资源在支持现有消费和支持新的投资以增加未来消费之间，进行更有效率的分配。这与市场效率欲实现的第三个社会目标有关，即将与消费有关的资源在当前与未来之间进行有效分配。

具体而言，企业通过发行股票寻求新资金以投入实业投资项目。而在本质上，他们是用未来现金承诺购买当前现金的买家。发行人的股票流动性越高，则在任何给定水平的预期未来现金流量中，其股票的价值就越高。对于一级市场中的股票购买者而言，流动性更高意味着在将来出售其股票以提供未来消费的成本更低，因为买价会更少地低于中间价格。此外，更多的流动性意味着在出售时市场上的买家将对股票进行更高的估价，从而使中间价格更高。

这是因为：其一，对于这些买家而言，此时股票的价格相对更低，由于较高的流动性，他们所出的买价会更低于中间价格。其二，对于这些买家而言，在将来的某个更远的时间卖出该股票的成本会更低，因为那时的买价将更少地低于中间价格。因此，当发行人在一级市场上发行股票时，在其他条件都相同的情况下，投资者评估股票在市场中的流动性越大，发行人可以出售其股票的价格就越高，发行人的资本成本就越低。[2]

---

〔1〕　即"订单簿的深度"（the depth of the book）。

〔2〕　Amihud, Yakov and Mendelson, Haim, "Asset Pricing and the Bid-Ask Spread", *Journal of Financial Economics*, Vol. 17, p. 223 (1986); Amihud, Yakov and Mendelson, Haim, "Liquidity and Asset Prices: Financial Management Implications", *Financial Management*, Vol. 17, p. 5 (1988).

其次，高流动性可以促进市场更有效地分配风险。这是第四个市场效率欲实现的基本社会目标，即促进在投资者之间有效分配与持有证券有关的风险，以便证券市场的波动性由对风险厌恶程度最小的投资者承担，从而在投资者之间有效分散投资风险。在任何给定的时间点，每个投资者都有一个最优的投资组合，其中包括投资于风险证券的总财富比例以及应投资于风险证券投资组合中每种风险证券的比例。至少在中期，投资者对安全性与风险的偏好可能会保持相对稳定。但是，几乎所有决定哪种投资组合最适合他的其他因素都可能会经常变化，例如，他的个人情况、无风险的利率、与每种可用风险资产相关的预期收益以及每种资产与资产的收益方差等。

总之，构成最佳投资组合的因素可能总是在变化。通过减少与证券购买和出售相关的交易成本，更大的流动性可以使个人投资者能够随着时间的推移有效地调整其投资组合，以使投资组合在每个时刻都更接近当时最适合自己的投资组合。

最后，高流动性可以促进更高的价格准确性。流动性的提高还可以降低预测性交易的成本，交易者可以通过获取各种公开信息和对市场的观察与分析，对发行人的现金流量进行更准确的预测。高流动性可以降低这些信息收集和分析的成本，促进以基本价值信息为基础的交易。因此，更多的流动性刺激了这种交易活动，并在此过程中提高了股票价格的准确性，从而促进更有效的资本分配和对现有生产能力的利用，即第一个和第二个社会基本目标的实现。

（二）操纵市场与价格准确性、流动性

操纵市场通常会通过两种方式干扰市场的定价准确性，从而导致市场效率低下和资本配置不当。首先，随着错误信息被操纵者注入市场，资产价格变得不那么准确。[1] 由于资产价格中包含了不正确的信息，市场价格与资产价值之间的距离越来越远。虚假信息会抑制市场对资产进行有效定价的能力，并损害市场的运作。其次，操纵可能会在市场上造成虚假的流动性表象，从而导致人为的资产价格。操纵者制造出一种假象，即资产交易多于实际交易，通过扭曲流动性水平对资产价格施加压力。总之，操纵市场行为对价格准确性和流动性都可能造成损害，从而损害证券市场的正常运行，阻碍证券市场效率的发挥，是应予禁止的违法行为。笔者将在下文中对每种操纵手段造成的具体损害进行具体分析。

二、对市场公平的损害

保障证券市场的公平秩序对市场正常发挥其社会功能至关重要，但公平的概念太多且太繁杂，无法全面深入地进行统一分析以指导监管实践。然而，市场公平与公众对证券市场的信心息息相关，因此，证券市场的监管不能完全忽略公平这一概念。[2] 一般而言，公平有三种含义。首先，公平指交易者能够平等地获取市场中的信息。根据这个定义，与没有相同信息的人进行交易是不公平的。但这种对于公平的定义过于宽泛，限制了市场参与者所有的盈利可能性。[3] 例如，证券分析师获利的方法是通过对市场中的证券进行研究，并就是否买入、卖出或持有提出分析建议，

---

〔1〕　Kahan, Marcel, "Securities Laws and the Social Costs of Inaccurate Stock Prices", *Duke Law Journal*, Vo. 41, p. 987（1992）.

〔2〕　郝旭光：《论证券市场监管的"三公"原则》，载《管理现代化》2011年第2期，第47—49页。

〔3〕　Haeberle, Kevin S. and Henderson, M. Todd, "Information-Dissemination Law: The Regulation of How Market-Moving Information Is Revealed", *Cornell Law Review*, Vol. 101, p. 1429（2016）.

这一过程既能够为分析师带来利益，也能够提高市场的效率，因为这些信息被市场吸收的过程也提高了市场对证券定价的准确性。然而，如果交易者必须在交易前将该研究结果告知交易对手，就无法赚取利润，之后也不会有动力做此类研究，因此，该定义在分析操纵市场的危害性时并不合适。

其次，公平指市场中的交易者能够以"正确"的价格执行交易。因此，如果一个行为不当地影响了资产的价格，则此交易是不公平的。但该定义是与证券价格相关的不公平，这种对市场公平的解释将对市场定价机制这一效率方面的损害与对市场公平的损害混为一谈。因此，从价格准确性的角度解释证券市场公平，也无法很好地辨识证券市场中行为的不当性。

最后，公平指市场中公正的财富转移。虽然金融资产交易是一场零和游戏，但对于双方之间的财富转移，交易者都合理地期望是因其交易对手的技巧或运气。公平的证券市场应为交易双方提供平等的财富机会，以防一方亏损而另一方不公平地获利。如果允许交易者将"拇指放在天平上"，即操纵市场，将会导致竞争环境不再公平，该交易也是不公平的，这样市场的公平性将会受损。这种公平观建立在交易双方的合理预期之上，即他们的交易成功或失败的可能性相同。若允许某一方交易者创造市场条件以降低交易对手成功的可能性，则会降低公众对市场公平的信心。

在公平的三个定义中，第三个定义在评估交易行为的合法性上具有较大的指导意义。将公平定义为市场中公平的财富转移是一种事前的评估视角。选择事前观点来评估公平性意味着，如果一种实践不影响市场参与者的预期结果，那么它是公平的。一个交易行为并不是只涉及交易者一人，也涉及市场中的其他主体，交易者进行的交易行为也可能使自己亏损。但是，如果平均而言，进行该交易不会使参与者因这种做法而亏损，则这种做法对于参与者是公平的。大多数投资者会随着时间的推移进行许多交易，因此，公平性可以根据预期结果来评估。这种方法只有在证券市场中才适用，在社会生活的其他方面，公平很少可以这样定义。因为只有在证券市场中，投资者可以进行重复交易，并且可以通过多样化投资组织来分散风险。因此，投资者在很大程度上可以预测自己的交易结果，当其他某个交易者的交易策略破坏了他的这种预期时，则可以说此交易策略对他不公平。

从证券市场中交易实践的一个例子开始，分析此交易的事后效果，最容易理解这类正在进行的交易实践对证券市场正常运行及市场公平社会目标的影响，在这个过程中分析交易对所涉及的各个参与者财富转移的影响，反过来又是交易者进行此类交易实践的激励。基于此，可以从事前的角度考虑这类交易实践对证券市场的影响，而这类交易实践通常是长期以来在竞争的市场环境中所发生的普遍已知的持续现象。这种事前分析的视角能够了解这一类交易实践对证券市场的效率意义和公平意义。

从这一角度而言，操纵市场会对市场公平产生不利影响。操纵市场行为其实是操纵人利用了市场中的其他交易者，以牺牲他人利益为代价来获利，这种获利不是由于他对证券进行研究的勤奋或运气，而是因为相对于其他市场交易者，他拥有不公平的优势，导致市场中不公平的财富移转。若法律不禁止操纵市场行为，流动性提供者会增大买卖价差以应对其与操纵人交易时的亏损，从而降低市场的流动性，损害其他市场参与者的利益，导致不公平。若投资者认为市场不公平，则会缩减他们投资于市场的资本，导致整个市场内的可用资金不足，因此，维持市场的健全性和对市场公平的整体认同感对于证券市场的正常运作至关重要，而操纵行为会在证券市场中导致不公平的财富移转，损害市场公平，是应予禁止的交易行为。

第三节　操纵客体——证券市场的运作机理

操纵市场危害证券市场的效率和公平，是应予禁止的证券违法行为。但在规制操纵市场行为的实践中，难点在于如何认定一个交易行为是不是操纵市场，如何区分正常的交易行为与操纵市场行为。通过评估一个交易策略对价格准确性及流动性供给的影响，可以评估此策略是否损害了证券市场。而理解证券市场的运作方式是确定某一交易策略对价格准确性和流动性影响的必要起点。

因此，本节将分析证券市场的主体、交易场所的本质及在其中交易的不同订单，据此厘清证券市场中的流动性是怎样产生的，以及交易发生时价格的决定因素。本节旨在分析在没有操纵市场行为时，证券市场是怎样运作的，以为评估不同类型操纵市场行为对证券市场的影响提供基准。对证券市场的运作方式进行研究既是分析操纵市场的基础，也是明确操纵市场性质以及行为特征的基础。

一、价格形成机制

证券市场上的交易主体可分为四类：知情交易者、不知情交易者、噪音交易者和反噪音交易者。[1]此外，市场中的买卖双方还包括专业的流动性提供者。第一类交易主体——知情交易者——会根据所掌握的信息购买或出售证券，这些信息可使股票价值的

---

[1]　Fox, Merritt B. , Glosten, Lawrence R. and Rauterberg, Gabriel V. , "Stock Market Manipulation and Its Regulation", *Yale Journal on Regulation*, Vol. 35, p. 86 (2018).

评估比其当前市场价格所暗示的更为准确。

第二类交易主体——不知情交易者——与知情交易者相反，他们在不拥有信息的情况下买卖股票，而如果他们拥有这类信息，就可以更准确地评估其价值。不知情交易者进行交易的原因可能有以下几种：首先，购买股票是他们将拥有的当前期间的消费推迟到以后的一种方式，而在他们希望消费的一个较晚的时间，就会出售股票。不知情交易者购买股票时的预期收益仅仅是市场整体的预期收益，这种收益可能因反映特定公司股票的风险特征而进行调整。因此，在交易时尚未在股价中反映的信息并不会成为不知情交易者购买或出售股票的理由。其次，不知情交易者进行股票的购买或出售，也可能是由于想改变他们的投资组合，使其最符合投资者规避风险的需求或他们的个人情况。总之，不知情交易者进行交易不是因为在交易时尚未在股价中反映的信息。通过证券市场进行消费与投资的合理分配或分散投资风险，是证券市场的应有功能之一，也是不知情交易者进行交易的原因之一。此外，即使没有额外的信息，不知情交易者也可以纯粹出于赌博的乐趣在证券市场中进行交易。

第三类交易主体——噪音交易者——认为，他们掌握的信息没有反映在股票价格中，可以基于此更准确地评估发行人的未来现金流量。但他们与知情交易者的区别在于，事实上，这些信息要么已经反映在价格中，要么与作出更准确的评估无关。因此，噪音交易者认为自己进行了知情交易只是一种妄想。[1]

第四类交易主体——反噪音交易者——是知情交易的一种特殊形式。从事反噪音交易的人会积极地搜索有关发行人未来现金

---

[1] 李菁等：《行为金融的投资收益率差异研究》，载《市场观察》2019 年第 9 期，第 72—73 页。

流量的新信息，并且当发现价格波动却并没有新的信息时，其会以相反的方向进行交易。

最后一类市场主体是专业的流动性提供者，他们既经常购买股票又经常出售股票，其业务是随时用报价回应相应数量的买价订单和卖价订单，为市场提供流动性。

二、流动性提供机制

厘清了市场中的主体及各主体进行交易的激励因素，以及交易场所是如何运作的，本书接下来将分析证券市场中的主体和场所是如何产生流动性的。为简化分析框架，假设在交易场所发布的所有限价订单均来自专业的流动性提供者，并且所有交易者申报的均是可交易订单。

如果专业流动性提供者平均出售所购买股票的价格超过了他购买时的价格，那么该流动性提供者就会赚钱。但流动性提供者在与知情交易者进行交易时，均会亏损。知情交易者只有认为股票的价值高于流动性提供者的出价时，他才会从流动性提供者处购买股票。因此，流动性提供者在与知情交易者进行交易时，会亏损。但与不知情交易者进行交易时则不同。平均而言，与不知情交易者进行交易时流动性提供者会盈利。因为当前市场价格所隐含的股票价值评估是最佳买价和最佳卖价的中点。由于不知情交易者没有额外的信息，他没有理由认为此市场评估的价值是错误的。当流动性提供者从报出最佳卖价的一个不知情交易者那里购买并出售给报出一个最佳买价的不知情交易者时，平均每一个交易产生的预期利润等于两个报价之间的价差的一半，因为流动性提供者的平均买价会低于证券的实际价值，而售价则高于价值。

总之，无论知情交易者所掌握未公开信息的来源是什么，流动性提供者与之交易都将亏损。当他从知情的卖方处买入或出售给知情的买方时，都将亏损。[1]但是，只要有足够多的不知情交易者愿意承受买入和卖出时不可避免的预期交易损失，流动性提供者仍可以实现收支平衡。卖价与买价之间仅需有足够大的价差，以使与不知情交易者进行交易所产生的利润可以抵销与知情交易者进行交易所产生的损失。

　　流动性提供者在竞争激烈的市场中经营业务，为了生存，他必须积极地设置报价以吸引业务，但报价又不能过高或过低，否则会使他从不知情交易者处赚的钱少于与知情交易者进行交易而损失的钱。当流动性提供者设置卖价和买价时，他知道，很有可能下一个根据其报价之一执行的可交易订单将来自知情交易者。他还知道，如果到达的下一个可交易订单是买入订单，则这极有可能是由额外的利好信息激励的，而不是由额外的消极信息激励的。同理，如果下一个到达的订单是卖出订单，则相反。因此，流动性提供者知道，无论接下来接到哪种订单，都会改变他对股票价值的估计：如果订单是买单，则上升；如果订单是卖单，则下降。买价或卖价是在知道其将下降还是上升之前设置好的，取决于下一个到达的订单是买入还是卖出。

　　因此，当流动性提供者决定其报价时，他知道只有在该知情交易者拥有的信息为利好的情况下，知情交易者才会按照该价格进行交易，而买单的到来将导致该流动性提供者将此股票的价格提高。要使流动性提供者不后悔对买入订单的回应，他必须在订单到达之前，根据其所知道的信息设置报价，以反映股价估值的上升。对卖出订单的回应也同理。一旦买入或卖出订单到达，流动性提供者就会获得新的信息，这个调价的流程就会重新开始。

---

　　[1]　Fox, Merritt B., Glosten, Lawrence R. and Rauterberg, Gabriel V., "Stock Market Manipulation and Its Regulation", *Yale Journal on Regulation*, Vol. 35, p. 90 (2018).

在一个流动性提供者理性地期待证券市场中有更多的知情交易时，他就会更大幅度地向上或向下调整股票的估值，也因此会相应设置更低的买价和更高的卖价。[1]

　　流动性提供者如何设置报价的过程反映了知情交易中交易价格的确定，这是存在知情交易者的市场中理性提供流动性所产生的重要副产品。流动性提供者将根据交易不断更新对股票的估值。有了足够多的交易，市场价格就会反映出知情交易者所掌握的信息。因此，理性的流动性提供者的行为反映了一种"看不见的手"：仅仅是由于他们努力避免与知情交易者进行交易所造成的损失，流动性提供者反复修改其报价，随着时间的推进，报价会完全反映出知情交易者所掌握的信息。

---

　　[1]　Glosten, Lawrence R. and Milgrom, Paul R. , "Bid, Ask and Transaction Prices in a Specialist Market with Heterogeneously Informed Traders", *Journal of Financial Economics*, Vol. 14, p. 71 (1985).

第二章

操纵市场行为的现行认定框架

第一节 操纵市场的法律性质认定

明确操纵市场的本质是对此行为进行规制的一个前提条件。在操纵市场的立法过程中，关于操纵市场行为的本质特征争议很大。例如，操纵市场行为是否属于欺诈，是否适用反欺诈条款；或者操纵市场行为中利用市场优势地位影响证券价格是否属于垄断，反垄断法是否足够对其予以规制；或者操纵市场中的低买高卖是否只是证券市场投机行为的一种，实际上并不需要被禁止。本书认为，操纵市场行为是一种独立的危害证券市场的行为，应单独立法予以禁止。

一、有别于欺诈行为：利用表面合法的交易操纵

（一）操纵市场与欺诈行为的关系

对于操纵市场与欺诈行为的关系，证券法理论界与实务界均争论不休。如美国法官弗兰克·H. 伊斯特布鲁克（Frank H. Easterbrook）认为操纵属于欺诈行为的一种。[1] 也有学者认为操纵虽与欺诈有关，但从法律分析的角度又不完全属于欺诈。[2] 然而，操纵与欺诈究竟怎样相关，有何区别，却未予明晰。对于一些类型的操纵行为，可以理解为欺诈的一种。例如，洗售、对敲等虚伪交易，是为了误导市场参与者相信买方和卖方在交易某一证券，而事实上并没有实际的交易发生。这些交易是一种通过行为进行的欺诈。正是基于此，丹尼尔·R. 费舍尔（Daniel R. Fischel）和大卫·J. 罗斯（David J. Ross）认为对于这一类行为，"操纵市场"的概念是多余的，有欺诈的概念就足以对其进行认定与规制。[3] 但本书认为，对于连续交易操纵、跨市场操纵等交易型操纵，行为人利用表面合法的交易行为操纵市场，其本质与欺诈无关。因此，欺诈行为并不能完全覆盖操纵市场行为的所有手段，二者并不等同。

我国学术语境下证券欺诈概念的使用呈现一定的随意性，欺诈的概念虽然出现在许多证券欺诈责任和制度构建的文献中，但很少有对于欺诈基本范畴分析的文献。欺诈经常作为涵盖证券违法行为的兜底表述，其法律内涵极为丰富，涉及多个法域与学科，几乎所有的违法证券交易行为都难以割裂与欺诈的关系。因

---

[1] Easterbrook, Frank H., "Monopoly, Manipulation, and the Regulation of Futures Markets", *The Journal of Business*, Vol. 59, p. 103 (1986).

[2] 张小妮、张宝山：《市场操纵行为的法律界定与规制比较研究》，载《西安交通大学学报（社会科学版）》2013年第3期，第79—84页。

[3] Fischel, Daniel R. and Ross, David J., "Should the Law Prohibit 'Manipulation' in Financial Markets?" *Harvard Law Review*, Vol. 105, p. 503 (1991).

此，厘清欺诈与操纵市场行为之间的关系，既是操纵市场理论逻辑自洽的要求，也是操纵市场行为认定思路的基础。[1]尤其是对于各种不同类型的操纵市场行为，不应一概而论将之归为欺诈行为。这种论证思路对于实际的行为认定指导意义不大，应分清各种类型的操纵市场行为与证券欺诈的关系，并厘清不同类型中欺诈的含义才能为操纵市场的行为认定提供具有可操作性的规范基础。

我国立法及学界对于证券欺诈与操纵市场行为的关系没有明确的共识。例如，1993 年国务院颁布的《禁止证券欺诈行为暂行办法》第 2 条规定："本办法所称证券欺诈行为包括证券发行、交易及相关活动中的内幕交易、操纵市场、欺诈客户、虚假陈述等行为。"此处的证券欺诈是操纵市场的上位概念。而现行的《证券法》第 5 条规定："证券的发行、交易活动，必须遵守法律、行政法规；禁止欺诈、内幕交易和操纵证券市场的行为。"此处的欺诈又成为操纵证券市场的平行概念。证券欺诈定义的使用略显随意，操纵市场行为虽与证券欺诈有关，但并非完全属于欺诈。因为有的操纵市场手段表现为表面合法的交易行为，并不包含一般常见的洗售、对敲等欺骗性、虚伪性手段。已有学者将之归为价量操纵，与欺诈操纵相区分。[2]因此，欺诈与操纵市场是交叉关系而非种属关系。[3]

（二）操纵市场认定与反欺诈规则

对于虚假的交易，将操纵定义为欺诈的一种有其合理性，但欺

---

〔1〕 张超、甘培忠：《市场操纵的规范解构和分析框架维度构建》，载《暨南学报（哲学社会科学版）》2019 年第 9 期，第 62 页。

〔2〕 钟维：《欺诈理论与期货市场操纵二元规制体系》，载《清华法学》2021 年第 3 期，第 160—178 页。

〔3〕 张超、甘培忠：《市场操纵的规范解构和分析框架维度构建》，载《暨南学报（哲学社会科学版）》2019 年第 9 期，第 63 页。

诈的概念对于存在实际交易行为的操纵市场类型，则显不足。[1]

首先，与欺诈行为不同，交易型操纵中不存在明显的不当行为。例如，若交易者是基于不当的意图进行交易，他的意图是影响证券的价格，使之朝着一定的方向移动，但其不知道即使没有此影响，价格也会朝着这个方向移动。这样的交易者从事的行为是否应认定为欺诈是值得商榷的。有人认为交易者确实从事了欺诈，即此交易者进行交易的目的是使其他市场参与者产生对此证券真实价值的错误认知。但是这个例子与典型的欺诈有明显的不同。典型的欺诈既涉及一个不当的行为，例如虚假陈述，又涉及欺诈的意图，如行为人知道或应当知道其传播的信息是虚假的或有误导性的。在欺诈的案子中，只有存在不当行为时，才涉及对意图的认定，即行为人进行了具有客观性的不当行为，如虚假陈述等，才涉及对行为人是否知道或应当知道其行为不当性的认定。因此，法律禁止的不是思想，而是在客观上可以被认定为不当的行为，缺少了不当的行为，就不会产生危害或损失，所以真实的陈述不会被惩罚。基于此，除非一个陈述是虚假的，否则没有必要考量陈述者的意图。

而上述交易型操纵例子中交易者的情况与进行虚伪交易或作出虚假陈述的交易者情况完全不同，因为前者没有从事任何客观上可认定为对社会有害的行为，其仅有的行为是进行交易，而且用客观标准无法将此交易与其他交易相区分。唯一的不同是交易者的意图。在操纵中，换言之，一个行为是否为不当完全取决于交易者的意图。而在欺诈中则相反，行为是否不当取决于客观的标准，即是否存在虚假陈述等不当行为，而不仅仅是行为人的

---

[1] Poser, Norman S., "Stock Market Manipulation and Corporate Control Transactions", *University of Miami Law Review*, Vol. 40, p. 691 (1986).

意图。

从表面上来看，在重大遗漏，即不披露有关证券价值的重要事实的情况下，欺诈与操纵的不同并不明显。因为不披露就像交易一样，是一个模糊的行为，表面来看并没有明显的不当性，所以可以说不披露的情况与操纵的情况相似。但进一步分析可知，这两种行为的类似性并不成立。只有存在披露义务而未予披露时在法律上才是可诉的，而这种义务的衡量是有客观标准的，例如双方之间的某种特殊关系等。缺少披露的义务，就不可能存在可诉的重大遗漏，更不必考虑违法者的意图了。总之，在欺诈中，行为是否不当并不仅仅取决于行为人的意图，这一点与操纵市场行为有很大的不同。

其次，与从事欺诈行为的低成本不同，从事交易型操纵的成本很高。与抑制基于不当意图的真实交易相比，法律规则更应抑制欺诈。因为即使不考虑对陈述对象名誉方面的影响，虚假陈述基本没有自我抑制性，行为人通常只需要投入很少的成本或不需要成本投入。[1]若没有法律规则予以惩罚，例如，没收违法所得或赔偿损失，进行这类欺诈将非常有利可图。这与存在真实交易的操纵市场行为明显不同，基于不当意图的真实交易通常是需要投入大量成本的。行为人需要投入成本买入证券，通过增加交易量或者提高交易价格抬高证券的价格，而只有能以高价出手才能获利，但对于能否高价出手所持证券，行为人面临极大风险。因为卖出证券的同时会增加市场中的供应量，从而拉低价格，行为人可能因此无利可图。

总之，基于真实交易的操纵市场行为具有一定的自我抑制性，

---

[1] Fischel, Daniel R. and Ross, David J., "Should the Law Prohibit 'Manipulation' in Financial Markets?" *Harvard Law Review*, Vol. 105, p. 503 (1991).

这与进行欺诈的低成本不同。对于操纵市场认定与反欺诈规则的关系，操纵的概念不能完全为欺诈的概念所涵盖，且某些操纵策略即使有一些欺诈行为的特征，也与欺诈的认定标准不同，操纵市场行为应有自己的认定标准体系。

二、有别于过度投机与垄断：利用欺诈性行为操纵

（一）操纵市场有别于过度投机行为

1. 操纵市场与过度投机行为的关系

对于操纵市场与过度投机行为的关系，许多金融市场监管的目标是阻止操纵和过度投机等。如美国《1933 年证券法》与《1934 年证券交易法》的起草者认为，过度投机、美国 1929 年股市大崩盘与 20 世纪 30 年代的大萧条之间具有直接关系。因此，美国《1934 年证券交易法》第二节强调："美国发生了国家危机，造成大范围失业和贸易、运输及工业混乱，加重了州际商业负担，降低了整体福利。此国家危机由于操纵、证券价格突然和不合理地波动以及交易所和证券市场的过度投机而变得更加猛烈、更加严重、更为持续。"[1] 因此，证券法的立法史离不开对不当"投机资本联合"（pools）的规制。

在美国证券法颁布之时，典型的资本联合行为表现为：行为人首先确保能够获得一个大宗股票的购买期权，此期权价格一般高于当时的市场报价且此股票对于市场有实际或潜在的吸引力，容易对其浮动的供给进行控制。资本联合中管理者和行为人负责将市场价格抬高到期权价格之上，如果市场中对于此股票的供应具有稳定性，则只要增加对其的需求就可以做到这一点。管理者在不同的经纪商处开设一些账户，从专家的资料中获得对市场状

---

[1] 15 U.S.C. § 78b (4) (1988).

况的了解，之后下单进行买卖，并且买单比卖单多，这样通过不断增加的交易，股价会逐渐上升。这些交易大概率会以洗售的形式进行，即行为人既是股票的买方，又是同一股票的卖方；在其他的对敲交易中，行为人在出售时则知道他的一些同盟同时会以同样的价格购买同样数量的股票。

随着股价的逐渐上涨，复杂的宣传策略也将助长对此股票的需求。被操纵股票公司的高管或许也是此资本联合中的一员，他会发布对公司未来而言利好但不完全真实的消息；同时，对此业务感兴趣的经纪商也会通过市场或他的员工建议其客户购买此股票；每日报纸上的股市数据表和金融专栏也会夸赞此公司的未来；他们还会雇佣各种"煽动者""吹风人"和"水军"来散布关于此公司利润增加或即将进行合并的谣言。如果股票市场价格超过期权价格，行为人就会行使他的期权，并增加销售量而不是购买量，谨慎地向公众出售期权股票以及在推高股价过程中获得的股票。

这种资本联合行为实际上是一种混合的操纵市场实践。首先，以洗售与对敲为形式的虚假交易，以及向公众散布虚假信息对这一策略的成功至关重要，此类交易策略具有欺诈性。其次，也有人认为投机性交易才是资本联合的原罪。因为资本联合的投机性表现在发行人、承销商及其他人之间的协议上，旨在通过活跃的交易或其他方式抬高某一证券公开发行后的价格；之后他们会在最终价格下跌之前以抬高后的价格出售证券给不知情的公众。这种资本联合是发行人、承销商和投机者之间的联合，他们的交易活动会导致证券价格的剧烈波动。[1]

---

〔1〕　Thel，Steve，"Regulation of Manipulation Under Section 10（b）：Security Prices and the Text of the Securities Exchange Act of 1934"，*Columbia Business Law Review*，Vol. 1988，pp. 362-382（1988）；See also Poser，Norman S.，"Stock Market Manipulation and Corporate Control Transactions"，*University of Miami Law Review*，Vol. 40，p. 691（1986）.

总之，对于操纵市场与投机行为的关系，在美国证券法的立法历史中争议不断。自美国证券法起草伊始，起草者对于自 19 世纪中叶就存在的"资本联合"行为的性质争论不休。为了抑制这种资本联合及相关的过度投机，美国国会在立法中认定某些交易实践是操纵性的。如洗售、对敲、卖空及一种具有资本联合特征的更模糊的实践——"基于引诱其他人购买或出售此证券的目的"而交易某一证券。并明确了规制这些实践的立法目的是为证券交易所正常发挥其功能扫清障碍，使公开市场中证券的供给和需求能够自然匹配，使证券的价格免受操纵或控制的影响。对证券交易进行监管，保障交易的公平、有序、高效，是证券交易所的核心职责之一。[1]因此，为了抑制资本联合和其他操纵性交易实践，美国国会在《1934 年证券交易法》中规定了第 9（a）（2）条，"禁止任何人基于引诱其他人购买或出售某证券的目的，直接或间接地单独或与他人联合，对任何在国家证券交易所登记的证券进行一系列交易，造成此证券真实或表面上的活跃交易现象，或此证券价格的升高或降低"。[2]

此外，在期货市场的监管中，操纵所造成的危害也一直是立法关注的焦点。例如，美国 1922 年《谷物法》是最早规制期货市场的联邦立法之一，其制定背景主要是期货价格易受投机和操纵行为的影响。同样，美国 1982 年《商品交易法》修订了《谷物法》，其立法目的也是为操纵性活动和过度投机提供监管规则，以防止市场中的活动给生产者、消费者和交易所带来损失。该法案要求所有指定为合约市场的交易平台阻止"其中的交易者或经营

---

〔1〕 顾功耘：《证券交易异常情况处置的制度完善》，载《中国法学》2012 年第 2 期，第 131 页。

〔2〕 15 U. S. C. § 78i（a）（2）（1988）.

者进行价格操纵或对任何期货的囤积行为。"[1] 操纵市场与过度
投机密不可分，有的过度投机行为与操纵市场有重合之处，二者
都可能表现为连续或大量的买卖行为，很可能导致证券价格的剧
烈波动，但二者的本质不同。过度投机只是行为人的一种激进的
交易策略，一般不涉及欺诈等不当行为，而操纵市场不仅涉及欺
诈性质的不当行为，还涉及对证券市场的定价准确性及流动性产
生损害，或对交易对手方不公平等对社会有害的行为。

　　2. 操纵市场认定与反过度投机规则

　　操纵市场行为可能导致证券价格的异常波动，对证券市场和
投资者造成损害。例如，我国《证券法》第 55 条第 1 款第 1 项规
定 "单独或者通过合谋，集中资金优势、持股优势或者利用信息
优势联合或者连续买卖" 是被禁止的操纵市场手段之一。利用资
金、持股或信息优势进行连续买卖与投机行为具有相似性。在美
国证券法中，场外交易市场中的经纪-交易商有时会因向零售客户
收取 "过高" 的加价而被指控操纵。交易商通常会在他们之间的
交易中，或证券 "批发" 市场上同时报出买入价和卖出价；买入
价是交易商愿意从另一个交易商处购买股票的价格，而卖出价是
他愿意出售的价格。兼作 "零售经纪人" （有时称为 "综合交易
商" ）的交易商以他的买入价或低于他买入价的某个价格从客户
那里购买股票，然后以高于当前交易商间卖出价的价格将这些股
票出售给他的客户。如果加价 （或减价）超过当前市场价格的某
些参数，则可能被视为过度投机而具有操纵性。

　　至于什么样的加价会被认定为过度，《美国证券交易商协会公
平实践规则》第 III 条第 4 节要求交易以公平价格执行。其理事会
对该规则的解释将现行市场价格的 5% 加价作为确定公平价差的指

---

[1]　157 U.S.C. § 7 (d) (1988).

导规则。美国证券交易委员会（United States Securities and Exchange Commission, SEC）则认为若加价或减价超过现行市场价格的10%，且交易商未予披露，则属于重大遗漏，具有欺诈性。这种过度加价通常被认为是操纵股票价格策略的一部分。

但费舍尔和罗斯认为，归因于过度加价的所谓不当行为其实是对欺诈或垄断能力的担忧，而不应称其为操纵。[1]首先，只有在经纪-交易商未能披露的情况下，过度加价才违反美国《证券法》第10（b）条。有披露义务却不予披露是一种欺诈，而不是操纵。而对于垄断行为，由于现行市场价格的确定取决于交易商间市场的特征，当存在活跃的交易商间市场时，用于加价计算的"现行市场价格"可以通过参考卖价确定；而当唯一的做市商"支配和控制"特定证券的市场时，现行市场价格是根据经纪-交易商的同期买价确定的。因此，虽然操纵市场行为的某些表现形式与过度投机具有相似性，但过度投机是否应认定为操纵市场行为存在争议。单独的反过度投机规则也无法用以规制所有形式的操纵市场行为。

（二）操纵市场有别于垄断行为

1. 操纵市场与垄断行为的关系

在操纵市场的手段中，利用市场优势地位进行操纵的行为与垄断行为有一定的相似性，在期货市场中表现得尤为明显。例如，"嘉吉公司诉哈丁"案（Cargill, Inc. v. Hardin）是美国判例法中典型的期货市场挤兑案之一。[2]法院最终对嘉吉公司予以制裁，原因是其利用了其市场优势地位，但法院并没有明确说明期货市场

---

〔1〕 Fischel, Daniel R. and Ross, David J., "Should the Law Prohibit 'Manipulation' in Financial Markets?" *Harvard Law Review*, Vol. 105, p. 503（1991）.

〔2〕 Cargill, Inc. v. Hardin, 452 F. 2d 1154（8th Cir. 1971）, cert. denied, 406 U. S. 932（1972）.

中操纵的法律本质。

　　嘉吉公司是美国最大的谷物贸易商和出口商之一。1963 年初，嘉吉公司通过在芝加哥商品交易所（Chicago Mercantile Exchange，CME）出售 1963 年 5 月小麦期货合约来对冲其软红冬麦的库存。在这一系列合约交易中，嘉吉公司可以通过交付 2 号软红冬麦以面值价格成交。1963 年 2 月和 3 月，嘉吉公司向美国西南部的磨坊出售了大量此类小麦，并得知西班牙政府有兴趣购买软红冬麦。随着事态的发展，嘉吉公司认为 5 月份小麦供应将紧张，因而清算其空头头寸，并开始建立 5 月份期货的多头头寸。在同年 4 月 15 日至 5 月 15 日，嘉吉公司将其多头头寸增加至 193 万蒲式耳，仅低于交易所 200 万蒲式耳的头寸限制。

　　1963 年 5 月 2 日，西班牙政府提出购买 200 万蒲式耳软红冬麦。作为回应，嘉吉公司在 5 月 14 日提出以每蒲式耳 2.135 美元的价格出售 50 万蒲式耳小麦，在 5 月 15 日又提出以每蒲式耳 2.09 美元的价格出售 60 万蒲式耳小麦。两项报价均于 5 月 18 日被接受。在进行这些销售和作出其他承诺之后，嘉吉公司在 5 月 20 日手头有大约 5 万蒲式耳的小麦，而市场中的其他人拥有大约 2 万蒲式耳的小麦。

　　在 1963 年 5 月 20 日，嘉吉公司欲以 2.19 美元的价格卖出 1963 年 5 月份合约 10 万蒲式耳小麦，此价格略低于最高允许价格，但只能卖出 4 万蒲式耳，因此订单被取消。5 月 21 日开盘时，市场中的未平仓合约总数约为 800 万蒲式耳小麦，其中嘉吉公司拥有 189 万蒲式耳。在上午 11：45，期货交易价格为 2.2 美元，嘉吉公司以 2.27 美元到 2.281 美元的价格卖出其头寸，其中 2.281 美元仅略低于最高允许价格。嘉吉公司的经纪人在交易结束前清算了除 3.65 万蒲式耳小麦之外的所有合约。在结算期间，嘉吉公司同意以 2.2825 美元的价格向空头出售仓单，前提是空头将仓单重新交付给嘉吉公司以满足其期货合约。嘉吉公司以这种方式清算了 31.5 万蒲式耳小麦，并从其他地方收到了 5 万蒲式耳。在结算后，嘉吉公司又在 1963 年 6 月 4 日至 13 日以每蒲式耳 2.1 美元至 2.13 美元不等的价格处置了大约 8.8 万蒲式耳的小麦。

美国联邦第八巡回上诉法院认为，基于以下四项案件事实，嘉吉公司构成操纵市场价格：首先，嘉吉公司获得并持有 1963 年 5 月小麦期货的多头头寸，达到持仓优势；其次，若不向嘉吉公司购买，则空头的小麦供应不足以进行期货交割；再其次，嘉吉公司在清算其期货合约时造成了人为的高价；最后，嘉吉公司故意造成挤兑。[1]由法院的分析可知，操纵市场行为与期货市场中的挤兑行为密不可分。但挤兑行为也不足以说明操纵市场行为的法律本质。

具体而言，法院所分析的第一个事实只是认定了嘉吉公司拥有持仓优势地位，即控制市场价格的能力。第二个事实在本质上与第一个事实相同。法院认定，即使硬质小麦可以用来满足期货合约的交割要求，芝加哥及周边地区的硬质小麦供应也不应算入可交割供应，因为"支付长期溢价比支付优质小麦的额外费用加上运输和装卸费成本更低"。但这仅仅说明嘉吉公司拥有市场优势地位；如果空头可以以更低的价格获得和交付硬质小麦，嘉吉公司就无法以其要价交易软红冬麦的期货合约。对于第三个事实，即法院认定嘉吉公司造成了"人为"价格的依据是，1963 年 5 月的期货价格与各种历史基准相比异常高。但此类基准测试并不能排除异常供需条件造成异常高价的可能性。法院没有对这一点作出评价，但认定嘉吉公司造成人为高价的原因是其卖单价格比期货的销售价格高 7 美分到 8 美分。这一关键事实将异常供需条件引起的高价与市场支配力引起的高价区分开来，因为其表明嘉吉公

---

[1] 挤兑，即空头轧平，迫使空头高价补进。

司能够因其占主导地位的多头头寸而设定市场价格。

总之，前三个案件事实都没有将嘉吉公司的行为与因市场优势的获利行为区分开来。法院也没有对嘉吉公司故意造成挤兑进行认定。法院指出：嘉吉公司"清算其合同的行为显然是故意的，是极不寻常的市场行为；清算未平仓合约的方法……也很不寻常，显然是由嘉吉公司控制的"。但这也可以解释为嘉吉公司试图以尽可能高的价格出售其头寸，因为它拥有市场优势地位，所以能够做到这一点。法院的调查结果未将嘉吉公司所谓的操纵市场行为与利用持仓优势进行盈利的行为区分开来，究竟嘉吉公司的哪些交易具有操纵性存在争议。

有人提出嘉吉公司在 1963 年 4 月 15 日至 5 月 15 日购买的期货合约具有操纵性。但法院分析道，嘉吉公司进行这些采购是因为其"得出结论，小麦的供应将在……收割年度结束时吃紧"，而且价格可能会上涨，这是投机的本质。也许是嘉吉公司对西班牙政府的销售具有操纵性，但这些销售是按市场价格计算的，并且是公开披露的。这些使嘉吉公司获得市场优势地位的交易都是合法和正常的市场行为。剩下的就是嘉吉公司在合约到期时的利润最大化销售，这与垄断行为存在交叉。因此，费舍尔与罗斯认为，反垄断理论足以对这些行为进行评价，操纵市场的概念不会赋予此行为其他的法律含义。[1]

2. 操纵市场认定与反垄断规则

挤兑是期货市场中利用市场优势地位进行操纵的具体表现形式之一。利用市场优势地位与垄断行为具有一定的相似性，因而有学者认为以反垄断规则对操纵市场监管即可，操纵市场本身没

---

[1] Fischel, Daniel R. and Ross, David J., "Should the Law Prohibit 'Manipulation' in Financial Markets?" *Harvard Law Review*, Vol. 105, p. 503 (1991).

有独立的法律意义，甚至因为在证券市场中垄断做市商的特殊性，法律即使不干预也不会造成严重的后果。[1]

具体而言：第一，对垄断进行规制的核心就是为了对定价能力进行监管，因此，将利用市场优势地位造成人为价格的行为认定为操纵没有意义，反垄断立法即可予以规制。例如，假设目前交易商市场中某证券的买价是 10 元，卖价是 11 元。如果没有市场优势地位或市场控制，一个做市商可以从其客户手中以 9.5 元（与 10 元相比降价 5%）买入，以 11.55 元将其卖给另一个客户（与 11 元相比提价 5%）。然而，如果一个经纪商"主导并控制"市场，且从客户手中购买的价格为 9.5 元，但随后以高于 9.975 元（比同期 9.5 元的成本价高 5%）的价格进行销售，可能被认定为过度。通常在这种情形下会忽略整个批发证券过程的价差，其逻辑在于，其他交易商支付给"主导"交易商的价格是"人为的"，因为要价的交易商控制了整个批发过程的价格，其销售成本也更低，可以跟其他交易商随意要价。而对定价能力进行监管是规制垄断行为的核心，因此反垄断立法对这种操纵行为予以规制。

第二，垄断做市商没有成本优势，因而具有自我抑制性，不需要专门立法予以规制。首先，垄断做市商成本更低的假设并没有经济学依据。做市商的成本不会因垄断能力低而降低。一般而言，做市商的成本由以下几部分组成：首先，持有证券的成本。即做市商持有证券库存期间由证券价格变化导致的成本。其次，信息成本。即与知情交易者进行交易所导致的成本。最后，保持做市资格、寻找客户及执行交易的成本。[2]而垄断做市商在进行

---

〔1〕 Fischel, Daniel R. and Ross, David J., "Should the Law Prohibit 'Manipulation' in Financial Markets?" *Harvard Law Review*, Vol. 105, p. 503 (1991).

〔2〕 闵豫南：《做市商制度与新三板市场流动性研究》，载《现代经济探讨》2020年第 12 期，第 50—56 页。

交易时也会面临这些成本。与其他股票存在多个做市商相比，垄断做市商反而面临更高的成本，因为他通常交易的是非常投机且流动性差的股票，所以面临更高的持有成本和信息成本。[1]

第三，市场中做市商的数量与其是否拥有市场优势地位无关，所以即使存在垄断做市商，他也不一定拥有定价的能力，此时更无须法律的介入。一个交易商的客户也可以与其他股票或证券做市商进行交易。如果买卖价差很大，丰厚的利润可能吸引其他经纪-交易商进入市场。另外，即使一个做市商能够不考虑其他竞争者随意定价，他也无法决定买家（卖家）以他设定的价格买入（卖出）。随着做市商提高卖价（或降低买价），客户愿意购买的数量也会降低。进一步而言，当选择交易何种股票时，客户或许不会选价差大的股票，因为当需求（供给）弹性很高时，某一股票的供给者（需求者）不可能掌握市场优势。

因此，费舍尔和罗斯认为，在证券市场中没有必要以立法的手段禁止操纵市场，因为证券交易所有激励制定交易规则和合约条款来抑制垄断行为。[2]例如，期货交易所可以采取措施抑制囤积和挤兑等垄断行为，降低市场参与者的交易成本，以吸引更多业务。若期货交易所要在激烈的竞争中存活，就必须完善其期货合约中的条款和交易规则，降低操纵发生的概率，以吸引足够多的业务，胜过其他期货交易所以及其他证券市场，如持仓限制、每日价格限制，以及要求剥离、禁止增加头寸或改变交割条件以扩大可交割供应量的特殊规则等。

除此之外，旨在抑制利用市场优势的法律规则也有成本。首

---

[1] Stoll, Hans R., "The Supply of Dealer Services in Securities Markets", *The Journal of Finance*, Vol. 33, p. 1133（1978）.

[2] Fischel, Daniel R. and Ross, David J., "Should the Law Prohibit 'Manipulation' in Financial Markets?" *Harvard Law Review*, Vol. 105, p. 503（1991）.

先，此类规则降低了期货合约作为对冲工具的效用。持仓限额较低时无法对冲大额头寸；当对价格的限制过于严格时，无法为大幅价格波动投保；交易所为缓解针对某期货的市场供应紧张而允许在外地交货可能并没有作用，因为本地的供应量还是短缺。此外，若禁止行为人利用市场优势谋取利润，也会减少搜集新的信息可能带来的回报，从而降低市场参与者收集此类信息的动机。

例如，一个必须花费 10 000 元来了解合约价格是否会上涨 1 元的交易者，如果只允许他购买 3000 份合约，则其将不愿意花费成本去搜集此信息。此类规则也会降低期货市场的效率，因为根据其信息采取行动的交易者减少了此类知情交易，自然也无法通过此类交易将信息传达给其他市场参与者。因此，此类规则会导致期货的价格无法很好地预测未来的现货价格。总之，阻止行为人利用市场优势存在一定的成本，因此最优的规则不一定是禁止所有利用市场优势行为的规则。

但操纵市场行为与垄断行为的不同之处在于，利用市场优势地位的操纵手段可能造成人为价格，该价格的人为性与垄断行为中被行为人设定的价格有根本的不同之处。人为价格的人为性是指，市场中自然的供求关系受到操纵人的影响之后所造成的价格，而非垄断行为中因损害了竞争关系而具体设定的价格，其行为的具体手段与典型的垄断行为明显不同。只要操纵手段使证券的价格偏离其自然价格，就应认定为操纵市场行为，而不必达到设定价格的支配程度。因此，利用市场优势地位进行操纵与垄断行为的违法性根源存在根本的不同之处，且欺诈型操纵中对其他投资者的欺骗性行为也无法被垄断行为的概念涵盖。

三、核心法律特征：损害性

（一）法律性质剖析

在本书的导论部分，笔者对我国学者对于操纵市场行为的定义有所引述，提出规制操纵市场行为的主要困难之一是缺乏明确统一的定义。例如，在 2005 年我国《证券法》修订后，有学者将操纵市场定义为"行为人为了引诱他人从事证券交易而实施的，制造各种市场虚假现象或者人为抬高、降低、维持证券市场价格，最终可能导致证券交易量非正常变动或使其价格偏离真实价格的行为"。[1]此定义将操纵市场行为的主观目的限缩为"引诱他人从事证券交易"，但操纵市场行为的真实目的通常是影响证券市场中真实的供求关系，最终达到影响证券价格的目的。且引诱他人进行交易无法区分对社会有利的行为与对社会有害的行为。如上市公司回购股份，使市场中本公司的股份减少，可能抬高本公司的股价，使其他投资者也买入，可以称为引诱他人进行证券交易。然而，该行为本身是对社会有利的行为，能够使股价更好地反映本公司股票的价值，不应认定为操纵市场行为。

因此，引诱他人进行交易无法区分对社会有利的行为与对社会有害的行为。而将操纵市场行为的表现定义为"制造各种市场虚假现象"又过于宽泛，对于操纵市场行为的认定没有太大的指导意义。但此定义揭示了操纵市场的本质之一是使证券"价格偏离真实价格"，有一定的启发意义。

随着对操纵市场研究的深入，学者对操纵市场本质的解读也存在较大分歧。如缪因知认为操纵市场的本质是证券欺诈，多数

---

[1] 杨振能：《股指期货市场操纵的法律界定》，载《河北法学》2009 年第 6 期，第 25—30 页。

操纵在本质上是通过诱导他人交易来达到影响证券市场价格的效果，而他人被诱导是因为受到欺诈，而非受到操纵人市场力量的影响。[1]也有人认为操纵市场行为虽然有一定的欺诈属性，但使证券的价格偏离价值，无法反映真实的供求关系，才是操纵市场行为的危害本质所在，比如连续交易操纵中操纵人利用市场优势力量达到影响证券价格的结果。[2]

对于操纵市场的定义，我国学界没有统一的意见，证券法律和商品期货法律也未定义违法的操纵行为。我国《证券法》第55条虽禁止了一些具体的操纵手段如连续交易操纵、对敲、洗售等，以及从概括意义上有害的行为如"影响或者意图影响证券交易价格或者证券交易量"的行为，但在定义什么是违法的操纵行为时，由于我国操纵市场民事赔偿责任制度尚未完善，通过司法实践中的案例对操纵市场行为进行具体化尚有难度。

不只是国内研究对操纵市场的定义和本质没有统一的意见，域外的学者对于操纵市场行为也没有一致的定义。如约翰·C.科菲（John C. Coffee）认为，"操纵"和"操纵性"只是美国联邦最高法院长期以来所使用的一个"修辞"，用于狭义地解释"意图通过人为地影响市场活动而误导投资者"的行为。[3]因此，美国《1934年证券交易法》第10（b）条中的"手段"或"操纵性"都

---

〔1〕 缪因知：《信息型操纵市场行为执法标准研究》，载《清华法学》2019年第6期，第159—176页。

〔2〕 田宏杰：《操纵证券市场行为的本质及其构成要素》，载《国家行政学院学报》2013年第3期，第72—77页；刘宪权、林雨佳：《操纵证券、期货市场犯罪的本质与认定》，载《国家检察官学院学报》2018年第4期，第110—122页；刘宪权、谢杰：《市场操纵犯罪的实质解构：法律与经济分析》，载《现代法学》2014年第6期，第78—90页；徐文鸣、张玉美：《新〈证券法〉、程序化交易和市场操纵规制》，载《财经法学》2020年第3期，第95—106页。

〔3〕 Santa Fe Indus., Inc. v. Green, 430 U.S. 462, 476 (1977).

不能使此定义变得更宽泛或更具体。[1]美国国会并未在《商品交易法》或《证券交易法》中定义"操纵"一词，因此将定义证券操纵和商品操纵的任务交给了法院。市场操纵没有公认的定义，法律定义常常是故意不予以明确，并且许多金融学和经济学文献也在不精确的意义上使用市场操纵这一术语。

"操纵的方法和技术仅受人的创造力的限制"，任何对非法操纵的定义都必须具有足够的灵活性，才有能力随着市场的发展而演化，才能够回答什么行为是具有操纵性的行为，从而在正常的交易行为和操纵市场行为之间建立有意义的界限。美国法院审理操纵市场判例已有近九十年历史，在其中发展出的操纵市场概念可资借鉴。[2]美国法院在很大程度上依赖于价格人为性以及故意影响价格的违法行为这两个概念来定义操纵市场行为。例如，美国联邦最高法院指出，"操纵"实际上是与证券市场结合使用的一种修辞。该术语通常指意图通过人为地影响市场活动而误导投资者的做法。此外，联邦最高法院还指出，"操纵"是指通过控制或人为地影响证券价格来欺骗或欺诈投资者的具有目的性或故意的行为。[3]因此，法院依据"证券法中主要的反欺诈规定中的意图，而不是疏忽大意"，来认定操纵故意。法院在根据美国《商品交易法》解释操纵时也指出："关于操纵的认定在很大程度上必须是切实可行的。因此，认定操纵必须要发现有意进行的行为所导致的价格是否反映了真实的供求关系。"[4]

[1]　Coffee, John C., "Introduction: Mapping the Future of Insider Trading Law: Of Boundaries, Gaps, and Strategies", *Columbia Business Law Review*, Vol. 2013, p. 289 (2013).

[2]　Fox, Merritt B., Glosten, Lawrence R. and Rauterberg, Gabriel V., "Stock Market Manipulation and Its Regulation", *Yale Journal on Regulation*, Vol. 35, p. 67 (2018).

[3]　Ernst & Ernst v. Hochfelder, 425 U. S. 185, 199 (1976).

[4]　Cargill, Inc. v. Hardin, 452 F. 2d 1154, 1162 (8th Cir. 1971).

尽管美国法院关于操纵市场的定义在结构上存在一些差异，但大多数关于操纵市场本质的认定是非常相似的。这些定义都试图从故意行为、非疏忽的行为、欺骗、人为的市场条件、误导性信息、欺诈性行为或这些行为组合的角度来定义操纵市场的违法性。总之，这些在司法实践中对操纵市场下定义的尝试都是从意图和危害两个方面来揭示操纵市场的本质的。虽然这些定义在什么是操纵市场的危害以及应怎样认定这种危害的角度上有所不同，但操纵市场行为是基于交易者的欺诈故意以及其对市场造成的损害，二者缺一不可。

（二）以损害为核心的法律性质阐释

笔者认为，某些表面合法的交易手段也可能构成操纵市场行为，而意图是一种思想，不具有可罚性。因此，操纵市场行为的定义应采取以损害为核心的构造方法，即满足操纵市场定义的行为必须是一种故意对市场造成危害的行为。对于操纵市场的危害，如果一个行为危害了市场效率，如通过干扰价格准确性或对市场流动性产生负面影响，或者危害了市场公平，如通过利用不公平的做法剥削了市场或其他交易者，则该行为是有害的。本书将在下节具体分析各类操纵市场行为对证券市场效率和公平造成的危害。总之，可将操纵市场行为定义为一种故意以欺诈性手段影响证券价格或证券交易量，或故意导致市场中形成人为价格或通过影响证券价格或交易量损害市场公平的行为。

操纵市场是一种独立的应予禁止的交易行为。其虽然与欺诈行为、过度投机行为以及垄断行为有一定的相似性，但这三类行为都不足以涵盖操纵市场行为的全部本质特征。欺诈型操纵的构成要件与典型的证券欺诈本身有明显的不同，以操纵意图散布虚假信息后所进行的交易行为为操纵市场行为，其证明标准与虚假陈述证券欺诈中对特定欺诈故意的证明不同。过度投机行为与正常的市场交易行为虽有所区别，但并不明显，而对于操纵市场行为而言，过度投机只是其表面特征，行为人的真实意图是控制、支配市场以获利，其行为降低了证券市场的流动性和价格准确性，危害了证券市场的效率，是对社会不利、应予禁止的行为。而利用市场优势进行操纵则与垄断行为有明显差异，行为人不一定具有对整个市场的定价能力，可能尚未达到垄断的程度，但若能够认定其人为影响证券价格或交易量的目的，也应予禁止。总之，即使操纵市场行为中不含有明显的欺诈手段，"基于不当意图的真实交易"以及"造成人为价格"也赋予了"操纵"独特的法律含义。

第二节　操纵市场域外认定模式

一、以欧盟为代表的"行为+后果"认定模式

（一）"行为+后果"认定模式

"行为+后果"认定模式是指，通过定义操纵行为的违法性及其产生后果的危害性，来区分操纵市场行为与正常的交易行为。这一模式的典型代表是欧盟对市场操纵的认定。为了反映欧盟市场中金融工具交易的自动化发展以及应对市场中可能出现的新形式的市场滥用行为，欧盟于 2014 年颁布了《反市场滥用条例》（market abuse regulation）用以取代 2003 年的《反市场滥用指令》，为反市场操纵提供了有力的制裁措施。[1]该条例扩大了市场操纵的定义，增加了操纵行为的示例，如算法交易和高频交易中的市场

---

〔1〕　Regulation（EU）No 596/2014 of the European Parliament and of the Council of 16 April 2014 on market abuse（market abuse regulation）and repealing Directive 2003/6/EC of the European Parliament and of the Council and Commission Directives 2003/124/EC, 2003/125/EC and 2004/72/EC.

操纵等。

《反市场滥用条例》在第 12 条第 1 款和第 2 款中规定了市场操纵。其中第 1 款规定市场操纵包含以下活动：①向市场释放虚假或误导性信号，或导致人为定价的行为；②采用虚伪策略或其他欺骗诡计的行为；③向市场释放虚假或误导性信号，或导致人为定价的信息传播行为，且传播者知道或应当知道信息是虚假或误导性的；④金融基准操纵行为，即行为人传播虚假或误导性信息，或提供与金融基准相关的虚假或误导性输入数据，或从事其他操纵金融基准计算的行为，且该行为人知道或应当知道信息或数据是虚假或误导性的。第一种和第二种活动是关于欧盟市场操纵行为的概括性规定，对于这两个活动的认定，该条例附件中列出了一些具体的指标。第三种活动是第一种活动的具体化，如果行为人是通过信息传播的形式向市场释放虚假或误导性信号，或产生了人为定价的影响，则还应证明行为人的主观状态，即行为人知道或应当知道其传播信息的虚假性或误导性。第四种活动是本次条例颁布新增加的操纵行为，即金融基准操纵行为。

许多金融工具的定价会参考金融基准，因此操纵或试图操纵金融基准，如银行同业拆借利率等，会对金融市场的信心产生严重影响，并可能导致投资者遭受重大损失或扭曲实体经济。因此，欧盟此次《反市场滥用条例》中制定了与金融基准相关的具体规定，以维护市场的完整性并确保主管当局能够明确禁止操纵金融基准行为，这些规定适用于所有已发布的金融基准，如信用违约互换基准等。除了禁止操纵行为的一般规定，该条例还专门规定了禁止操纵金融基准这一具体的操纵手段，包括禁止传输虚假或误导性信息、提供虚假或误导性输入数据或其他操纵金融基准计算的行为。该计算广义上包括接收和评估与该金融基准的计算相关的所有数据，如编辑后的数据、金融基准的计算方法等，既包括整体的金融基准算法或判断方法，也包括部分的金融基准算法或判断方法。

《反市场滥用条例》第 12 条第 2 款列举了五种操纵行为的具体表现形式，包括：①利用市场优势地位，造成人为定价或其他不公平市场条件的效果；②通过尾市交易，造成误导其他投资者的效果；③通过算法或高频交易等申报订单，导致交易系统的运行受到干扰、识别真实订单的难度增加或向市场释放虚假或误导性信号；④抢帽子交易操纵，即通过媒体发表对金融产品的意见，同时持有该金融产品头寸，并随后从其对该产品价格的影响中获利，而未同时以适当有效的方式向公众披露该利益冲突；⑤温室气体排放配额操纵，即在拍卖前买卖二级市场中的温室气体配额及其衍生品，导致该产品拍卖清算的人为定价或拍卖中的误导性投标等。[1]

总体而言，欧盟《反市场滥用条例》中规定了两类市场操纵行为，第一类是向市场释放虚假或误导性信号，或导致人为定价的行为；第二类是采用虚伪的策略或其他欺骗手段影响金融产品价格的行为。第 12 条第 1 款中的后两种行为都可以包含在第一类中，第 2 款中列举的操纵行为也是这两类市场操纵的具体化，该条例附件中也分两类列举了市场操纵行为的认定参考指标。其中，第一类市场操纵从行为的效果角度认定其违法性，若行为产生了向市场释放虚假或误导性信号的效果，或产生了人为定价的效果，则为市场操纵行为；第二类从行为本身认定其违法性，即行为本身具有虚伪性、欺骗性，则应认定为市场操纵行为。

从基本原理角度而言，欧盟法中规范市场操纵行为的基础是

---

〔1〕　Regulation（EU）No 596/2014 of the European Parliament and of the Council of 16 April 2014 on market abuse, Article 12 2.

欺诈理论及垄断理论。欺诈理论表现在，第一类市场操纵的行为效果是欺骗或误导市场，而第二类的行为本身即有欺骗性。垄断理论表现在第一类市场操纵行为中，若某行为产生了人为定价的效果，此时金融市场不再是一个公平的市场，会导致不公平的交易条件，因此也是一种市场操纵行为。欧盟法中的反市场操纵规则与反垄断规则有一定的重合之处，没有考虑人为定价与人为价格的区别，在实践中的认定效果还有待考察。从操纵市场的认定模式角度而言，《反市场滥用条例》提供的是一种行为与后果认定模式，即从行为的违法性与危害后果方面区分操纵市场行为与正常的交易行为，该认定模式具有一定合理性，但总体而言较为严格，认定标准较高，且该认定框架没有明确操纵意图在操纵市场认定中的作用。

（二）行为模式的认定困境

操纵市场与欺诈行为、过度投机行为及垄断行为相比有其自身的特殊之处。但如何认定操纵市场的行为模式有一定的难度，尤其操纵市场行为的构成要件及其具体证明是各国执法实践中面临的主要问题。有学者认为，操纵市场是"干扰正常的供求关系"的行为。但这一认定标准太过宽泛，可操作性不高。首先，"干扰"一词，即干扰供需的自然作用关系需要进一步的定义。操纵市场行为是干扰供求关系的行为，而干扰由操纵行为构成，这是循环定义，对操纵行为的认定意义不大。其次，所有交易者都是供求关系链的一部分。但操纵的这一定义假设一些交易者对证券有合法的需求，而另一些交易者的需求则是不合法的，是干扰性的。而由于缺乏区分合法需求和非法需求的定义，干扰供需这一概念并没有对操纵市场行为的认定提供实质性的指引。

美国涉及操纵的两起案件也能够反映操纵市场行为模式中的认定难度，即"美国诉 GAF 公司"案（United States v. GAF Corp.，以下简称"GAF 案"）和"美国诉米尔肯"案（United States v. Milken，以下简称"米尔肯案"）中的威克斯（Wickes）交易。[1] 其中，GAF 案的刑事定罪在上诉中被撤销，有关操纵指控的客观证据含糊不清，因而出现这些反复的结果。米尔肯案的被告在与操纵无关的事项中认罪，但在对其进行宣判前的证据听证会上，原告又提出了关于操纵的诉讼请求，说明识别操纵性交易的困难性。

1. 操纵性交易与非操纵性交易

操纵性交易与非操纵性交易在实践中认定是很困难的。在 GAF 案中，GAF 公司、其副主席詹姆斯·T. 舍温（James T. Sherwin）及其子公司因涉及账簿和材料中的虚假记载、不当保证金贷款和操纵等多项重罪而被起诉。法院一共进行了三场审判：第一场审判因公诉审判错误导致无效审判，第二场以陪审团悬而未决而告终，第三场审判所有罪名均被判有罪。但联邦第二巡回上诉法院撤销了定罪宣判并将案件发回重审。之后原告没有请求重新审判，并撤销了所有指控。

基本案件事实如下：在 1986 年 10 月和 11 月，GAF 公司想大量出售联合碳化物公司（Union Carbide Corporation）的流通股，并积极向投资银行公司招标。在 10 月 29 日，舍温要求经纪-交易商杰弗里斯公司（Jeffries & Co.）的员工"安排"联合碳化物公司的股价，确保 10 月 29 日和 30 日其收盘价在 22 美元或以上，以使杰弗里斯公司免受损失。而当时联合碳化物公司的股票交易价格一直在 21.75 美元至 21.875 美元。原告认为被告操纵的目的是"通过使联合碳化物公司普通股的价格升高，以吸引其他投资者买入，从而最大化被告公司从联合碳化物公司普通股的销售中可以

---

〔1〕　United States v. GAF Corp., 928 F.2d 1253（2d Cir.1991）; United States v. Milken, 759 F. Supp. 109（S. D. N. Y. 1990）.

获得的利润"。

在 1986 年 10 月 29 日，杰弗里斯公司在纽约股票交易所和太平洋股票交易所收盘时购买了大约 6 万股联合碳化物公司的股票。当日，联合碳化物公司股票在这两个交易所的收盘价都是 22 美元。在 10 月 30 日，杰弗里斯公司又在这些交易所收盘时买了大约 4 万股。当日，联合碳化物公司股票在纽约股票交易所的收盘价是 22.875 美元，在太平洋股票交易所的收盘价是 22.375 美元。杰弗里斯公司在 11 月 3 和 4 日亏损卖出其持有的股票。在 11 月 6 日和 7 日，杰弗里斯公司在接近收盘时购买了额外的 20 500 股，又在 11 月 10 日至 12 日卖出这些股票，没有亏损。GAF 公司则在 11 月 10 日通过协商交易卖出 500 万股，接近其持有的一半。

这些事实说明了操纵市场这一概念的模糊性。原告认为杰弗里斯公司的操纵意图很明显，因为其在 10 月 29 日和 30 日收盘时购买股票。但是，尾市交易是很常见的，因此无法区分操纵性交易和非操纵性交易。且被告指出，杰弗里斯公司在 11 月 6 日和 7 日买入股票也是发生在尾市，但在第三次开庭时原告的详细指控清单中并未指控其为操纵策略的一部分。

原告进一步指出，杰弗里斯公司的购买行为导致 10 月 29 日和 30 日股价上升。但交易导致股价上升不能证明操纵意图的存在，况且还存在其他导致股价上升的原因，股价在尾市上升是很常见的。[1] 且股价在 10 月 29 日仅上涨了 0.125 美元，在 10 月 30 日仅上涨了 0.375 美元，而这种相对较小幅度的股价上升也可能是流动性成本、买卖价差或其他因素导致的，如整体市场的上涨等。

原告还认为杰弗里斯公司作出不会亏损的保证，可以证明操

---

[1] Harris, Lawrence, "A Transaction Data Study of Weekly and Intradaily Patterns in Stock Returns", *Journal of Financial Economics*, Vol. 16, p. 112 (1986).

纵意图的存在。但此保证的事实是否存在在庭审中是有争议的；况且即使存在也无法证明操纵意图，因为这种保证或许仅仅是一种使杰弗里斯公司成为 GAF 公司股票经纪人的手段。此外，所谓的操纵目的并不明确，原告认为设计这一策略是为了提高 GAF 公司销售联合碳化物公司普通股的利润，但这一解释并不合理：首先，联合碳化物公司的股价在 10 月 29 日和 30 日尾市的小幅度变化对于 11 天之后卖出大宗股票没有影响。10 月 29 日和 30 日的交易导致价格上涨很可能只是暂时的，除非此交易向市场传达了关于联合碳化物公司价值的信息。11 月 10 日的协商交易中进行谈判的各方将考虑所有过去的价格变动以及任何其他相关信息，特定日期的收盘价，更不用说两周前某一天的收盘价对于所交易股票的价格并没有特别的意义。其次，10 月 29 日和 30 日购买的股票在大宗销售日期前一周的 11 月 3 日和 4 日亏本出售。此次出售否定了从所谓的计划中获利的可能性，因而表明从一开始就没有计划。

因此，在操纵市场构成研究的认定中，行为模式认定难点之一就是无法区分操纵性交易与非操纵性交易。在 GAF 案中，行为人在市场中的交易活动表现为先买入后卖出的行为，与正常的交易行为并没有明显区别。

2. 基于不当意图的交易与基于善意的交易

米尔肯案反映了操纵市场中行为模式认定的另一个难点，即如何区分基于不当意图的交易与基于善意的交易行为。在该案中，迈克尔·米尔肯（Michael Milken）因多项重罪被起诉，其中几项与涉嫌操纵威克斯公司（Wickes Corporation）普通股有关。这些指控作为辩诉交易协议的一部分被撤销，但在量刑听证会上被提起诉讼。

涉嫌操纵性交易的基本事实如下：在 1985 年 4 月 24 日，威克斯公司发行了大约 800 万股 2.5 美元的可转换优先股。此优先股包含一个赎回权，而允许威克斯公司选择在 1988 年 5 月之前赎回优先股的前提是在其要求赎回之前的连续 30 个交易日中，威克斯公司普通股在美国证券交易所的收盘价至少有 20 个交易日等于或超过每股 6.125 美元（"门槛价"）。

截至 1986 年 4 月 22 日交易结束，威克斯公司普通股在连续 28 个交易日中有 19 个收盘价等于或高于门槛价。因此，若 4 月 23 日或 24 日的收盘价等于或高于 6.125 美元就会触发威克斯公司的赎回权。米尔肯是威克斯公司投资银行德雷克塞尔-伯纳姆-兰伯特（Drexel Burnham Lambert）的代表。他要求第三方博斯基机构（Boesky）购买足够的威克斯公司股票，使其收于 6.125 美元或以上，并向博斯基保证其不会遭受损失。1986 年 4 月 23 日，在美国证券交易所交易的最后半小时，博斯基以每股 6 美元到 6.125 美元的价格购买了 190 万股威克斯公司普通股。最终威克斯公司普通股于 4 月 23 日收于门槛价。4 月 29 日，威克斯公司开始赎回优先股，于 6 月 2 日左右完成。德雷克塞尔投资银行收到了约 230 万美元的赎回承销费用。然而，威克斯公司股价在 4 月 23 日之后下跌，博斯基亏本出售了其持有的威克斯公司股票。

费舍尔和罗斯认为，这些事实表明所谓的合同型操纵像交易型操纵一样，也是模棱两可的。[1] 一方面，操纵策略的存在似乎是合理的。操纵成功所需的价格变动很小，只需要上涨 0.125 美元。所以如果一个操纵者愿意投入必要数额的资本，就可以合理地期望股价的上涨。此外，由于所需价格上涨幅度很小，操纵者可以合理期待自己能够以进价出售他持有的股票，预期的交易损

---

[1] Fischel, Daniel R. and Ross, David J., "Should the Law Prohibit 'Manipulation' in Financial Markets?" *Harvard Law Review*, Vol. 105, p. 503 (1991).

失很小。而操纵的目的是从合同的赎回条款中受益，而不是从交易本身中受益，因此交易损失不会对这类操纵市场行为产生抑制性。

但是对于行为的另一个解释可能也同样合理。米尔肯及博斯基可能相信投资威克斯公司的股票是一个好机会。同样，他们或许相信赎回的门槛条件会因其他因素而满足，即威克斯公司普通股的价格最终都会上涨，不需要操纵。另外，交易损失对交易本身的抑制作用可能比看起来更大。尽管交易亏损可能很小，但从操纵中获得的利润也可能很少。原告认为操纵行为对德雷克塞尔投资银行有利，因为德雷克塞尔收到了赎回 2.5 美元优先股的承销和顾问费。然而，德雷克塞尔投资银行不进行操纵也可以在赎回条件满足时收到这笔费用。要满足赎回条件，只需要 4 月 23 日、4 月 24 日或接下来 17 个交易日中的任何 9 个交易日，或接下来 30 个交易日中的 20 个交易日收盘价高于 6 美元即可。提前赎回反而可能因付出了成本导致获利降低，因为预期利润到底是否大于预期的交易成本尚未可知。总之，客观证据似乎无法区分对此交易的操纵性和非操纵性解释。

由以上案件事实可知，在 GAF 案和米尔肯案中能够证明存在操纵性策略的客观证据并不明确。对这两个案子中的交易行为都可以进行其他解释，而这种解释与将其解释成操纵市场行为至少同样合理。若不证明交易者的意图，则无法将操纵性交易与非操纵性交易区分开来，通过客观的证据将基于不当意图的交易与基于善意的交易区分开来是极其困难的。因此，将实际交易认定为操纵性交易而予以禁止的认定标准尚需深入研究。

（三）损害后果的认定困境

现有操纵定义中一个重要的方面就是操纵行为导致了证券市场中的人为价格，有人认为这是操纵市场产生的危害后果。但人为价格概念的提出对于认定操纵市场行为究竟有多大的意义值得商榷。问题的关键在于危害后果是否可以代替操纵意图成为认定操纵市场行为的核心标准。

操纵市场在法律中没有明确定义，但司法实践和学者对何为操纵市场行为进行了定义。一个比较通用的定义是操纵是指意图诱使人们交易证券或导致证券价格达到人为水平的行为。操纵也可被定义为故意干扰证券市场供求关系的行为。根据这些定义，如果行为人旨在做以下三件事之一，则该行为具有操纵性：①干扰正常的供求关系；②诱导投资者交易；③导致证券价格达到人为水平。下面对其中的危害后果——人为价格进行分析。

相比于单纯定义操纵市场的行为模式和操纵意图，"导致证券价格达到人为水平"看起来更客观，这似乎是可行的区分正常交易行为与操纵市场行为的标准。因为与正常的交易活动不同，导致人为价格是对社会不利的行为，然而，为了使这一认定标准具有可操作性，必须定义人为和非人为价格之间的差异。事实证明，这也是非常困难的。对于什么是人为价格，一种可能的定义是，任何经过行为人的设计，旨在产生这种价格变化的交易所导致的任何价格变化都是人为的价格。但这个定义存在缺陷，因为以产生价格变化为目的的交易不一定有害。例如，在发行人购买自己的股票以向投资者表明股票被低估时，交易会使价格向正确的方向移动，因而产生的价格变化不应被识别为"人为的"。

另一种是看交易是否使价格接近或远离正确水平。但什么是"正确水平"也同样难以认定。例如，将非人为水平的价格定义为反映证券长期供需状况的价格。而操纵则可被定义为"不使证券的价格更快地向反映长期供需状况的方向移动"的交易[1]，这一定

---

[1] Easterbrook, Frank H., "Monopoly, Manipulation, and the Regulation of Futures Markets", *The Journal of Business*, Vol. 59, p. 103 (1986).

义是由美国法官伊斯特布鲁克提出的。但这个定义也不能令人满意，如果交易根本没有改变价格或只是将价格向反映短期供需状况的方向移动，是否应视为操纵市场呢？最重要的是，如果交易确实将价格向一个方向移动，而交易者真的相信价格会向这个方向移动，但结果交易者是错误的，价格最终朝着相反的方向移动了，那么此时交易者是在操纵市场吗？这个问题非常关键，因为基于真正相信价格最终会朝着交易方向移动的信念而进行交易是非操纵性交易的本质，而此操纵定义并没有从现实意义上区分非操纵性交易与操纵市场行为。

为避免区分短期和长期供需状况，可以将正确的价格水平定义为所有相关信息公开披露时的价格水平。但这个定义也无济于事，因为"所有相关信息"不仅包括交易者所拥有的信息，还包括交易本身。如果价格随交易而变动，则不能说价格是"人为的"，除非交易以某种方式被定义为非法。即又回到最初的原点——不正当交易是产生人为价格的交易，而人为价格被定义为由不正当交易产生的价格。

通过参考交易是否使价格更接近其正确水平来定义操纵可能使信息产权受到危害。在没有信托关系或其他特殊情况之时，交易者没有义务披露他们所拥有的促使其交易的信息。[1]披露将导致信息失去价值，降低获取信息的动机。如果没有信息获利的激励，就没有人会搜索信息，而证券市场运作的基本原理是依赖新信息来引起价格变化，若没有人搜集信息，证券市场的效率就会降低。但是交易和披露都可以揭示信息，交易披露的信息越多，交易就越接近直接披露，这会降低交易者通过其拥有的私人信息得到利润的能力。因此，要使市场存在，交易就不能完全揭示所

[1] Chiarella v. United States，445 U. S. 222，230（1980）.

有的信息，只有当证券市场中有足够的噪音时，才能维持定价机制的正常运行。[1]因为噪音并非完全有害，其可以便于收集信息的交易者向其他交易者隐藏其收集的有价值的信息。只有允许交易者掩饰他们的交易，才能避免将他们拥有的信息泄露给其他交易者。因此，操纵不能被定义为不会使价格更接近其"正确"水平的交易。这样的定义将使交易者无法伪装他们的交易以获取他们所拥有信息的价值。总之，将操纵定义为导致人为价格的行为有其局限性，对于操纵市场行为危害后果的认定也极其困难。

二、以美国为代表的"意图"认定模式

（一）"意图"认定模式

"意图"认定模式是指通过对操纵意图的认定区分操纵市场行为与正常交易行为的认定模式。美国证券法中的操纵市场认定规则是这一模式的典型代表。美国规制操纵市场行为的规则主要规定在《证券交易法》第9（a）条和第10（b）条。[2]第9（a）（1）条规定了禁止洗售、对敲等争议较小的典型操纵行为，第9（a）（2）条则是更概括性的规定，禁止进行"一系列证券交易"：（i）"造成实际或表面的活跃交易"或影响其价格，（ii）"目的在于诱导他人购买或出售此证券"。[3]这一规定具有实际意义的关键在于定义什么构成了非法目的。因为正常的证券交易活动也会造成此证券活跃交易的现象，影响此证券的价格，所以，除非法律另有规定，若行为人进行一系列证券交易的目的是诱导他人购

　　[1]　Grossman, Sanford, "On the Efficiency of Competitive Stock Markets Where Trades Have Diverse Information", *The Journal of Finance*, Vol. 31, p. 585 (1976).

　　[2]　Fox, Merritt B., Glosten, Lawrence R. and Rauterberg, Gabriel V., "Stock Market Manipulation and Its Regulation", *Yale Journal on Regulation*, Vol. 35, pp. 67-126 (2018).

　　[3]　See 15 U. S. C. § 78i (a) (2) (1988); Anchorbank, FSB v. Hofer, 649 F. 3d 610, 616-617 (7th Cir. 2011).

买或出售此证券，则应认定为操纵市场行为，而非正常的交易活动。第 10（b）条禁止行为人在证券交易中使用"操纵性或欺骗性手段"。[1] 这是一条概括性的反欺诈条款，并没有指出操纵性手段的具体含义。

总之，美国《证券交易法》第 9（a）（2）条对区分操纵市场行为与正常的交易行为指出了具体认定标准，即行为人的操纵意图。若行为人的目的是诱导他人交易，则应认定为操纵市场行为。这一认定模式是意图模式的典型代表，只要明确了操纵意图的具体含义及如何证明，就可以区分操纵市场行为与正常的交易行为。但如上节所述，操纵意图在实践中是很难认定的，且规制只有意图没有损害后果的行为也缺乏坚实的规范基础。因此，确定操纵意图的具体证明标准及操纵意图在操纵市场认定中的作用力是该模式应予完善之处。

（二）操纵意图的认定困境

1. 意图是识别操纵市场行为的关键

有的操纵市场行为在行为模式上与正常的交易行为相同，此时操纵意图就成为区分操纵市场行为与正常交易行为的关键。但对于操纵意图的认定异常困难，操纵意图的具体内涵应如何界定，以及怎样证明操纵意图，这是操纵意图认定中两个至为关键的问题，而且第二个问题比第一个问题更重要。因为即使意图涉及人的主观状态，通常也是通过参考客观证据予以认定。

费舍尔和罗斯认为操纵意图无法认定。以操纵意图为界限区分交易型操纵与正常的市场行为是不现实的，因为人们的想法基本不可能读懂。出于这个原因，法律通常要求行为人在客观上存在有害的行为，才能对其进行制裁，仅有不当意图本身是不够的。

---

〔1〕　15 U. S. C. § 78j（b）（2012）.

而且即使意图是一个构成要件，也通常需要参考客观证据予以认定。例如，假设某一刑事案件的争议焦点是被告是谋杀了某人还是采取了正当防卫。只有当有人死了，即客观上发生了不好的结果时才会进行这种调查。并且调查嫌疑人的心理状态以确定他是否出于自卫行为也将侧重于客观证据的认定，如他是否合理地认为自己处于危险之中等。但是在操纵市场行为中可能截然不同，有些操纵行为在客观上并不存在有害行为或不良后果。例如，在交易型操纵中，只有交易策略是客观可观察的，但其与所有其他交易没有区别。此外，对交易者的心理状态进行调查也没有用，因为涉嫌操纵性交易者采取的客观行为通常与非操纵性交易者的行为相同。

同理，在期货市场中，考察行为人的意图也是区分操纵性行为与非操纵性行为的关键。因此，许多学者在定义"操纵"这个术语时强调意图标准。例如，琳达·N. 爱德华兹和富兰克林·R. 爱德华兹认为，"'经典'的期货市场操纵……都涉及普通、善意的期货交易活动，但更重要的是一种旨在产生人为价格影响的交易活动"。[1] 操纵行为的主要特点是影响市场价格的能力、意图以及旨在造成人为高价或低价的行为。理查德·D. 弗里德曼（Richard D. Friedman）分析了两个操纵市场行为的构成要件，都包含行为人利用市场优势的意图。[2]

如果不包含操纵意图标准，则无法区分操纵性行为与合法的市场活动。例如，"挤兑"的一个定义为行为人购买或威胁将要获取的某一商品数量超过其他人所拥有的最大可交付供应量。在此定义下，若一个交易人购买期货合约和某一商品的可交付供应，

---

〔1〕 Edwards, Linda N. and Edwards, Franklin R., "A Legal and Economic Analysis of Manipulation in Futures Markets", *The Journal of Futures Markets*, Vol. 4, pp. 359-361 (1984).

〔2〕 Friedman, Richard D., "Stalking the Squeeze: Understanding Commodities Market Manipulation", *Michigan Law Review*, Vol. 89, pp. 35-36, 50-51 (1990).

但在到期时，发现卖空此商品的人无法完成交付，则此交易人的行为将被认定为操纵。如果他还隐瞒了自己的头寸，则这种行为也会满足伊斯特布鲁克对于操纵的"合理经济性定义"，即"某行为的利润仅仅来自交易者能够对其他交易者隐瞒其头寸的能力，且相关交易不会使价格很快地向反映长期供求关系的方向移动。"[1]

但是行为人的隐瞒行为并不能成为区分操纵性交易与合法交易的标准。若一个交易者预测到某商品的供应将会短缺，且价格会上涨，则会在此商品便宜时尽可能多地买入。为此，他将会向其他人隐瞒自己的头寸以及意图。这种保密对于他基于自己预测未来供需情况的能力而获利是非常有必要的。鉴于此，伊斯特布鲁克区分了"掌握了关于未来情况的新信息，因期望以此获利而采取的保密策略以及旨在使价格偏离能够反映未来情况的价格而进行的保密"。这一标准与操纵的通常定义一样，也要求探究行为人的意图，即所采取策略的目的到底是什么。

2. 操纵意图认定的困难性

在反操纵立法的过程中，操纵意图认定的难题一直存在。有学者认为，实际交易型操纵市场与普通交易行为的唯一区别仅在于行为人主观意图不同，而问题偏偏在于，认定操纵者的意图是极为困难甚至不可能的，在执法实践中难以甄别。[2]对于如何应对实际交易型操纵市场行为在主观意图上认定这一难题，A. S. 凯尔（A. S. Kyle）教授在2008年甚至提出：承认实际交易型操纵市场存在的可能性，但鉴于其与一般交易行为外观的相同性与主观意图的隐蔽性，由立法机关去定义或认定其为非法行为，是非常

---

〔1〕　Easterbrook, Frank H. , "Monopoly, Manipulation, and the Regulation of Futures Markets", *The Journal of Business*, Vol. 59, p. 103 (1986).

〔2〕　朱庆：《论股份回购与操纵市场的关联及其规制》，载《法律科学（西北政法大学学报）》2012年第3期，第113页。

困难的也是不现实的。因此，不如干脆放弃对此类行为合法性的审查。[1]读懂一个人思想的难度，以及从行为中推测操纵意图的必要性在立法中就已成为问题。[2]认定操纵意图的主要困难在于被视为操纵市场行为的客观行为与正常的市场活动是一致的。例如，有三种行为通常被认定为操纵性交易：尾市交易、卖空及连续高价交易。但在这些交易中都无法证明操纵意图的存在。

首先，尾市交易经常被认定为进行操纵的强有力证据，或许是因为这些交易更可能影响证券的收盘价。但合法的交易也可能集中于一天的市场结束之时，因此将在一天的市场结束之时进行交易解释为操纵市场的证据是错误的。研究表明，在有组织的证券交易市场中，交易在市场收盘前或开盘时最为频繁。[3]在尾市进行交易是很正常的，因为市场参与者会观察当天市场的发展情况，并基于此在交易结束前建立相应的头寸等。

此外，一般而言，尾市交易相比在一天中的其他时间进行交易更不可能是操纵性的。因为一个成功的操纵市场行为既要求交易影响价格，也要求交易者有能力低买高卖，而尾市交易不太可能满足这两个条件。由于交易集中在一天的市场结束之时，此时进行的交易比其他时间的交易包含更少的信息，与在开盘时或尾盘时进行交易相比，在其他时间进行的交易更可能影响证券价格。在尾盘时买入证券的交易者会承担更大的风险，因为他必须持有这些证券至次日。而持有证券的时间越长，在此期间发生不利价格变动的可能性越高。当存在合同权利或与某日尾市价格有关的

---

〔1〕 Kyle, A. S. and Viswanathan, S. , "How to Define Illegal Price Manipulation", *The American Economic Review*, Vol. 98, p. 274（2008）.

〔2〕 The Federal Corp. , 25 S. E. C. , 230.

〔3〕 Harris, Lawrence, "A Transaction Data Study of Weekly and Intradaily Patterns in Stock Returns", *Journal of Financial Economics*, Vol. 16, p. 112（1986）.

利益时，尾市交易更可能是操纵性的。但是这种情况是否构成操纵市场行为也不确定，因为即使是合法交易也集中在尾市，交易的集中性使尾市交易更难对证券的价格造成影响。[1]

其次，卖空也被认为是操纵的表现模式之一，因此受到严格的监管，可能成为认定操纵意图的客观证据。然而，卖空是操纵性交易这一观点也同样值得商榷。卖空交易指行为人认为某证券的价格会下跌，而基于此消极评价作出的交易。如果禁止卖空，则交易者基于消极评价进行交易的能力将会受到当时持有股票数量的限制。将卖空行为认定为存在操纵的证据，其前提是能够区分对证券价格作出消极评价的交易者和有操纵意图的交易者。因为这两种交易者都会作出相同的行为，然而作出这种区分却是极其困难的。且试图通过卖空进行操纵与任何其他类型的操纵策略一样具有自我抑制性。因为卖空者必须承担买卖价差产生的成本，并说服其他市场参与者相信其进行的是知情交易。操纵人希望在他卖空后价格会下跌，并且在他随后补仓时不会再次上涨。因此，卖空者实际上比其他操纵者面临更大的成本，他必须提供保证金来回补他的头寸，从而承担股票价格上涨的风险，还可能需要亏本回补。因此，在卖空交易中确定行为人的操纵意图不仅非常困难，还可能没有必要。

最后，连续高价交易也可能被认定为操纵市场行为。证券价格需要在操纵者购买后上涨，才有机会通过卖出而获利，而以高于市场价格的报价买入导致价格上涨，却降低了通过卖出获利的可能性。另外，如何卖出持有的证券又是另一个问题，因为如果行为人的销售导致证券价格下跌，则其亏损的可能性更大。如果

---

[1] Fischel, Daniel R. and Ross, David J., "Should the Law Prohibit 'Manipulation' in Financial Markets?" *Harvard Law Review*, Vol. 105, p. 503 (1991).

连续更高的出价不是出于操纵意图，可能的一个合理解释是，在行为人购买的同时，因为其他原因导致证券的价格在上涨，而非行为人的操纵行为。因此，在连续高价交易中也很难用客观证据辨别交易者的意图，无法区分操纵性交易与非操纵性交易。

在期货市场中，操纵意图的认定也同样困难。[1]例如，即使拥有市场优势地位，也不意味着行为人从事了操纵市场的行为，利用市场优势所从事的交易活动也可能是合法的，如多头交易者一般都希望尽可能多地赚钱，因此可能拥有市场优势地位。如果一个多头交易者发现自己拥有市场优势，无论这个优势是不是他有意获得，他都会利用这个机会提高要价。因此，与虚假陈述这种具有明显不当行为的认定标准不同，在期货市场中，合约到期时的高要价并不是一个可以识别操纵性交易的客观标准。

总之，在某些操纵市场行为类型中，能够真正区分正常交易活动与操纵市场的标准是主观性的，即交易者的意图。操纵性交易可定义为基于"坏"的意图而进行的具有获利可能性的交易。换言之，满足以下条件的交易是操纵市场行为：①进行交易是为了向某个方向推动证券价格；②交易者认为没有此交易证券价格就不会向这个方向移动；③获得的利润只来自交易者移动价格的能力，而非因为他掌握了有价值的信息。基于"好"的意图而进行交易的人并没有从事操纵行为，即这些交易者是为了向某个方向移动价格，但他们相信价格会向此方向移动，他们只是顺应了证券的供需而进行交易。同样地，掌握了机密信息而通过交易进行伪装的人也可能使价格不向正确的方向移动，甚至向错误的方向移动，但他们也是基于"好"的意图而进行交易，因此不是从事操纵行

---

[1] 姜德华：《期货市场反操纵监管问题研究》，载《价格理论与实践》2020年第5期，第32—36页。

为，而他们最终的获利其实来源于所掌握的机密信息。[1]

操纵意图认定的困难性导致禁止操纵的法律规则成本很高。例如，操纵的执法成本高于其他故意侵权的成本，因为在典型案例中，只有在发生伤害时才会产生执法成本。而相比之下，操纵完全取决于交易者的意图，可观察到的客观行为与非操纵性交易没有区别。因此，在意图认定模式中，反操纵的执法成本不限于可观察到的行为或损害的情况，对于操纵意图的认定反而是执行反操纵立法的关键，而意图的认定难度却很高，给操纵市场法律实践带来极大困难。

第三节　我国操纵市场认定模式及困境

一、"影响"认定模式

根据我国《证券法》第 55 条规定可知，禁止以连续交易、约定交易、洗售、虚假申报、蛊惑交易、抢帽子交易、跨市场操纵等手段操纵证券市场，影响或意图影响证券交易价格或证券交易量。根据此规定，操纵市场是指影响或意图影响证券交易价格或交易量的行为，有学者将之称为价量操纵，即价格操纵或交易量操纵。[2]若某交易策略影响了证券交易价格或交易量，或某行为意图影响证券交易价格或交易量，都可认定为操纵市场行为。操纵市场的构成要件是"行为手段+影响"或"行为手段+意图影

---

〔1〕　Fischel, Daniel R. and Ross, David J., "Should the Law Prohibit 'Manipulation' in Financial Markets?" *Harvard Law Review*, Vol. 105, p. 503 (1991).

〔2〕　刘宪权、谢杰：《市场操纵犯罪的实质解构：法律与经济分析》，载《现代法学》2014 年第 6 期，第 78—90 页。

响",因此,我国操纵市场的认定模式可归纳为"影响"模式。此外,证监会的执法实践中采用的也是基于影响的认定模式。该认定模式是指如果能够证明所交易证券的价格或数量受到交易行为的影响,或交易者意图对证券的价格或数量造成这种影响,则交易者应当承担操纵市场行为的责任。与基于损害认定模式及意图认定模式相比,证监会所采用的影响认定模式在证明方面明显较为容易。

这种基于影响的认定模式背后的逻辑是,如果交易者的行为影响了所交易证券的价格或数量,则属于试图扭曲自然供求关系、损害市场定价机制的行为。通过这一行为交易者便可以通过市场效率的失灵,或市场完整性的损害,或两者同时受损而获利。由于真实的合法交易也可能对所交易证券的价格或数量产生影响,区分表面合法的交易与正常经济行为的关键是意图或损害要素。在这一点上,欧盟的"行为+后果"认定模式与影响认定模式的区别在于对损害后果的举证责任不同。在影响认定模式中,原告只需证明其行为影响了证券交易价格或交易量即可,无需证明其行为导致了人为定价。而美国的意图认定模式与影响认定模式的区别在于对操纵意图的举证责任不同。在影响认定模式中,原告的举证责任已减少到仅证明影响价格或数量的意图标准即可,而不是造成人为价格的特定意图标准。

二、适用困境

虽然影响认定模式在操纵市场构成要件的证明中较为容易,但其适用困境包括无法区分操纵市场与正常的交易活动,且行为手段与操纵意图、损害后果的逻辑关系模糊。

首先,根据我国《证券法》第 55 条,操纵市场行为是指影响或意图影响证券交易价格或交易量的行为,可称为影响认定模式。

但该模式无法区分正常的交易行为与操纵市场行为，因为投资者在证券市场中的正常交易活动也可能导致所交易证券价格或交易量的变化，该模式未揭露操纵市场的本质特征，也无法明确操纵市场行为与正常交易活动的不同之处。由于该条规定所列举的操纵手段有限，无法涵盖证券市场中层出不穷的新型操纵表现形式，而影响认定模式又没有从本质上阐明为何操纵市场行为与正常的交易行为不同，无法应对不断变化的操纵手段。

其次，影响认定模式提到了认定操纵市场的行为模式、损害后果与操纵意图三个构成要件，但没有明确这些构成要件之间的关系以及如何在实践中认定这些构成要件。是否某交易行为只要影响了证券交易价格或交易量，就构成操纵市场，或行为人只是意图影响证券价格但没有成功也应承担操纵市场责任，以及《证券法》第55条中所列举的各具体操纵手段与影响或意图影响证券交易价格或交易量的关系如何，在《证券法》中都未明确。对于该认定模式的适用困境及解决，本书将在第六章中作出进一步的具体分析。

第三章
操纵市场行为的类型化分析

第一节　操纵市场行为解析

　　股票市场与期货市场等证券市场都存在操纵市场行为，操纵市场行为危害证券市场的公平与效率，是应予禁止的交易。但反操纵立法的核心问题在于，不含有违法手段的交易活动本身是否可能被认定为非法的操纵行为，即如何区分正常的交易活动与操纵市场行为？根据我国《证券法》第55条，影响或者意图影响证券交易价格或交易量的行为是操纵市场行为。首先，以"影响"为标准很难区别正常的交易行为与操纵市场行为，正常的交易行为也可能对证券交易价格或交易量产生"影响"。其次，以"意图"为认定标准使执法与司法实践面临巨大困难，因为意图是行为人的主观状态，除非有直接证据，否则很难证明。因此我国《证券法》中目前对操纵市场行为的定义在实践中很难有操作性。

不仅是我国，在证券市场较为成熟的美国，学界对于操纵市场行为的认定也是一团乱麻。例如，费舍尔和罗斯从以往学者的研究中分析出操纵市场行为的三个主要定义，[1]但对这些定义进行了逐个批驳：首先，有观点认为操纵市场行为是指扰乱证券市场供求关系的行为。但具体什么行为构成"扰乱"未得到明晰。因为所有的交易者都是证券供求关系的一环，不能认为他们的交易都"扰乱"了供求关系。其次，有观点认为操纵市场行为是诱导他人交易的行为。此定义比第一个观点更进了一步，但太宽泛，无法区分对社会有利的交易与对社会不利的交易。最后，有观点认为操纵市场行为是导致人为价格的行为。此观点具有一定的启发性，人为价格确实对社会有害，此定义比单纯定义交易的性质有所改进。但这是以结果衡量交易者的行为，且判断人为价格面临需要在市场中找出不受操纵影响的竞争性价格作为操纵判断标准的困难。事实上，一旦操纵活动发生，就会在市场中引起一连串的反应，而不可能假定操纵未发生并计算出不存在操纵活动时的市场价格。对于人为价格的判断必须依赖于替代的价格标准，而这些被作为标准的价格本身也可能是异常或是受到操纵行为影响的。由此，将价格的"人为性"作为操纵行为判断的核心存在正当性的质疑。[2]

对操纵市场行为进行解构，可分析在不禁止操纵的情况下，以及禁止操纵的情况下，证券市场的长期状况，以更直观地显示操纵市场区别于正常交易行为的特性，及其对证券市场正常发挥

〔1〕　Fischel, Daniel R. and Ross, David J. , "Should the Law Prohibit 'Manipulation' in Financial Markets?" *Harvard Law Review*, Vol. 105, p. 503 (1991).

〔2〕　参见钟维:《欺诈理论与期货市场操纵二元规制体系》，载《清华法学》2021年第3期，第160—178页。

社会功能的影响。总体而言，操纵市场行为有四个区别于证券市场中其他合法交易行为的特殊之处，即操纵市场行为的有害性、操纵性、获利可能性及可罚性。

一、操纵市场的基本特征

（一）有害性

与正常的交易行为相区别，操纵市场行为具有有害性。操纵市场行为本质上是通过一定的交易策略进行操纵，即从概念上抽象而言，操纵市场的交易策略与其他正常的交易策略存在明显的区别，且这种策略会对社会造成危害。操纵市场行为的有害性主要指的是其对证券市场正常运行的损害，即对市场效率和市场公平的损害，以及在此过程中所造成的对某一方市场主体的损害。因此，在分析一种交易策略是否应认定为法律所禁止的操纵市场行为时，首先应分析此交易策略是否对证券市场的效率和公平造成了损害，以及如果此交易策略未被法律规制，哪方市场主体会受到损害，哪方市场主体会得到好处；如果此交易策略被法律禁止，哪方市场主体会受到损害，哪方市场主体会得到好处。

具体而言，在某一交易策略未受法律规制与被法律禁止两种情形下，证券市场效率以及不同类型市场主体之间的财富转移是否公平，可作为判断此交易策略是否有害的根据。若某交易策略降低了证券市场的效率，或导致了市场主体之间不公平的财富移转，则可认定此交易策略具有有害性。通过比较分析某一交易策略被规制前和规制后，证券市场效率和不同市场主体之间财富转移的公平性，可为监管机构抑制对社会有害的交易提供思路，同时又不会抑制表面上与之相似但对社会有益的交易。笔者将在下文中具体分析不同类型操纵市场行为对证券市场造成损害的不同机理，深入剖析操纵市场的有害性。

（二）操纵性

与正常的交易行为相区别，操纵市场行为具有操纵性。顾名思义，操纵市场行为本质上属于一种"操纵"。根据《现代汉语词典》，"操纵"有两个含义，其一，"控制或开动机械、仪器"；其二，"用不正当手段支配、控制（人或事物）"。[1]在操纵市场行为中，操纵取其第二个含义，即用不正当手段支配、控制证券市场。因此，区分正常交易行为与操纵市场行为的一个标准是，操纵市场行为应符合"操纵"的含义。通常而言，行为人所实施的交易策略可支配、控制证券市场意味着相比于其他市场主体，行为人具有一定的优势地位。因此，反对操纵市场行为的理由通常是可能导致市场公平问题，以及对某一市场主体不公平。但经过下文对各种不同类型的操纵市场行为的特点进行分析后可知，操纵市场行为之所以有害，最根本的原因是基于市场效率的考量。

（三）获利可能性

与正常的交易行为相区别，操纵市场行为具有获利可能性。在操纵市场行为中，操纵策略存在一定的获利可能性，并且发生频率足以引起重视。若某交易策略注定不会让交易者产生利润，则法律无须考量，因为作为理性的市场参与者，交易者不会再从事此交易策略；若某交易策略可能为交易者带来利润，但这只是偶然的情况，不会经常发生，则法律也无须考量。因此，是否对某交易策略予以禁止应考虑此交易策略是否有可能使交易人获利，以及其发生的频率是否足以引起重视。获利可能性只是判断某交易策略是否足以引起法律重视的一个考量，而非认定操纵市场行为应否予以处罚的必要条件。即使行为人未从自己的操纵市场行

----

〔1〕　汉语大字典编纂处编著：《现代汉语词典》，四川辞书出版社2020年版，第44页。

为中获利，也不能作为免于处罚的理由，因为其行为本身已对证券市场造成了损害。

（四）可罚性

与正常的交易行为相区别，操纵市场行为具有可罚性。应制定具有可操作性的认定标准禁止对社会有害的交易策略的发生，且执行这种认定标准不会导致社会成本大于社会收益。在探讨是否应禁止某种操纵策略时，应将多种因素考虑在内，包括行为人为从事此交易业务所投入的资源、为完成此交易所投入的社会资源对证券市场的影响，以及禁止此交易的法律执行和合规成本，如是否抑制对社会有利的交易等。

若禁止某交易策略会错误地抑制对社会有益的交易活动，导致社会成本大于社会收益，则此交易策略不具有可罚性，也不应认定为法律禁止的操纵市场行为。[1]操纵市场的可罚性是从执法的成本与收益角度而言的，若禁止某交易策略的成本会显著高于放任其发生的收益，则法律的执行反而可能对社会有害。具体到操纵市场行为的立法上，若无法准确区分操纵市场行为与正常交易行为之间的界限，打击操纵市场行为时过严、范围过广，反而可能得不偿失，抑制对社会有利的正常交易行为，损害证券市场的效率和公平。因此，操纵市场行为的可罚性是制定其行为认定标准的一个重要考虑因素，也是区别于其他正常交易行为的一个特性。

操纵市场行为的有害性、操纵性、获利可能性以及可罚性是其区别于正常交易行为的基本属性，若某交易策略不具备这四种特性，则不是法律所禁止的操纵市场行为。其中，有害性是操纵市场行为区别于正常交易行为的根本特性，且对于操纵市场行为

---

[1] Fox, Merritt B. , Glosten, Lawrence R. and Rauterberg, Gabriel V. , "Stock Market Manipulation and Its Regulation", *Yale Journal on Regulation*, Vol. 35, p. 72 (2018).

的认定研究具有指导意义；操纵性则揭示了操纵市场行为本身的表现方式，一般是通过不正当手段支配、控制证券市场；获利可能性是深入理解行为人意图的方式；可罚性则从成本收益角度为认定操纵市场行为提供了标准。

二、操纵市场的类型划分

（一）既有操纵手段的类型归纳

分类既是更好地认识事物本质的基础，也是指导实践的基础。关于操纵市场行为的分类，我国的立法与执法实践互相影响，不断完善。1998 年我国第一部《证券法》颁布，其中第 71 条规定了三种具体的操纵市场手段，即连续交易操纵、约定交易操纵与洗售操纵。2005 年《证券法》修订，其中第 77 条第 1 款规定了操纵市场的具体手段，与 1998 年《证券法》中的连续交易操纵、约定交易操纵与洗售操纵相同。经过多年的证券执法实践，在 2019 年新《证券法》修订之时，于第 55 条中又加入了虚假申报操纵、蛊惑交易操纵、抢帽子交易操纵、跨市场操纵四种新型的操纵市场手段。[1]在期货市场法律法规中，《期货和衍生品法》第 12 条列举了连续交易操纵、约定交易操纵、洗售操纵、蛊惑交易操纵、虚假申报操纵、抢帽子交易操纵、囤积操纵、违规持仓操纵及跨市场操纵九种操纵手段，基本可以与《证券法》中的操纵手段相对应。《刑法》（2020 年修正）第 182 条操纵证券、期货市场罪中规定的七种情形也基本与《证券法》中的这七种操纵手段相对应。

除了证券市场基本法律规范中对操纵市场行为类型化的认定

---

〔1〕《中国证券监督管理委员会关于印发〈证券市场操纵行为认定指引（试行）〉及〈证券市场内幕交易行为认定指引（试行）〉的通知》，证监稽查字〔2007〕1 号，2007 年 3 月 27 日发布。

规则，其他执法部门规范性文件中也规定了操纵市场的具体规范。如证监会 2007 年发布的《证券市场操纵行为认定指引（试行）》（以下简称《操纵行为认定指引》）中规定了八种具体的操纵手段，包括连续交易操纵、约定交易操纵、洗售操纵、虚假申报操纵、蛊惑交易操纵、抢帽子交易操纵、特定时间的价格或价值操纵及尾市交易操纵。其中，前六种操纵手段已经加入《证券法》中，后两种操纵手段在实质上可归为交易型操纵类型，因为这两种操纵手段违法性及认定争议较大，未加入《证券法》中。此外，最高人民检察院、公安部印发了《关于公安机关管辖的刑事案件立案追诉标准的规定（二）》（以下简称《追诉标准规定（二）》），其中第 34 条也基本按照《证券法》第 55 条的规定细化了七种操纵手段的具体追诉标准。

在自律组织规范层面，上海证券交易所（以下简称"上交所"）2018 年发布的《证券异常交易实时监控细则》第 8 条列举了连续交易操纵、虚假申报操纵、洗售操纵、跨市场操纵、特定时间的价格或价值操纵、抢帽子交易操纵、蛊惑交易操纵七种操纵手段作为识别异常交易行为的标准。[1]中国金融期货交易所（以下简称"中金所"）在 2021 年也发布了《中国金融期货交易所违规违约处理办法》，其中第 23 条规定了期货市场中的连续交易操纵、违规持仓操纵、约定交易操纵、虚假申报操纵、洗售操纵、跨市场操纵、蛊惑交易操纵、抢帽子交易操纵八种操纵期货市场的手段，基本与操纵证券市场手段类似。[2]这些类型是根据我国证券执法实践总结出的操纵市场具体行为的表现方式，虽然得到立法

[1]《上海证券交易所证券异常交易实时监控细则》，上证发〔2018〕62 号，2018 年 8 月 6 日发布。

[2]《中国金融期货交易所违规违约处理办法》，中金所发〔2021〕58 号，2021 年 11 月 19 日发布。

的进一步丰富，但并非学理的分类，缺乏体系性及对操纵市场行为认定进一步的指导性。无论是《证券法》《期货和衍生品法》等基本法律规范，还是 2007 年《操纵行为认定指引》、2022 年《追诉标准规定（二）》，抑或上交所与中金所发布的相关规范性文件，都无法囊括实践中所有的操纵市场表现形式，并且《证券法》中列举的这七种基本的操纵手段也没有作进一步的类型化或抽象化提炼以指导新型操纵市场手段的认定。

关于操纵市场分类的理论与实践互相影响，基本可将操纵市场行为分为欺诈型操纵与交易型操纵。如我国证券法中的连续交易操纵、跨市场操纵等操纵市场行为类型没有明显的违法手段，可归为交易型操纵。而约定交易操纵、洗售操纵、虚假申报操纵、蛊惑交易操纵及抢帽子交易操纵等基于欺诈对市场进行操纵，可以归为欺诈型操纵。

在证券市场法制度较为成熟的美国，立法与实践也主要将操纵市场行为分为交易型操纵与欺诈型操纵。美国关于禁止操纵市场的规则规定在《1934 年证券交易法》第 9（a）（1）条、第 9（a）（2）条以及第 10（b）条中。其中，第 9（a）（1）条规定了禁止欺诈型操纵中的洗售交易与对敲交易。这一条款在适用实践中争议相对不大，因为洗售和对敲扰乱了证券市场的供求关系，误导其他投资者进行交易，可能导致人为价格，是应予禁止的操纵市场行为。第 9（a）（2）条概括地规定了禁止交易型操纵，即禁止出于引诱其他投资者交易的目的，通过对某证券的一系列交易，制造交易活跃的假象或影响该证券价格。但由于此条仅适用于交易所市场，不适用于柜台市场，适用范围不大。交易所的股票大多交易量大、流动性高，不容易被操纵；而柜台市场的股票交易量小、流动性低，容易被操纵。因此第 9（a）（2）条虽然是一个概括条款，但实际适用不多。例如，纳斯达克市场作为美国股票的主要交易市场，直到 2006 年才成为交易所，这也从侧面说明了第 9（a）（2）条在当时的适用范围很小。

第 10（b）条是关于禁止证券欺诈的一般条款，因其适用范围极广而被称为美国《1934 年证券交易法》的"重器"。第 10（b）条可以适用于一切市场，既包括交易所市场，也包括柜台市场。且第 10（b）条中规定禁止在证券交易中进行任何操纵性或欺骗性行为。仅"操纵性"一词就将禁止操纵市场行为与此条法律规定紧密结合在一起。鉴于第 9（a）（2）条狭窄的适用范围、第 10（b）条宽泛的适用范围以及适用于反操纵的可能性，原告一般将第 9（a）（2）条与第 10（b）条共同作为操纵市场民事损害赔偿诉讼的请求权基础。

总体而言，欺诈型操纵由于操纵手段的违法性特征明显，较为容易认定。然而，由于交易型操纵表面上是正常的交易行为，其更隐秘，难以受到应有的惩罚。欺诈型操纵和交易型操纵基于两种截然不同的操纵手段与原理危害证券市场，是应予禁止的交易行为。这是从立法角度对操纵市场行为进行的分类。

（二）市场微观结构理论的类型阐释

从市场微观结构理论而言，操纵市场也基本可分为交易型操纵与欺诈型操纵。学者对此分类的研究较多，如在 20 世纪 90 年代，费舍尔与罗斯就通过研究认为欺诈型操纵应予禁止，而交易型操纵由于无获利可能性，是"自我抑制"的，不需要法律特别予以规制，即行为人会因不断受损而不再从事此类交易。[1]但最近有研究表明，交易型操纵者有可能预测到盈利的市场条件，在此预测的基础上进行操纵市场行为。换言之，交易型操纵实际上是有

---

[1] Fischel, Daniel R. and Ross, David J., "Should the Law Prohibit 'Manipulation' in Financial Markets?" *Harvard Law Review*, Vol. 105, pp. 517-518 (1991).

获利可能性的，因此并非"自我抑制"。若法律不予禁止，长此以往很可能危害证券市场。

诚然，操纵市场行为可以用多个标准进行分类。从行为主体看，有个人与法人、单独与合谋之分；从行为客体看，有集中交易市场交易的证券、柜台市场交易的证券以及其他市场交易的证券之分。这些分类可能对于监管和预防有积极意义，但对于认定、处罚操纵行为意义不大。世界各国和地区反操纵立法和实践往往不作如此区分。理论研究大都以客观方面即操纵手段对操纵市场行为进行分类。[1]笔者认为，根据行为人操纵证券市场的手段不同，可以把目前实践中的操纵市场行为分为两类，第一类是欺诈型操纵，即以欺诈性行为为手段，支配、控制证券市场的行为；第二类是交易型操纵，即以损害性交易为手段，支配、控制证券市场的行为。交易型操纵又可根据行为人交易活动的获利方式不同，分为公开交易型操纵和外部利益型操纵。公开交易型操纵是利用市场对某一证券不对称的价格反应谋利的行为；外部利益型操纵是通过与证券价格走势关联的外部利益谋利的行为。

证券市场一般具有一定的公开性，行为人很难控制、支配。但通过损害性交易，可以制造出某些证券交易活跃或价格升降的虚假表象，误导其他市场主体跟风购买，从而达到控制、支配证券价格或交易量的目的。除此之外，通过某些欺诈性行为，如虚假陈述、具有公信力的言论等，误导市场，也可以达到相同的操纵效果。总体而言，行为人主要是通过损害性交易以及欺诈性行为实施操纵的。作为一个市场主体，从交易激励及其他市场行为角度而言，能够影响证券市场的行为也主要是通过交易或信息的

---

〔1〕　张保华：《操纵市场行为的几个基本问题》，载《安徽大学学报》2005 年第 2 期，第 94—98 页。

方式。因为证券的价格反映的是其发行人未来的现金流，此数额主要通过发行人的经营等基本信息予以判断。若操纵者通过欺诈性行为散布关于发行人的虚假信息，或通过损害性交易释放关于发行人的噪音信号，都会扰乱市场对证券价值的判断，达到操纵市场的效果。

因此，交易型操纵与欺诈型操纵的分类也与证券市场的运行原理相一致。一个市场主体进行交易的激励既受到自己本身搜集到的信息的影响，也受到其他市场主体的交易的影响。若搜集到新的信息，显示某一证券利好，则会买进，反之则会卖出。若某一证券的交易价格或交易量持续攀升，理性的市场主体也会针对此市场信号作出自己的反应。因此，损害性交易与欺诈性行为就成为控制、支配证券市场的两种主要手段，也是认定操纵市场行为具有可操作性的分类标准。

交易型操纵和欺诈型操纵对证券市场微观结构的危害机理不同。之所以说某一交易是损害性的，是因为其通过损害证券市场的流动性和价格准确性，阻碍了证券市场发挥其核心的社会功能。证券市场的核心功能是通过市场的流动性和价格准确性，促进社会资本的有效分配、社会现有生产力的有效运作等。[1] 因此，证券市场的流动性和价格准确性是其正常发挥功能的手段。损害性交易通常会扭曲证券的真实价格，降低价格准确性，危害证券市场正常发挥功能，但市场中也会有一定的价格纠正机制对此予以纠正。因此，对于价格准确性这一指标，损害性交易的危害程度取决于市场纠正机制的性质及其发生的速度。若某一证券的价格被扭曲，而市场很快就披露了足够的信息，将价格恢复到正常的

---

〔1〕 Fox, Merritt B., Glosten, Lawrence R. and Rauterberg, Gabriel V., "Stock Market Manipulation and Its Regulation", *Yale Journal on Regulation*, Vol. 35, p. 80 (2018).

水平，则损害性交易的负面影响并不大。[1]若某一证券的价格被扭曲后，市场纠正机制很久以后才发挥作用，或者根本不起作用，则损害性交易对证券价格准确性的危害是很大的。此外，损害性交易对市场流动性的危害也不容忽视。若对价格的纠正是通过知情交易实现的，则流动性提供者会受到双倍损害。即使此纠正是通过公开的信息披露实现的，流动性提供者也同样会受到大量损失。

以上是交易型操纵中行为人操纵手段的危害性，对于此类操纵行为，法律应予禁止。但这种操纵手段与正常的交易行为很相似，交易行为本身是合法的，其违法性只能通过其他构成要件予以证明。因而需要制定具有可操作性的认定标准才能有效地打击交易型操纵。交易型操纵与欺诈型操纵只是根据操纵手段对操纵市场行为进行的分类。在现实生活中，行为人可能综合利用各种具体操纵手段对证券市场进行控制，例如，将公开交易型操纵策略与谣言的宣传、假新闻、经纪人的鼓动相结合等。即公开交易型操纵与欺诈型操纵的组合。这种组合式的操纵策略并不妨碍对操纵市场行为的分类，如果符合一种操纵市场类型的认定标准，必然属于法律应予制裁的操纵市场行为。

（三）分类标准的重构：是否利用欺诈性手段

根据行为模式中操纵手段的不同，操纵市场可分为欺诈型操

---

〔1〕　第一章中的反噪音交易者就在这个过程中起到关键作用。例如，公开交易型操纵者在一开始能够推动股价上升，意味着反噪音交易者没有及时确定不存在导致股价变化的信息。操纵者完成最终交易之时股价并没有回到不存在操纵之时的价格。而反噪音交易者可以最终使股价回到不存在操纵之时的价格。因为随着时间的推移，他们有足够的信心认定市场中并不存在新的信息导致股价的变动，这个股价变动实质上是由操纵者导致的。因此反噪音交易者就会反向交易，使股价回到受到操纵之前的水平。反噪音交易者的反应时间，即对股价变动是否基于新的关于股票价值的信息进行判断的时间，是决定公开交易型操纵影响证券市场价格准确性持续时间的因素之一。

纵与交易型操纵，欺诈型操纵行为人以欺骗性、虚假性、误导性的手段操纵市场，而交易型操纵行为人以表面合法的交易行为操纵市场。操纵市场行为的表现形式多样，从行为模式上而言，欺诈型操纵与正常的交易行为明显不同，而交易型操纵与正常的交易行为表面上一致，难以区分。因此，该分类标准有利于首先从行为模式上对操纵市场的表现形式进行区分，从而为不同认定难度的操纵手段制定不同的认定标准。

根据获利方式的不同，交易型操纵可进一步分为公开交易型操纵与外部利益型操纵，公开交易型操纵行为人通过预测市场中存在不对称的价格反应，以低买高卖的方式获利，外部利益型操纵行为人通过独立于交易但与市场价格相关联的外部利益获利。该分类标准的意义在于通过区分不同获利方式的交易型操纵，厘清交易型操纵的有害性与获利可能性，也为公开交易型操纵与外部利益型操纵中行为人的目的与动机进行解释，有利于相应操纵市场行为的认定。

例如，在"张飞、张雄连续交易操纵"案中，行为人利用资金优势、持股优势进行连续交易。[1]行为人的累计买入成交额超过 10.4 亿元，卖出成交额为 10.7 亿元，拥有明显的资金优势，且持股占总股本比例超过 5% 的有 11 天，持有流通股数量占该股实际流通数量的平均比例为 16.67%，拥有明显持股优势。同时行为人进行了连续买卖，买入成交量占市场买入成交量的平均比例为28.41%，占比超过 20% 的交易日有 22 天，最高占比为 62.14%。卖出成交量占市场卖出成交量的平均比例为 19.83%，占比超过20%的交易日有 14 天，最高占比为 56.28%。行为人拥有资金优

---

[1] 《中国证监会行政处罚决定书（张飞、张雄）》，〔2021〕38 号，2020 年 6 月 8 日发文。

势、持股优势并不违法，连续买卖也只是市场中正常的交易行为，但是该行为导致了所交易"弘宇股份"价格涨幅超过20%，同期中小板指数涨幅仅为1%左右，该股涨幅偏离板块指数18.82%，足以证明其行为虽然表面上与正常的交易行为没有区别，但导致了人为价格，具有极大的损害性。且通过在尾市阶段交易，以市场不对称的价格反应低买高卖获利，属于公开交易型操纵。

对于操纵市场行为进行类型化的划分有其必要性。首先，类型化有利于更好地认识事物的本质，操纵市场行为的表现形式复杂多样，且随着证券市场的演化与技术的发展，操纵市场行为更加难以识别。现有操纵市场的定义无法将操纵市场与正常的交易行为相区别，只是通过法律列举无法涵盖所有的操纵手段。其次，类型化有利于升华对现有操纵市场规则的理解。将现存典型的操纵手段进行类型化区分，能够更好地认识其行为特征、获利方式与违法性机理，从而在规则的定位与适用上进行准确把握。如约定交易操纵、洗售操纵、虚假申报操纵、蛊惑交易操纵、抢帽子交易操纵本质上都是欺诈型操纵，而连续交易操纵是一种公开交易型操纵，跨市场操纵是一种外部利益型操纵。进行类型化的归纳不仅是对现有操纵手段的总结与升华，还能够指导对新型操纵手段的认定。不仅应认识到，操纵证券与相关衍生品市场可能构成跨市场操纵而属于外部利益型操纵，下文中的"阿马兰斯"案和欧盟《反市场滥用条例》中的金融基准操纵也可能因存在外部的独立利益而构成外部利益型操纵。[1]

最后，类型化有利于为区分不同操纵手段的具体认定标准提供指引。例如，欺诈型操纵因其行为特征中的违法性，而以"故

---

〔1〕 赵希：《论证券、期货市场新型操纵行为的刑法规制路径》，载《证券法苑》2018年第1期，第293页。

意+不当行为"予以认定，即可判断是否构成操纵市场，对于股价的影响等损害后果是构成欺诈型操纵的非必要构成要件。而在交易型操纵中，由于行为表面上没有明显的违法性特征，应以"故意+导致人为价格"予以认定，既能准确打击对市场有危害的操纵行为，又可避免"误伤"正常的交易行为而损害健康的市场活动。此外，在实际的操纵行为与试图操纵（attempt to manipulate）的区分上，欺诈型操纵根据一般的违法行为认定标准衡量其试图操纵的危害性与构成即可。但在交易型操纵中，只有证明了特定的操纵意图（意图导致人为价格）才能认定行为人试图操纵，而不应以故意这一低证明标准认定构成试图操纵。

第二节　欺诈型操纵

一、以利用欺诈性手段操纵为核心要素

　　欺诈型操纵与交易型操纵有明显的不同之处，主要是行为人对市场进行操纵的作用机理不同。交易型操纵通过表面合法的交易损害证券市场的效率和公平，而欺诈型操纵由于其手段的违法性，更容易将之与正常的交易行为相区分。欺诈型操纵也具有操纵市场行为的特性，如有害性、操纵性、获利可能性和可罚性等，应受到法律的制裁。在具体认定上，欺诈型操纵符合"操纵"一词的广泛含义。在某些情况下，该操纵类型可以产生正预期利润，并且可以制定适当的法律规则予以禁止而不会同时抑制对社会有利的交易。

　　欺诈型操纵主要表现为虚假陈述型操纵及对敲、洗售等虚假

交易操纵。[1]虚假陈述型操纵是指行为人作出关于发行人的重大虚假陈述，使发行人的证券价格降低，之后购买一定数量的证券，在真相披露后，卖出股票的行为，如蛊惑交易操纵、抢帽子交易操纵等。[2]即使欺诈型操纵者与发行人可能没有任何关系，他也可能影响发行人的股票价格，如行为人作出的虚假陈述可能导致市场上传播关于发行人的谣言，此类陈述通常来自某个投资者认为值得信赖的行家。[3]投资者一般认为此人对发行人未来发展的某些方面有所了解，因此值得信赖。在蛊惑交易操纵中，操纵者通常故意作出重大虚假或误导性陈述，且预计此陈述可能对价格产生影响，因而朝着预计产生正利润的方向进行证券交易。这种交易行为明显表明交易者进行这些交易至少部分是为了从蛊惑交易操纵中获利，通常会对社会产生负面影响。

　　洗售交易，也称为"冲洗买卖"，是最古老的证券市场的操纵形式，即以影响证券市场行情为目的，人为地创造证券交易虚假繁荣，从事所有权非真实移转的交易行为[4]，本质上是指不旨在实质变更所有权的证券交易。[5]在我国证券法中，洗售操纵是指"在自己实际控制的账户之间进行证券交易"。[6]对敲交易是指

　　〔1〕　即我国学者所称的"信息型操纵"。参见缪因知：《信息型操纵市场行为执法标准研究》，载《清华法学》2019 年第 6 期，第 159—176 页。
　　〔2〕　反之同理——作出关于某发行人的虚假陈述，释放利好信号，推高其股价，之后卖出（或卖空）股票，而在真相浮出市场之时再次购买股票（或解除空头头寸）。
　　〔3〕　俗称"黑嘴"，如目前操纵市场案中判刑最高的"吴承泽操纵市场案"。（参见杜卿卿：《A 股最大"盘后票"团伙落网！主犯吴承泽被判 19 年，操纵罪刑期超过徐翔》，载 https://www.yicai.com/brief/101176262.html，最后访问日期：2022 年 3 月 12 日。）
　　〔4〕　程啸：《论操纵市场行为及其民事赔偿责任》，载《法律科学（西北政法学院学报）》2001 年第 4 期，第 91—104 页。
　　〔5〕　15 U.S.C. § 78i（a）（I）（A）（1988）.
　　〔6〕　《证券法》第 55 条第 1 款第 3 项。

"已知一个或多个交易量基本相同、时间基本相同、价格基本相同的订单，将要或已经通过同一交易方或不同交易方进入市场"，[1] 而购买或出售证券的交易。对敲交易在我国通常称为约定交易操纵，是指"与他人串通，以事先约定的时间、价格和方式相互进行证券交易"。[2] 综上可知，洗售交易与对敲交易操纵之间的主要实质性区别在于操纵行为是单一主体还是多个主体。[3]

根据证监会在 2007 年发布的《操纵行为认定指引》，虚假申报操纵是指"行为人做出不以成交为目的的频繁申报和撤销申报，误导其他投资者，影响证券交易价格或交易量"的行为。虽然此2007 年《操纵行为认定指引》目前已失效，但作为执法实践的规范性文件，对认定我国证券市场中的虚假申报操纵有一定的借鉴意义。

总体而言，欺诈型操纵主要表现为蛊惑交易操纵、抢帽子交易操纵等虚假信息型操纵，以及对敲、洗售、虚假申报等虚假交易型操纵。由于欺诈型操纵手段具有明显的欺诈性，关于欺诈型操纵认定的主要问题并非它与正常交易行为的区别，而是各个构成要件的具体认定。

二、违法性根源：损害性知情交易

从立法史角度而言，我国《证券法》第 55 条第 1 款规定，禁止以"影响或者意图影响证券交易价格或者证券交易量"的手段操纵证券市场。其中"意图影响"是 2019 年《证券法》修订时新加入的构成要件。因此，除了禁止在损害上"影响"证券交易价格或者证券交易量，也不得在主观上"意图影响"证券交易价格

---

[1]　15 U.S.C. § 78i（a）（I）（B），（C）（1988）.

[2]　《证券法》第 55 条第 1 款第 2 项。

[3]　汤欣、高海涛：《证券市场操纵行为认定研究——行政处罚案例的视角》，载《当代法学》2016 年第 4 期，第 103—117 页。

或证券交易量。此处的"意图影响"与欺诈型操纵的认定基础异曲同工，有理解为欺诈的可能性。在 2019 年《证券法》修订之前，我国证券法中的操纵市场行为基本是"价格操纵"的规制框架。与本书的交易型操纵类似，从行为的损害即造成"人为价格"的角度认定行为人是否构成操纵市场行为，实际上提高了认定操纵市场的难度，不利于打击操纵市场行为。且从法理上而言，操纵市场不止交易型操纵一种类型，以欺诈为基础的操纵市场也是重要的行为类型，有着与交易型操纵不同的规范基础和表现形式。

（一）损害市场效率

对于欺诈型操纵的违法性根源，除了欺诈市场理论所提出的行为人对整个证券市场的欺诈，还可从市场微观结构理论中寻求其违法性根源。根据市场微观结构理论，禁止欺诈型操纵的主要原因是这种交易策略降低了市场的流动性，而非对市场中其他交易者不公平。欺诈型操纵是一种特殊的知情交易，在此意义上，其与内幕交易有一定的相似之处。就像公司内部人员利用从雇主那里获得的机密信息进行交易一样，欺诈型操纵者根据他知道而市场不知道的信息进行购买，即他所作出的压低股价陈述的虚假性，或他所知道的洗售、对敲、虚假申报等交易的非真实性。只有操纵者知道此陈述或交易的虚假性而其他市场交易者不知，因此，欺诈型操纵者所进行的交易实质上是一种知情交易。

知情交易一方面使股价平均朝着更准确的方向调整，但另一方面降低了流动性。[1]有必要在股价准确性提高带来的积极社会影响与流动性下降带来的负面社会影响之间进行权衡。通常而言，基于股票的基本价值信息进行交易是对社会有利的，而基于披露

────────────

[1] 流动性提供者与知情交易者进行交易会亏损，因此知情交易不利于市场中的流动性业务，会降低流动性。

的信息、来自发行人的内幕信息和来自非发行人的内幕信息进行交易，一般而言是对社会有害的。但欺诈型操纵与这些基于信息的交易有所不同。在欺诈型操纵中，行为人作出虚假陈述或虚假交易，误导了证券市场之后，其交易行为本身可能使证券价格调整到更准确的方向。例如，虚假陈述压低了价格，而操纵者后来的购买行为则将价格从低迷水平推高了。但此交易行为只是更大的交易策略的一部分，操纵者的整体交易策略包括一开始造成证券价格不准确的虚假陈述或虚假交易。因此，欺诈型操纵的总体策略降低了证券的价格准确性和流动性，毫无疑问对社会造成了损害。

欺诈型操纵主要危害证券市场的流动性，而对于价格准确性的危害，应区分具体情况。[1]证券市场社会功能的发挥离不开对证券的准确定价，以此指导资本的流动及风险的分担。若证券的价格处于准确状态，则资本利用效率高的主体会得到更多资本，从而促进社会生产力的有效使用。若证券的价格处于不准确的状态，则可能导致资本的浪费与证券市场社会功能的失灵。证券市场发挥其社会功能对资本进行有效分配是一个动态的过程，若证券的价格被扰乱后能够迅速回归准确，则短期内对社会的影响并不大，也不会从长期意义上对资本的分配造成极大损害。但是，若证券价格被扰乱后长期得不到恢复，则会对社会产生明显危害。因此，与欺诈型操纵类似，交易型操纵通过危害证券价格准确性而对社会产生的危害程度取决于证券价格的恢复情况。

被扰乱的证券价格恢复准确可能有三种情况：第一，通过发行人披露关于证券价值的真实信息。若交易型操纵者通过表面合

---

〔1〕 Fox, Merritt B., Glosten, Lawrence R. and Rauterberg, Gabriel V., "Stock Market Manipulation and Its Regulation", *Yale Journal on Regulation*, Vol. 35, p. 96 (2018).

法的交易扰乱了证券的价格，使证券价格偏离价值，而发行人很快披露相关信息，使市场了解到证券的价格变化不是基于证券的价值发生了变化，则证券价格会很快恢复到之前的正常水平。从微观市场结构上而言，交易型操纵者通过交易抬高了某证券价格，之后发行人披露新的信息，基于发行人披露的信息购买此证券的交易者会调低自己的买价，从流动性提供者手中买到此证券。流动性提供者在之前与交易型操纵者进行交易之时已经受到损失，此时与基于披露的交易者进行交易又会再次受到损失。基于披露的交易者则能够以牺牲流动性提供者为代价短暂获利。

第二，如果没有此类直接使市场获知证券真实价值的披露，被扰乱的证券价格可以恢复至正常水平的另一种方式是通过反噪音交易者的行为。这种方式可能需要更长的时间，并且会给流动性提供者带来更大的额外损失。反噪音交易者需要搜集信息，以确定证券价格的变化是不是因为新的信息，这个过程将会花费很长时间，最终他们才可能认定证券的价格不是因为新的信息，而是因为交易型操纵者的买入或卖出行为等。在有这种信心之后，反噪音交易者将进行相反的交易，从而抵销交易型操纵者对证券价格的抬高或压低。

反噪音交易者的这种反向交易行为是一种特殊的知情交易。因为经过信息的搜集，他们有充分的理由相信，当前证券价格的变化不是因为市场中吸收了新的信息，因此，此价格变化是没有合理基础的，证券价格终将恢复至原来的水平。在此过程中，流动性提供者将会受损。与掌握证券负面信息的知情交易者一样，流动性提供者在与反噪音交易者进行交易时将以高于证券价值的价格进行交易，从而受损。而持续的订单不平衡将促使流动性提供者逐渐降低证券的出价和报价，直到证券的价格恢复到接近原来的价格水平，此时反噪音交易者将停止交易。虽然反噪音交易者可以纠正交易型操纵者对证券价格造成的扰乱，但不能保证每次都会发生反噪音交易，因为潜在的反噪音交易者可能没有足够的信心认定证券价格的变化不是因为新的信息，所以不会从事能够纠正证券价格变化的反噪音交易。

第一种和第二种恢复价格的方式都是通过向市场传达并不存在使价格发生变化的新信息。而两种方式的区别是，第一种方式是通过发行人的直接披露，第二种方式是通过反噪音交易者的交易行为。第二种方式显然比第一种方式需要更长的时间。

第三，通过证券价格的具体化。市场中每一种证券价格反映的都是发行人未来现金流的现时价格。如果操纵之前的价格反映出预计未来的现金流将会保持不变，操纵后的价格却反映出预计未来现金流将会增长，那么一旦接下来发行人的损益报表显示事实上现金流并未增长，则价格将会恢复至原来水平。[1]这种恢复价格的方式需要更长的时间，被操纵扰乱的价格将会在很长一段时间内不准确。若交易型操纵导致的价格不准确在很长一段时间内无法得到恢复，则其对市场价格准确性的危害将更大，同时伴随对流动性的严重危害，总体上阻碍证券市场正常发挥社会功能，这是欺诈型操纵对证券市场造成危害的独特作用机理。

（二）损害市场公平

从市场主体财产转移的公平性角度而言，若证券市场中只存在欺诈型操纵者、流动性提供者和不知情交易者，那么对禁止欺诈型操纵之前和禁止欺诈型操纵之后进行分析的结果与公开交易型操纵的分析非常相似。操纵者能够赚钱是因为他能够以低于其价值的价格购买股票，而以股票的价值将其卖出。流动性提供者

---

[1] 柏玉竹：《证券市场价格周期实证分析与研究》，载《会计之友（中旬刊）》2009年第7期，第107—108页。

的损失与欺诈型操纵者的盈利相同，因为他们以低于股票价值的价格向操纵者出售股票，并以与其价值相等的价格从操纵者手中买回。在价格低迷时，卖出股票的不知情交易者获得的收益减少，而在此期间买入的不知情交易者为获得相同数量的股份支付的相应金额也会减少。若不禁止欺诈型操纵，流动性提供者将增加价差以补偿未来因欺诈型操纵者而可能导致的亏损，因此欺诈型操纵所导致的对财产转移的唯一影响是流动性提供者对流动性供应业务的专门投入减少。这是因为流动性提供者的价差越大，市场主体进行交易的成本会越高，而交易量会越少，流动性提供者的业务量也会越少。

不知情交易者与流动性提供者不同，他们不是基于信息进行交易，因此若不禁止欺诈型操纵，不知情交易者在进行交易之前，不会受到可能存在欺诈型操纵这一市场状况的影响。不知情交易者既可能因与操纵者行为一致而成为赢家，也可能因不一致而成为输家，他们的财产转移情况不会受到影响。虽然不知情交易者必须支付因流动性提供者的调整而多出的额外价差，但股票价格将在原始发行和正在进行的二级市场交易中打折，以反映这种额外的价差。因此，所谓欺诈型操纵会导致市场不公的问题其实并不严重。

但从市场效率的角度而言，欺诈型操纵既会降低证券价格的准确性，也会降低市场的流动性。流动性的减少可能是欺诈型操纵所带来的更为严重的社会不利影响。特别是，若导致市场中关于某证券谣言蔓延的原因是虚假陈述，则证券发行人可能很快就会辟谣，真相很快会浮出水面。此时欺诈型操纵所造成的价格扭曲不会严重削弱股价对实体经济的引导作用，而欺诈型操纵所导致的流动性提供者扩大价差的后果将切实对证券市场的效率造成损害。

从市场公平的角度而言，欺诈型操纵者通过虚假的手段欺诈其他市场参与者，也是证券法应禁止的行为。行为人通过虚假信息或虚假交易向市场释放关于证券价值的不真实信号，使其他市场参与者以为该证券价格是在真实信息或市场真实供求力量之下形成的，对其他市场参与者造成误导，是一种证券欺诈行为。[1]

第三节　交易型操纵

一、以利用表面合法的手段操纵为核心要素

交易型操纵作为操纵市场行为的类型之一，具有操纵市场行为通常具有的特性，即有害性、操纵性、获利可能性及可罚性等。交易型操纵通过损害性交易，损害证券市场的价格准确性和流动性。操纵者由于已经知道证券市场会对某一证券的价格变化作出不对称的反应，或自己有交易之外的经济利益存在，而提前购入或卖空，之后卖出或回补空头，损害证券的价格准确性，使知情交易者和流动性提供者受损。市场对证券不对称的价格反应使操纵者的平均卖价高于平均买价，从而获利，而外部利益保证了操纵者可以从交易本身之外获利。交易型操纵使证券市场中的知情交易者和流动性提供者遭受损失，是对社会不利的行为，应予禁止。而操纵者事先知道市场会有不对称的价格反应，或有外部利益而进行交易，揭示了此行为的违法性，对此行为进行制裁不会抑制其他对社会有利的交易行为，因此交易型操纵具有可罚性。

交易型操纵手段表面上与正常的交易行为没有明显区别，不含有明显的违法手段。不论是在学理上还是在实践中，对于是否应禁止这种交易行为都存在争议。如费舍尔和罗斯就认为这种交

---

[1]　钟维：《欺诈理论与期货市场操纵二元规制体系》，载《清华法学》2021年第3期，第160—178页。

易行为不应禁止，否则可能明显抑制对社会有利的交易。[1]美国的司法实践中对交易型操纵是否应予禁止也持分裂观点。但笔者认为，交易型操纵是应予禁止的交易行为。这是因为交易型操纵除了具有操纵市场行为的本质特征，还有自身的特殊性，即交易型操纵是指行为人以损害性交易为基础所进行的操纵行为，此类交易影响了市场中的流动性和价格准确性，损害了证券市场正常发挥社会功能，所以是应予禁止的交易行为。

二、再类型化之一：公开交易型操纵

（一）以不对称的价格反应为获利途径

从操纵市场行为的特点角度而言，公开交易型操纵自身的特殊之处在于，行为人购买一定数量的证券，推高证券价格，之后在价格下跌幅度小于升高幅度之时卖出，使买卖证券的平均售价高于平均买价。在行为人有合理的理由相信这种不对称的价格反应可以足够大，使交易成本低于交易收益之时，这个交易策略就可以产生正收益。[2]通过公开交易型操纵获利的关键在于在买入证券时对价格产生较大的影响，而在卖出证券时对价格产生较小的影响；或在卖出证券时产生较大的价格影响，而在买入证券时产生较小的价格影响。

　　能够产生正收益的不对称价格反应确实存在，但这种情况的发生概率相对较少。只有能够证明行为人在购买证券时有充分的理由相信会发生这种情况，法律才应对其进行惩罚。若无法提供此证据却课以制裁，则很可能抑制那些看起来相似却对社会有利

---

　　[1]　Fischel, Daniel R. and Ross, David J., "Should the Law Prohibit 'Manipulation' in Financial Markets?" *Harvard Law Review*, Vol. 105, pp. 517-518 (1991).

　　[2]　即法兰克林·艾伦和道格拉斯·盖尔文中所称的"以交易为基础的操纵"（trade-based manipulation）。See Allen, Franklin and Gale, Douglas, "Stock-Price Manipulation", *The Review of Financial Studies*, Vol. 5, p. 505 (1992).

的买进后卖出行为。尤其是在行为发生后，以外部观察者的身份对某一已经发生的交易策略进行评估，更容易将正常的交易行为误认为操纵市场行为。最明显的例子莫过于以价值为基础的知情交易——当一个交易者通过自己的分析，比某一股票当时的市场价格更准确地估计了此股票的价值，因此他买入股票；当市场价格达到他的估计价格时而卖出股票，这种以评估股票的价值为基础进行的交易即为知情交易。此类交易对社会有利，因为这类交易会不断调整股票的价格，使其反映此股票真正的价值。

但在表现形式上，这类知情交易与公开交易型操纵极为相似，都是买进后等待证券价格上升后卖出的行为。相比而言，交易型操纵的不同之处在于，行为人在交易之前有充分的理由相信市场会对他的买进卖出行为产生不对称的价格反应。因此，他不是基于对证券价值的分析后进行买进卖出的，而是基于操纵的意图进行买进卖出，这类交易至少是一种试图操纵市场行为，会使知情交易者与流动性提供者都蒙受损失，损害证券市场的效率和公平。因此，法律应在对社会有害的操纵市场行为与对社会有利的知情交易行为之间划出明确的界限，只制裁对社会有害的操纵市场行为，这样才能维护证券市场的效率和公平。而证明行为人在交易之前有充分的理由相信不对称价格反应会发生，是区分企图公开交易型操纵与正常交易行为的标准。

一个典型的公开交易型操纵的例子是关于浮动价格可转债的卖空行为。皮埃尔·希利恩（Pierre Hillion）和西奥·维尔马伦（Theo Vermaelen）研究了美国 1994 年到 1998 年 261 家公司发行的467 支浮动价格可转债。[1] 对于这种可转债的持有人而言，公司

---

[1] Hillion, Pierre and Vermaelen, Theo, "Death Spiral Convertibles", *Journal of Financial Economics*, Vol. 71, p. 381 (2004).

未来股票的价格是不重要的，因为转换时股票总价等于可转债的面值。具体而言，假设可转债的面值是 100 美元，转换时公司的股价是 10 美元，可转债的持有人转换时就可以得到 100/10＝10 股公司股票，每股价格 10 美元，因此总价是 100 美元；如果公司股价是 5 美元，可转债就可转换为 100/5＝20 股，每股 5 美元总价也为 100 美元。若这种可转换债券持有人在转换前进行大额卖空，则会获得大额收益。因为随着可转债持有人的卖空，公司的股价会降低，所以总体卖价是卖空行为开始到卖空行为结束的平均价格。但是，持有人基于股价降低后的价格得到公司的股票，他们可以用从公司转换的股票回补空头。虽然这看起来像外部利益型操纵，但实际上这是一个公开交易型操纵。可转债持有人在抛空股票的时候对公司股价产生了巨大影响。而空头的回补则是可转债转换而来的股票。因此操纵者的反向交易没有对证券价格产生任何影响——这是一个极致的不对称价格反应。

　　另一个公开交易型操纵的例子是高频交易者的操纵性行为。亚当·D. 克拉克-约瑟夫（Adam D. Clark-Joseph）的研究为 E-Mini S&P 500 期货合约市场中的公开交易型操纵提供了间接证据。[1] 公开交易型操纵成功的关键是在买入证券时对价格产生较大影响，而在卖出证券时对价格产生较小影响。克拉克-约瑟夫对美国商品期货交易委员会（Commodity Futures Trading Commission, CFTC）的交易数据进行分析后发现，有 8 个高频交易者（high-frequency traders, HFTs）在一系列小额的订单中亏损，而这同一批人也经常从一系列大额订单中取得大额收益。克拉克-约瑟夫认为，这些小额订单是试探性的，高频交易者设计并施行这些小额订单的目的是

〔1〕 Clark-Joseph, Adam D., "Exploratory Trading（Working Paper, 2013）", available at http://www.nanex.net/aqck2/4136/exploratorytrading.pdf（http://perma.cc/TFH4—VQE8）, last visited on 2022-3-12.

测试买盘或卖盘的订单簿是否"单薄"。某一侧的订单簿单薄是指以最高报价为成交价格的股票数量相对较少，并且在可见订单需要执行的时候无法马上补足。在这种情况下，执行此侧的大额订单会导致股票价格的大幅变动。如果高频交易者通过试探性交易得知报价侧的订单簿较为单薄，他可以通过大额买入订单抬高股价。且此高频交易者通常有能力预测到是否会有大额的买入订单进入市场，他便可以在抬高股价后很快出手自己的股票而不会导致类似幅度的股价下跌。

高频交易者的算法如下：①判断是否很快会有大额买入或卖出订单；②如果能探测到大额买入（卖出）订单，发出小额订单试探报价（出价）侧订单簿是否单薄；③如果报价（出价）侧订单簿不单薄，则停止；④如果报价（出价）侧订单簿单薄，则大额买入（卖出）；⑤向预测到的买入（卖出）订单卖出（买入）。[1]通过此类算法，高频交易者可以很容易地预测到市场对某一证券是否会产生不对称的价格反应，从而获利。这也是公开交易型操纵的一个典型例子。总之，公开交易型操纵行为人主要是通过市场不对称的价格反应而获利。

（二）违法性根源：对市场效率与公平的损害

公开交易型操纵的违法性根源在于其对证券市场的损害，主要是对市场流动性的损害。作为一种交易型操纵，其对价格准确性的损害程度取决于价格纠正机制发挥作用的速度。具体而言，公开交易型操纵是交易型操纵的一种，若长期放任此项交易实践的发生，则证券市场状况分析如下：公开交易型操纵获利的前提是操纵者知道市场会对其交易产生不对称的价格反应，而能够知

---

〔1〕 王天龙：《市场操纵犯罪与抢先交易行为的本质探讨——以高频撤单为视角》，载《商丘职业技术学院学报》2021年第6期，第11—16页。

道这一点的前提是他投入了必要的一般性资源和特殊性资源。一般性资源主要是指关于设备、组织以及金融性的资产，这种投入在经济运行的其他方面也可以用到。特殊性资源是指拥有特定能力和技术的关键人才，对这种市场条件的存在进行预测，并且在此基础上进行交易的能力。若一般性投入和特殊性投入的总和小于成功预测和交易后的预期利润，行为人就会积极进行此项交易实践。

1. 损害市场效率

从市场效率的角度而言，公开交易型操纵带来的只有负面影响。这种交易行为消耗了本可以在经济运行的其他方面发挥作用的资源，并对价格准确性和流动性产生负面影响。

一是价格准确性。在没有公开交易型操纵的情况下，市场价格可以反映与发行人未来现金流相关的大量信息。公开交易型操纵使证券的价格偏离原来的价格，持续的时间或短或长，从而降低了价格的准确性。从本质上讲，公开交易型操纵相当于一种信息污染物，使证券的价格成为其实际价值的噪音信号。然而，虽然很多学者都意识到这种交易行为所导致的价格准确性降低的负面影响，但本质上这种负面影响可能很小。因为准确的价格使经济受益的方式是：首先，引导市场将资本分配给最有潜力的投资项目；其次，为管理层释放优化投资决策的信号，提高经济现有生产力的利用效率；最后，向股东反映管理层决策的质量。公开交易型操纵确实会导致非常短期的价格扭曲，但不会严重削弱价格在以这些方式引导实体经济方面所发挥的作用。

然而，如果导致价格恢复正常的市场纠正机制都没有发生，价格可能会在相当长的一段时间内非常不准确。在这种情况下，公开交易型操纵将导致长期的价格不准确性，引起市场的效率降低。

二是流动性。放任公开交易型操纵对证券的流动性具有明显长期、持续的负面影响，因为流动性提供者为保护自己免受输给此类操纵者时的损失，并且免受在价格纠正的过程中再次可能发生的损失，需要扩大买卖价差，减少订单簿的厚度，导致证券流动性降低，流动性的减少会降低社会福利。随着时间的推移，低流动性会导致资源分配不当和风险分配不当，无法发生对社会有益的交易，使投资者的投资组合欠佳、风险更高，推高公司的筹资成本。且流动性的降低也会提高基于证券价值进行知情交易的成本，降低他们寻找新信息进行交易的动力，从长期来看也会导致证券价格准确性的降低。[1] 总之，从市场微观结构理论角度而言，公开交易型操纵对证券市场所产生的主要损害是对流动性的损害，对价格准确性的损害程度取决于价格纠正机制发挥作用的速度。

2. 损害市场公平

公开交易型操纵实践对市场主体会产生一系列影响。公开交易型操纵者预期他的行为会产生正的交易利润，因为他可以准确预测何时市场会发生不对称的价格反应。这种业务活动发生在公开竞争的环境中，因此，一般性投入的供应者所获得的市场回报与将此投入用于其他业务所获得的市场回报相当。是否禁止公开交易型操纵对他们的财产状况没有影响。而对于拥有特殊技能的人而言，若公开交易型操纵被禁止，他们将不得不从事其他不太对口的业务，工作效率可能降低。而若放任公开交易型操纵，他们的财产地位将得到提升。

对于流动性提供者而言，正如前文的类似分析，流动性提供者在与公开交易型操纵者的交易中将受损，因为从操纵者手中购买的平均价格高于向他们初始销售的价格。[2] 流动性提供者将在

---

〔1〕 Fox, Merritt B. , Glosten, Lawrence R. and Rauterberg, Gabriel V. , "Stock Market Manipulation and Its Regulation", *Yale Journal on Regulation*, Vol. 35, p. 102 (2018).

〔2〕 Fox, Merritt B. , Glosten, Lawrence R. and Rauterberg, Gabriel V. , "Stock Market Manipulation and Its Regulation", *Yale Journal on Regulation*, Vol. 35, p. 98 (2018).

基于发行人公告的交易或反噪音交易中经历第二次受损，因为这些交易会使价格回到没有被操纵扰乱的水平。然而，所有这些损失都会由流动性提供者转嫁给市场上的其他交易者。流动性提供者在与不知情交易者的交易中获利，每次向不知情交易者出售之时赚取价差的一半，而从不知情交易者处购买之时又赚取价差的一半。为了在竞争激烈的市场中生存，流动性提供者设定的出价和报价，必须平衡这些损失和收益。如果其价差太大，则不会吸引订单，会被其他流动性提供者抢走生意。如果其价差太小，又将获得低于市场的回报，从长远来看将无法生存。

尽管流动性提供者转嫁了这些损失，但公开交易型操纵的存在仍然会对与流动性供应业务相关的某些人的财产状况产生负面影响。这是因为，流动性提供者的交易损失通过买价与卖价之间更大的价差来转嫁。这种更大的价差增加了交易成本，意味着交易量的减少。更少的交易意味着更少的对流动性供应业务的投入。无论流动性供应业务的多寡，一般性投入的供应者都将获得相同的市场回报，而那些针对流动性供应业务具有特别能力和技能的人，将获得更少的回报，因此他们的财产状况将受到公开交易型操纵行为的负面影响。

对于不知情交易者而言，公开交易型操纵对其产生的影响是，在随着时间的推移进行的买卖周期中，不知情交易者需要支付增长的价差。并且他们只能在最高报价时购买，以最低出价出售。当发行人和初始投资者进行首次公开募股时，他们所发行的股票将被打折，以弥补在二级市场上的每次后续买卖都必须支付价差的成本。因此，如果没有公开交易型操纵对价差的扩大影响，发行人和原始投资者获得的融资会更多。只要公司能够保持长期存在，这种折扣就会一直保持在同一水平。对于买卖频率低于平均水平的不知情投资者来说，这种折扣使购买变得划算，因此在放任公开交易型操纵的情况下，此类不知情交易者是赢家。而对于那些比平均水平更频繁地进行买卖交易的人，因重复支付价差而受到的损失会大于发行时的折扣，在放任公开交易型操纵的市场条件下，会受到损失。

对于知情交易者而言，像不知情交易者一样，他们也需要额外支付因公开交易型操纵者的行为而导致的扩大的价差。这种额外的成本会对知情交易者开展知情交易产生负面影响，如导致进行知情交易所需要资源投入的减少，导致特殊性资源供应者的财产减少等。这种对价差的额外支付最可能影响的是基于证券的价值进行的知情交易。这是因为，基于价值进行交易的知情交易者需要花费成本搜集信息而进行交易，额外支付的价差意味着他们的交易利润会降低，因此他们搜集信息的动力也会减弱。而基于发行人或非发行人的内幕信息进行交易的知情交易者则不同，他们不是基于搜集信息花费的成本，而是基于内幕人因职务而接触到的信息。此类知情交易者对额外价差的敏感度低于那些基于证券价值进行交易的知情交易者。

但恰恰基于证券价值进行的知情交易是对社会有利的，若此类知情交易的水平下降，会对证券市场产生不利影响。因为基于证券价值进行的交易有利于提高证券价格的准确性，且进行此类交易的社会收益大于社会成本。总之，虽然所有的知情交易都会因公开交易型操纵所导致的价差增加而减少，但基于证券价值的知情交易会比内幕交易的减少更为显著，且因前一种知情交易的减少而导致的社会不利影响更可能大于因后一种知情交易的减少而导致的有利影响。此外，对于反噪音交易者而言，公开交易型操纵将增加反噪音交易，从而提高该交易活动的资源投入水平，对此类特殊性资源的供应者产生正的财产影响。

基于对放任公开交易型操纵的市场情况进行分析，可以发现，放任公开交易型操纵不会影响不知情交易者的财产状况，因为当他们买入或卖出证券时，都可能因公开交易型操纵的影响而受益或受损。这可能会增加他们交易的风险，但这种风险通常可以通过持有多元化的投资组合来消除。他们需要支付额外的价差，但平均而言，由于发行时的折扣增加，他们的额外支付可以通过购买证券时降低的成本获得弥补，尤其是购买固定预期回报的证券。

但增加买卖价差将导致更少的资源被引入流动性供应业务和基于证券价值的知情交易业务，从而对相应特殊性投入供应者的财产状况产生不利影响。而可能盈利的市场情况又会将资源引向公开交易型操纵业务和抗噪音交易业务，从而对此二者相应特殊性投入供应者的财产状况产生有利影响。然而，在资源特定的情况下，将投入某两种交易业务的资源引向投入另外两种交易业务并不会导致公平问题。归根结底更值得考虑的是公开交易型操纵所带来的对证券市场资源配置的效率产生的影响。

三、再类型化之二：外部利益型操纵

（一）以外部利益为获利途径

外部利益型操纵是指行为人在某一证券的价格中有经济利益，此利益独立于他在公开市场中通过买卖价差获得的利益，因此称为"外部利益"。换言之，在外部利益驱动市场操纵下，行为人的主要获利方式并不直接来自证券价格的涨跌。[1]一个典型的例子是董事的薪酬激励计划。在某一特定时间，若公司的股票价格达到规定的水平，则给予董事薪酬奖励。在此特定时间之前，行为人购买一定数量的股票，从而推高股票价格，使之达到规定的价

---

〔1〕　张超、甘培忠：《市场操纵的规范解构和分析框架维度构建》，载《暨南学报（哲学社会科学版）》2019 年第 9 期，第 59 页。

格水平，因而从董事薪酬激励计划中获得经济利益。一旦过了此特定时间，他很可能会卖掉之前购买的用于推高股价的股票，因为这是他当时购买此股票的唯一原因。而在获得薪酬奖励之后，他的目的已经达到，持有此股票已经没有意义，因此将之卖出。与公开交易型操纵不同的是，在外部利益型操纵中，行为人不需要预测市场是否会达到以下条件：市场会发生不对称的价格反应，且这种不对称的幅度大到可以覆盖交易成本。而只需要外部利益比交易成本高，行为人即可获得收益。对于大额的外部利益而言，这是一个很容易达到的条件。

当存在外部利益的行为人恰恰在证券的价格决定此利益之前购买了股票，应视为实施了外部利益型操纵而受到处罚。对这种交易策略进行处罚一般不会导致对社会有利的交易受到抑制，因为交易人恰恰在这种特定时间之前购买股票，目的极大概率是获得此外部利益，极不可能是因为除此以外的其他原因。这也为证明外部利益型操纵的操纵意图提供了认定思路。

（二）违法性根源：合同成本的增加

在外部利益型操纵中，行为人采取的也是表面合法的交易行为。例如，在前文中利用董事薪酬计划的外部利益型操纵中，行为人所进行的是在证券市场中买卖股票的行为，表面看来并没有不当性。行为人也不像在公开交易型操纵中那样利用市场不对称的价格反应获利。但是，在市场效率方面，外部利益型操纵稍有不同，在本质上，外部利益型操纵是通过与证券价格相关的外部利益而获利，但其在证券市场中的交易是真实的交易，这一交易的作用与不知情交易类似。行为人并不是基于对证券价值的信息而进行交易，其交易是为了证券价值之外的其他目的，如投资组合的调整、储蓄与投资之间的转换，甚至只是为了赌博娱乐。因此，该类交易像其他的不知情交易一样，在价格准确性方面不会对证券市场产生较大的负面影响，不会增加或提高证券的价格准确性。在流动性方面会增加市场中的交易，从而在一定程度上提高市场的流动性。

除了对直接交易对手方的影响，这种外部利益型操纵对其他市场参与者的财富转移几乎没有影响。由于不存在可预测的不对称价格反应，专业的流动性提供者不会因这种操纵而遭受预期的损失。事实上，这种交易本质上是一种不知情交易，还给流动性提供者带来了额外的生意。因此，即使这种操纵不时发生，也不会导致流动性提供者扩大其价差并降低股票交易的流动性。在证券的价格因外部利益型操纵而扭曲期间，若投资者碰巧与操纵者在同一方向交易，则不知情交易者和知情交易者将受到亏损，但与之在相反方向交易的人将获得相同数量的利润，因此从事前的视角而言，这种行为对不知情交易者或知情交易者的财富状况没有影响，不会导致不公平的财富移转。总之，对于外部利益型操纵，除了对引起外部利益安排的直接对手方有影响，对其他市场参与者几乎不会产生负面影响。

若法律对外部利益型操纵不予制裁，也不会影响市场的流动性，因为流动性提供者不需要扩大买卖价差以抵销与这样的操纵者进行交易的风险。虽然外部利益型操纵会导致证券价格的暂时扭曲，但是就像公开交易型操纵一样，这类暂时性证券定价的不准确不会严重削弱股价对实体经济的引导作用。总体而言，外部利益型操纵对于市场效率的损害不大，其真正的违法性根源在于对其直接对手方的不公平性。在董事薪酬计划的外部利益型操纵中，行为人的违法性根源在于其对所任职上市公司的不公平。董事所任职的上市公司之所以会与该董事签订董事薪酬计划，是为了激励该董事提高本公司的经营业绩。但该董事操纵股价，通过买入本公司股票推高该股价达到公司期待的标准，而非通过尽心的管理提高公司的经营业绩，这实质上是一种合同欺诈行为。上市公司在董事薪酬计划中的合理期待是股价能够反映董事的管理水平，而董事却通过操纵来推高股价，这种行为与对合同相对方的欺诈没有本质上的区别。行为人在证券市场中虽然没有进行不当行为，但其欺诈了外部利益合同中的对手方，也是应予禁止的操纵市场行为。

有人也许认为这种欺诈通过合同法规制已经足够，不需证券法将其归为操纵市场行为进行规制。但是，正如内幕交易的违法性根源在于对信义义务或信任关系的违反，即使是通过合同建立的信任关系，也可通过证券法予以规制。因为操纵市场或内幕交易都利用了证券市场，都是在证券市场的特殊环境下发生的欺诈，受到证券法的特殊规制也是情理之中的。

第四章

欺诈型操纵的认定研究

第一节 "欺诈"的界定

一、传统欺诈理论中的"欺诈"

欺诈理论是最早出现的用于解释操纵市场违法性的理论。资本市场领先发展的优势使英国最先面临什么是操纵市场的问题，英国法官遵循经典的欺诈理论，在判例中认为操纵市场是在证券市场等特定空间内实施的欺诈行为，从而将操纵市场纳入普通法的欺诈范畴。普通法的欺诈范畴与大陆法的诈骗概念相近，要求行为人有非法侵占他人财物的故意，并且在客观上实施了虚构事实、隐瞒真相等行为，使对方陷入错误认识进而主动交付财物、转移财物，二者在概念上类似。

例如在著名的"贝朗格"案（Rex. v. De Berenger）中，行为人编造拿破仑去世的虚假信息，使伦敦证券市场股价暴涨，行为人得以卖出股票获得巨大利益。法院认为行为人的行为侵犯了公众在"自然而不受不当影响"的市场中进行证券交易的权利。[1] 而国家有权在公众的这一权益受到侵犯时予以介入，保护公众不受操纵市场行为的影响，由此开启了法院通过个案审理打击操纵市场行为的先例。在随后的"斯科特诉布朗"案（Scott v. Brown）中，法院认为行为人在证券市场中进行虚假交易的唯一目的是通过虚构的市场需求来误导其他市场参与者进行交易，行为人通过欺诈行为，以其他市场参与者的损失为代价而获利，因此将虚假交易操纵归入欺诈的范畴。[2] 随后，美国也沿着英国普通法的路径，将大量判例归入欺诈的范畴。根据欺诈理论，行为人通过虚构市场需求，诱使投资者陷于错误认识，并基于该错误认识而作出交易决策，最终遭受损失，而行为人却借此获利，由此，欺诈理论闭合了行为人的操纵行为与投资者损失之间的逻辑链条，成为欺诈型操纵责任的法理基础。

但普通法中的欺诈理论也有其明显的缺陷，难以契合资本市场交易的特殊性。欺诈理论的逻辑链条为：欺诈行为使被欺诈人陷入错误认识，被欺诈人基于错误认识主动转移财产而受损，结果是行为人获利。欺诈理论源于具有直接交易关系的一对一交易，适用的交易具有个别性、封闭性特征，欺诈行为直接指向特定、具体的交易对象。如外部利益型操纵中，若行为人事先存在一对一的外部合同，该合同的相对人若受到欺诈，用此理论解释就颇为合适。因为外部合同只是行为人与其合同相对人之间的交易，而行为人在公开市场进行交易的目的是影响外部合同中的估价指

---

〔1〕 〔美〕路易斯·罗思，乔尔·赛里格曼：《美国证券监管法基础》，张路等译，法律出版社 2008 年版，第 810 页。

〔2〕 Scott v. Brown, Doering, McNab & Co., (1892) 2 Q. B. 724, 734.

标，所以构成了对外部合同交易相对人的欺诈，而非对公开市场中其他市场参与者的欺诈。但在公开交易型操纵或欺诈型操纵中，行为人是在资本市场中以集合竞价的方式撮合交易，并没有特定的交易相对人。行为人与其交易对象并不直接相对，无法直接实施欺诈行为。在资本市场中的交易具有间接性、整体性和开放性特征，并非直接、个别及封闭的点对点交易，操纵行为并未指向具体特定的交易对象，并不符合欺诈的行为要件。因此，传统欺诈理论与证券欺诈有一定的错位，无法完美解释操纵市场理论。

尤其在美国的判例法实践中，在 1988 年，美国联邦最高法院认为洗售操纵的本质并非行为人对事实的虚假陈述，而是误导整个市场对某股票价值的判断。[1]学界亦有观点认为操纵市场虽然具有欺诈性，但有别于基于对客观事实进行虚假陈述的事实性欺诈。[2]对操纵市场本质的理论解释有缺陷，导致立法也出现混乱。例如，美国 1934 年《证券交易法》第 9（a）条意图摆脱普通法欺诈的烙印，规定了证券价格操纵（manipulation of security price），与第 10（a）条中的"操纵与欺骗性手段"（manipulation and deceptive devices）及第 10（b）条中的"欺骗性与操纵性行为"（deceptive and manipulative acts）相对，造成了法律适用的混淆，带有欺诈痕迹的同时又未能界分其与价格操纵的差异。此外，美国《商品交易法》中也以欺诈（defraud）界定期货操纵市场行为，学界也有观点认为操纵市场行为的核心基础就是欺诈。[3]

---

〔1〕 陈建旭：《证券犯罪之规范理论与界限》，法律出版社 2006 年版，第 9 页。

〔2〕 田宏杰：《操纵证券市场行为的本质及其构成要素》，载《国家行政学院学报》2013 年第 3 期，第 72—77 页。

〔3〕 殷晓峰、牛广济：《中美资本市场反操纵监管比较及启示》，载《证券市场导报》2014 年第 4 期，第 65—70 页；刘畅：《美国 CFTC 防范商品期货市场操纵行为的做法与启示》，载《时代金融》2017 年第 14 期，第 660 页。

二、欺诈市场理论中的"欺诈"

欺诈理论衍生于"点对点"的交易实践，难以与证券市场"面对面"的交易机制完全契合，因此有人提出了"欺诈市场理论"，试图将欺诈理论与资本市场的交易机制相融合。欺诈市场理论也是在判例中逐步发展出来的，有自身的判例法基础。例如，英国法院在1876年的"阿斯皮纳尔"案（R. v. Aspinall）中，被告公司通过虚假陈述诱导投资者大规模买入该公司证券，法院认为即使投资者受到欺诈的直接证据缺失也可认定该行为为欺诈行为，公开且自由的证券交易市场整体受到欺诈就可认定为投资者受损的事实基础。此案首次在法律层面提出了欺诈市场的概念。尽管此案适用的是虚假陈述证券欺诈案件，但同理，即使操纵行为并未直接指向具体投资者，只要能够认定证券市场整体受到操纵行为的影响，就可以认定投资者受损与操纵行为之间的因果关系。[1]

与传统直接、个别、确定、"点对点"的欺诈理论适用范围不同，资本市场中的交易是间接、整体、不确定、"面对面"的交易机制，交易速度快、规模大、对象不特定，且证券价格有极高的信息敏感性，价格形成机制复杂，影响投资者决策的因素很多，因而确定价格波动或投资者进行决策的具体原因极为困难，由此出现因难以证明虚假陈述与投资者损失之间因果关系而无法追究行为人责任的困境。因此，欺诈市场理论提出"有效市场"假设，将市场抽象为自我有效运行的机体，认为投资者是基于对市场中信息真实性与价格准确性的信任作出自己的投资决策，虽然行为人的虚假陈述并未直接针对特定投资者，但其行为破坏了市场整体的

---

[1] R. v. Aspinall (1876) 2 Q. B. D. 48, 66.

信息真实性，欺诈了整体交易市场，进而间接欺诈了信任市场信息真实性的其他投资者，以此解决虚假陈述案件的因果关系认定困境。

之后将欺诈市场理论引用于操纵市场案件也是如此。虽然操纵行为并未直接指向某个投资者，但破坏了市场中基于自然供求关系形成的价格准确性，或向市场中注入了关于价格的不真实信息，辜负了其他投资者对市场的信任。由此借助市场信息的传递机制或价格的形成机制间接作用于其他投资者的交易决策，欺诈了因信任市场而作出决策的投资者。[1]这是欺诈市场理论中对"欺诈"的界定。

三、操纵市场中的"欺诈"

"欺诈"一词有着广泛的含义，证券法的历史就是与欺诈行为作斗争的历史。我国《证券法》第 5 条规定禁止欺诈、内幕交易和操纵证券市场的行为。此处的欺诈与内幕交易及操纵证券市场行为相并列，很有可能仅指虚假陈述这类欺诈行为，欺诈含义范围较小。但在美国证券法中，通常而言，反欺诈条款是一个包罗万象的条款，适用范围非常广泛。[2]反欺诈条款不仅禁止虚假陈述等欺诈市场的行为，还包括操纵市场等表现形式。因此，有人认为操纵市场的规范基础是欺诈，若无法证明一个行为是欺诈市场的行为，则不应认定其构成操纵市场。

例如，公开交易型操纵对证券市场的损害是制造人为价格，因此，有人将之解释为，市场参与者的合理期待是证券的价格是由真实的供求力量形成的，并未受到人为干扰，行为人创造人为

---

〔1〕　谢杰：《操纵资本市场犯罪刑法规制研究》，上海人民出版社 2013 年版，第50 页。

〔2〕　施天涛、周伦军主编：《美国证券欺诈经典案例：内幕交易与虚假陈述》，法律出版社 2015 年版，第 2 页。

价格对其他市场参与者而言是一种误导，构成欺诈。对于外部利益型操纵，为了符合欺诈的规范基础，又有人将其解释为行为人进行公开交易是为了改变金融基准或其他金融工具的价格，从而使其外部合同中的估价指标失去客观性，是对外部合同交易对手方的欺诈。对于欺诈型操纵，由于行为模式本身不当，违法性明显，如向市场释放虚假信息、进行虚伪性交易等，也构成欺诈。总之，操纵市场行为是建立在欺诈的基础之上的。

但笔者认为，该类观点有待商榷。美国证券法学界或司法界对操纵市场行为的这种认知是有其历史原因的，由于美国证券法中关于交易型操纵的认定标准过高、适用范围过窄，执法机构甚至只在一个案子中成功起诉了操纵人。因而私人原告或执法机构另辟蹊径，利用反欺诈条款作为起诉操纵人的规范基础。反欺诈条款中确实也禁止"操纵性"手段，因此，从证明操纵故意的欺诈角度出发对操纵人课以责任，反而更易成功。而中国证券法中并没有类似的统合式反欺诈条款，也没有必须将操纵市场行为建立在欺诈基础之上的必要，因此，从操纵市场行为的认定角度，没有必要将所有类型的操纵市场行为都解释为一种欺诈行为。具体而言，每一类操纵市场行为都有其自身的规范基础、违法性根源、认定思路和证明标准，没有必要将之束缚在一个模式下予以规定，类型化的认定规则建构反而更清晰且更具可操作性。

例如，公开交易型操纵的违法性在于其对证券市场造成的损害，即创造人为价格本身就足以损害市场效率及公平，构成制裁的法理基础，而不必再将之解释为一种欺诈从而证明特定的诈欺故意，只要行为人有意为之，并非疏忽或偶然，就是应予制裁的违法行为。又如，外部利益型操纵的违法性基础在于其对外部合同相对人的欺诈，这是一种一对一的具体欺诈，与欺诈市场的概念并不完全一样，甚至可以认为是一个合同问题，没有必要解释为一种欺诈行为。再到本节的欺诈型操纵认定问题，此处的"欺诈"是一种典型的欺诈市场行为，即欺诈市场理论中欺诈的经典含义，因此可从行为人的模式、主观状态予以规定，从而对此类行为进行精准打击。

因此，应明确欺诈在不同操纵市场行为中的具体含义，才能为操纵市场执法实践提供有参考价值的规范指引。

第二节　欺诈型操纵的论域

一、欺诈型操纵的表现形式

欺诈型操纵是指以欺骗性手段操纵市场的行为，本质上属于一种证券欺诈。在我国目前的操纵手段中，约定交易、洗售操纵、虚假申报操纵、蛊惑交易操纵和抢帽子交易操纵都属于欺诈型操纵，与交易型操纵不同，在这些操纵手段中都存在明显的不当行为。其中，约定交易操纵、洗售操纵和虚假申报操纵都是利用具有欺骗性、误导性、虚假性的交易，制造证券交易活跃的假象，以操纵证券市场。而蛊惑交易操纵与抢帽子交易操纵是利用信息对证券市场的影响，欺诈其他投资者进行操纵，这两种操纵行为不仅涉及交易手段，还涉及向市场中释放信息。

在蛊惑交易操纵中，行为人利用虚假或不确定的重大信息，诱导投资者进行交易。蛊惑交易操纵的行为主体基本没有限制，行为的目的是诱导其他投资者进行交易。行为模式是利用虚假或不确定的重大信息，因而该操纵行为中的信息内容并非真实、准确、完整的信息，而是具有虚假性或不确定性的重大信息。在抢帽子交易操纵中，行为人先进行证券交易，再对证券、发行人公开作出评价、预测或投资建议，之后向有利于自己获利的方向进行交易。行为人所释放的关于证券价格的信息实际上与自己的先前交易存在利益冲突，但投资者无法知晓这种利益冲突，本质上也是一种欺诈市场中其他投资者的行为。由于蛊惑交易操纵与抢帽子交易操纵都涉及向市场中释放信息，可能与利用信息优势连续交易操纵、虚假陈述，编造、传播虚假信息扰乱证券市场等行为竞合或混淆，笔者将在文中予以重点分析。

二、欺诈型操纵与信息型操纵之辨

（一）欺诈型操纵与信息型操纵的范围差异

在对操纵市场行为进行的研究中，有学者提出了信息型操纵的概念，下面对信息型操纵与欺诈型操纵的范围进行分析。[1]对于信息型操纵的范围，学界并无统一的观点。例如，高海涛认为信息型操纵是与交易型操纵相对应的概念。[2]交易型操纵是指利用资金、持股或技术优势进行欺诈性的证券买卖。信息型操纵是指凭借对证券市场价格具有重要影响信息的"话语权"优势，不正当影响潜在投资者交易决策而操纵证券市场的行为。从二者的定义来看，信息型操纵与交易型操纵的区别主要是操纵证券市场的中介不同，信息型操纵通过释放信息影响证券市场，而交易型操纵通过交易相关的要素影响证券市场。但该学者认为，信息型操纵与交易型操纵并非操纵市场行为的两大逻辑周延的基础性分类，随着高频交易技术和金融衍生品市场的发展，操纵市场行为类型中的行为型分类基本消失，而技术优势性操纵和跨市场操纵

---

〔1〕 缪因知：《信息型操纵市场行为执法标准研究》，载《清华法学》2019 年第 6 期，第 159—176 页；程红星、王超：《美国期货市场操纵行为认定研究》，载《期货及衍生品法律评论》2018 年，第 83 页。

〔2〕 高海涛：《试论信息型操纵的违法性及防控对策》，载《证券法苑》2017 年第 4 期。

等类型出现。[1]

　　该学者认为，与交易型操纵相对的信息型操纵是广义的信息型操纵，包括利用信息优势连续交易型操纵、蛊惑交易操纵与抢帽子交易操纵。而狭义的信息型操纵仅指"上市公司董事、监事、高级管理人员或控股股东、实际控制人等通过控制上市公司信息披露事项，操纵证券交易价量等形式，但非传统抢帽子交易和蛊惑交易的操纵行为"。[2]该学者所称的狭义的信息型操纵与利用信息优势连续交易操纵的概念范围基本一致。此外，也有学者认为信息型操纵包括蛊惑交易操纵与抢帽子交易操纵两种表现形式，因为二者都是涉及信息的欺诈型操纵。[3]因此，在范围上，信息型操纵与欺诈型操纵不完全一致。

　　此外，也有学者认为，信息型操纵可分为两类，分别是"利用信息优势进行的连续交易操纵"以及"编造传播虚假信息型操纵"。[4]该学者将这两种行为归为信息型操纵的理由主要有三点，一是二者皆与信息有关，二是证监会在执法中明确提及二者，三是与我国2014年《证券法》第77条与第78条相对应。同时该学者也提到其"不自动赞同"信息型操纵是一种逻辑自洽的合理分类，该分类只是从执法现状出发，对涉及执法范畴的实然状态进行评估，从而为全面反思证券欺诈执法原理和适当性提供理论准备。

---

　　〔1〕　高海涛：《试论信息型操纵的违法性及防控对策》，载《证券法苑》2017年第4期；Allen, Franklin and Gale, Douglas, "Stock-Price Manipulation", *The Review of Financial Studies*, Vol. 5, p. 505 (1992).

　　〔2〕　高海涛：《试论信息型操纵的违法性及防控对策》，载《证券法苑》2017年第4期。

　　〔3〕　程红星、王超：《美国期货市场操纵行为认定研究》，载《期货及衍生品法律评论》2018年。

　　〔4〕　缪因知：《信息型操纵市场行为执法标准研究》，载《清华法学》2019年第6期，第159—176页。

笔者认为，将利用信息优势型操纵和编造传播虚假信息型操纵归纳为信息型操纵的观点值得商榷。首先，虽然二者皆为涉及信息的操纵市场行为，但其作用于证券市场的机理不同，都称为信息型操纵对实际执法的指导意义有限。信息虽然在利用信息优势型操纵与编造传播虚假信息型操纵中扮演重要角色，但并非二者行为模式违法性的根源和对其规范的基础，因此将二者归为信息型操纵并不能为针对此行为的执法提供很好的理由，而且抢帽子交易操纵本质上也是关于信息的操纵，却又不包含在信息型操纵中，说明该分类标准存在缺陷。

此外，该学者文中的"编造传播虚假信息型操纵"指的是 2014 年《证券法》第 78 条中的编造、传播虚假信息扰乱证券市场的行为。在蛊惑交易操纵未在《证券法》中明确之前，与之类似的行为一般纳入编造传播虚假信息扰乱证券市场予以处罚。[1]但所谓编造传播虚假信息型操纵实际上与现行《证券法》中明确的蛊惑交易操纵并无本质区别。而利用信息优势型操纵与蛊惑交易操纵分属本书中的交易型操纵与欺诈型操纵，二者具有不同的操纵手段、违法性根源与认定标准，都归为信息型操纵的理论与实践意义值得商榷。

其次，证监会执法通报中将编造传播虚假信息型操纵称为信息型操纵并不能成为该行为作为一种理论类型的基础。证监会执法通报中提到："发言人介绍，……从办案实践来看，市场操纵的作案手法也呈现出一些新的变化：……三是信息型操纵案件值得关注。有的操纵主体故意编造、传播、散布对证券价格有重大影响的虚假信息，误导投资者的投资决策，以此获利。有的上市公司为配合大股东、高管减持等需要，控制信息发布的内容和时机，

---

[1] 高海涛：《试论信息型操纵的违法性及防控对策》，载《证券法苑》2017 年第 4 期。

以所谓'股价维护、市值管理'方式进行信息操纵。"[1]该执法通报只是一次口头的证券新闻或工作动态汇报，没有经过严格的论证与分析，无法成为证券法理论性概念的提出依据。

最后，该学者将编造传播虚假信息型操纵对应于 2014 年《证券法》第 78 条（现行《证券法》第 56 条）属于认识错误。2014年《证券法》第 77 条及第 78 条（现行《证券法》第 55 条及第 56条），有各自的规范对象，不应成为划分信息型操纵的法理基础。现行《证券法》第 55 条规定的是操纵市场行为的认定及其责任，第 56 条规定的是禁止编造、传播虚假信息或者误导性信息，二者适用范围不同，不应一概而论。该观点的提出者也提到，编造传播虚假信息可能并不具有在证券市场获利的主观因素，也不一定通过操纵市场实现其利润，故只能说一部分编造传播虚假信息的行为构成信息型操纵。但实际上，这部分编造传播虚假信息的行为可归于蛊惑交易操纵，其作用机理与认定思路并无明显不同，没有必要将二者单独列明而提出信息型操纵的概念。因此，将现行《证券法》第 55 条与第 56 条归为一类操纵市场行为实属牵强。

对于操纵市场行为的类型化，即本书的研究对象，应根据各类行为作用于证券市场的基本原理、行为人的获利机制及其认定思路的不同，制定不同的认定规则和证明标准，才能使市场参与者有章可循，合理进行证券交易行为，不枉不纵，促进证券市场高效良性发展。

（二）狭义信息型操纵与蛊惑交易操纵之辨

1. 狭义信息型操纵的违法本质

上文中提到，有学者认为狭义的信息型操纵是指利用信息优

---

〔1〕《证监会通报近年来市场操纵案件的执法工作情况》，载 http://www.csrc.gov.cn/csrc/c100211/c1452068/content.shtml，最后访问日期：2025 年 1 月 9 日。

势型操纵。[1]即使将编造传播虚假信息型操纵理解为目前《证券法》中的蛊惑交易操纵，利用信息优势型操纵在本质上也与蛊惑交易操纵不同。蛊惑交易操纵本质上是一种欺诈型操纵，行为人利用虚假信息欺诈市场中的其他投资者，从而获利；但利用信息优势型操纵本质上是一种公开交易型操纵。根据该学者的描述，利用信息优势型操纵主要是指"上市公司为配合大股东、高管减持等需要，控制信息发布的内容和时机，以所谓'股价维护、市值管理'方式进行操纵"。[2]

上市公司持有信息优势本身并无不妥，只要没有违背信息披露的要求，以一定的节奏和时机发布关于自身的信息优势也不违法。即使在有的利用信息优势连续交易操纵案例中，行为人因配合减持的需要，未及时披露信息，导致信息披露瑕疵，也可能未达到信息披露行政处罚的可罚性程度，而无法以信息披露违规进行行政处罚。[3]总之，从行为模式上而言，利用信息优势连续交易操纵的行为人在信息披露、交易的客观行为上均无明显的违法性。在国外证券法中，也很少有将利用信息优势连续交易操纵单

---

〔1〕 高海涛：《试论信息型操纵的违法性及防控对策》，载《证券法苑》2017 年第 4 期。

〔2〕 缪因知：《信息型操纵市场行为执法标准研究》，载《清华法学》2019 年第 6 期，第 163 页。

〔3〕 如在《中国证监会行政处罚决定书［蝶彩资产管理（上海）有限公司、谢风华、阙文彬］》（〔2017〕80 号，2017 年 8 月 10 日发文）中，行为人因利用信息优势连续交易等操纵市场而受到处罚，利用信息优势连续交易操纵主要表现为拖延、未及时公布研发项目情况。而在 2017 年 5 月 12 日〔2017〕20 号结案通知书中，证监会认定发行人恒康医疗于 2013 年 6 月 14 日对其研发项目情况的公告属于信息披露瑕疵，信息披露违法行为轻微，不属于证监会应予处罚的虚假陈述行为，决定对恒康医疗公司不予处罚。（参见程晓鸣、周文平：《首单操纵证券市场民事赔偿支持诉讼案件实践——基于"恒康医疗案"》，载《投资者》2019 年第 4 期，第 134—139 页；杨绍辉与阙文彬、蝶彩资产管理（上海）有限公司证券纠纷一审民事判决书，（2018）川 01 民初 2728 号，2019 年 12 月 27 日审结。）

独规定为一种操纵市场行为表现形式的立法例。[1]

在我国，1993 年国务院颁布的《禁止证券欺诈行为暂行办法》中未规定利用信息优势连续交易操纵证券市场，其中第 8 条第 1 项规定了"通过合谋或者集中资金操纵证券市场价格"，第 2 项规定了"以散布谣言等手段影响证券发行、交易"相关的操纵手段，均未明确提及利用信息优势连续交易操纵。1996 年证监会发布了《关于严禁操纵证券市场行为的通知》，其中提到"禁止任何单位和个人以获取利益或者减少损失为目的，利用其资金、信息等优势操纵市场"。该通知首次提到了信息优势，但未将之与连续交易操纵相结合，也未明确规定其为一种操纵行为。直至 1997 年《刑法》第 182 条和 1998 年《证券法》第 71 条中明确规定，禁止通过单独或合谋，集中资金优势、持股优势或者利用信息优势联合或者连续买卖，操纵证券交易价格，首次将利用信息优势与连续交易相结合，但未明确二者的定义。[2]由此看来，利用信息优势操纵市场在我国证券市场中由来已久，早在 20 世纪 90 年代就以刑法、证券法等基本法的形式固定下来。但其与蛊惑交易操纵、虚假陈述、内幕交易等涉信息证券欺诈行为的区分并未得到深入研究。

例如，在典型的信息型操纵案例"恒康医疗"案中，证监会认定行为人实施了三项信息披露行为：其一，在 2013 年 6 月，恒康医疗发布收购蓬溪医院、资阳医院和德阳医院三家医院的公告；

---

　　[1]　International Organization of Securities Commissions: Investigating and Prosecuting Market Manipulation, Report of the Technical Committee of the International Organization of Securities Commissions, May 2000.

　　[2]　高海涛：《试论信息型操纵的违法性及防控对策》，载《证券法苑》2017 年第 4 期；周正庆、李飞、桂敏杰主编：《新证券法条文解析》，人民法院出版社 2006 年版，第 194 页。

其二，2013 年 6 月 14 日，恒康医疗发布公告称其全资子公司上海独一味和美国 Apexigen 公司等协作研发完成了"DYW101"项目第一阶段的研究工作；其三，2013 年 6 月 24 日，恒康医疗发布公告称独一味牙膏于日前研制完毕。

证监会认为，恒康医疗收购医院的公告未完整、准确披露收购的对价情况。在收购过程中，恒康医疗董事会秘书曾通过电子邮件发送给大股东阙文彬补偿协议，协议显示恒康医疗关联方需向收购项目介绍人刘岳均支付 3000 万元补偿款，但恒康医疗的公告中未予披露。而法院认为，现有证据不足以证明恒康医疗与刘岳均之间已经达成 3000 万元补偿协议，故对于被告对该公告的认定意见不予支持。对于第二则公告，该项目是由美国 Apexigen 公司将细胞株的建立工作出售给上海独一味，称其为"协作研发"存在一定歧义。其成药性研究结果早在 2013 年 4 月就已作出，恒康医疗于 2013 年 6 月 14 日才发布公告，未真实、准确披露"DYW101"项目研发情况。对于第三则公告，独一味牙膏的研发工作早在 2011 年就已完成，2013 年 3 月取得国家专利，2013 年 5 月 28 日已经与苏州清馨公司签订委托生产协议。该公告发布时间与实际研发时间差异较大，未及时披露独一味牙膏研发进展情况，存在人为控制发布时点的异常情形。[1]该三则公告都发生于 2013 年 6 月，且集中于 20 天左右的时间区间内，而大股东阙文彬减持股票的行为发生在 2013 年 7 月 3 日和 4 日，该时间区间具有较强的时间敏感性，与三则公告的发布时间关联较为紧密，也印证了其对市场不对称价格反应的预测性。

利用信息优势型操纵真正的违法性在于"配合大股东、高管

---

〔1〕 蝶彩资产管理（上海）股份有限公司与中国证监会其他一审行政判决书，(2018) 京 01 行初 119 号，2018 年 12 月 20 日审结。

减持的需要"，这种配合机制是认定该操纵行为具有违法性的基础。[1]信息披露瑕疵与交易之间的配合并非巧合，二者在时间轴上具有一致性、关联性与对应性，该配合结果可产生特定的操纵作用力，形成对证券价格走势的合力，可使行为人获得有利的买卖价位。[2]具言之，在利用信息优势型操纵中，上市公司与其大股东、高管实质上可视为一致行动人。即行为人预测到伴随释放出的信息，市场会对其随之的连续交易行为产生不对称的价格反应，是一种为增加减持发行人股票的利润而进行的行为。上市公司的大股东、高管手中已经持有本公司股票，在该交易策略中，其买入该股票的成本可视为零，而卖出股票对市场价格的影响又可以通过控制发行人披露信息的节奏和时机予以控制，使股价不会因其减持行为而过度下降，从而总体上增加减持的利润。

2. 违法本质与信息内容不同

利用信息优势型操纵的行为人获利的原理与公开交易型操纵一致，对之进行认定的原理也相同，即行为人预测到自己可以推高股价上升的幅度、控制股价下降的幅度（或相反），可推定其具有操纵意图，从而认定其行为具有违法性，是应予惩戒的操纵市场行为。对于行为人的预测情况，可从信息披露内容与时点的异常性、违法性予以判断。而蛊惑交易操纵是指"利用虚假或者不确定的重大信息，诱导投资者进行证券交易"。[3]行为人利用信息的虚假性与不确定性，以及诱导其他投资者进行交易的手段本身足以说明其欺诈的违法本质。

---

〔1〕　缪因知：《信息型操纵市场行为执法标准研究》，载《清华法学》2019 年第 6 期，第 170 页。

〔2〕　缪因知：《利用信息优势操纵市场之执法案例解析》，载《金融法苑》2020 年第 1 期，第 146 页。

〔3〕　《证券法》第 55 条第 1 款第 5 项。

利用信息优势型操纵与蛊惑交易操纵的本质区别为掌握信息优势并不违法，如同掌握了资金优势与持股优势一样，只有配合连续交易达到预测市场条件的可能性时，这种信息优势与连续交易的组合才可能构成公开交易型操纵市场行为而给证券市场带来损害。而蛊惑交易操纵是一种欺诈型操纵，其行为模式即具有欺骗性、虚假性，具体体现为行为人利用虚假或不确定的重大信息诱导其他投资者进行交易。虚假或不确定的重大信息本身的欺诈性决定了蛊惑交易操纵区别于利用信息优势型操纵行为。

在蛊惑交易操纵明确之后，甚至自 2018 年证监会认定第一起蛊惑交易操纵执法案例之后，其已经意识到蛊惑交易操纵与利用信息优势型操纵的区别所在。[1]如在"何思模"案中，行为人披露的员工持股计划持有股份数及占总股本比例均与实际情况不符，也未如实披露减持情况，而员工持股计划在利润分配及高转送预案提案预披露公告后的减持情况对投资者决策有重大影响，行为人存在提振股价诱导投资者交易的动机，构成蛊惑交易操纵。当事人申辩认为该操纵手段应认定为利用信息优势型操纵，但证监会认为，在利用信息优势型操纵中，当事人在利用信息优势的同时要有联合或者连续买卖的行为，故在该案中当事人的行为不适用。即证监会正确地认识到利用信息优势型操纵的违法本质在于信息优势与连续交易的配合，单纯的拥有信息优势并不违法，若利用的是虚假或不确定的重大信息则构成蛊惑交易操纵。

从信息内容上而言，蛊惑交易操纵行为人利用的信息具有虚假性或不确定性，且该信息具有重大性，足以影响证券价格，进而诱导其他投资者进行交易，达到行为人操纵的目的。利用信息

[1]《中国证监会行政处罚决定书（何思模）》，〔2018〕36 号，2018 年 5 月 24 日发文。

优势型操纵中行为人只需比其他投资者掌握信息优势，该信息不一定具有重大性，也未必是虚假或不确定的，只要能够使证券价格在一定程度上朝行为人有利的方向移动，即可助行为人在连续交易中获利。

如在"赵坚"案中，行为人早已开始筹划金利华电转型，并发布与产业转型相关的重大事项公告，如收购杭州某传媒广告公司100%的股权、转让公司股权给珠海某投资基金等。赵坚是上述行为的筹划者、参与者和决策者，在上述重大事项公告前后存在连续买卖的行为，构成利用信息优势型操纵。[1]在该案中，上市公司确实进行了相关收购、转让股权等产业升级行为，之后进行公告，并非虚假陈述。上市公司披露的信息具有真实性，并非利用虚假或不确定的重大信息诱导投资者进行交易，因此构成利用信息优势型操纵，而非蛊惑交易操纵。

（三）狭义信息型操纵与涉信息证券欺诈行为之辨

利用信息优势连续交易操纵涉及对信息的利用，与虚假陈述、内幕交易等证券欺诈行为有一定相似之处。

1. 利用信息优势型操纵与虚假陈述之辨

虚假陈述是指信息披露义务人违反法律、行政法规、监管部门制定的规章和规范性文件中关于信息披露的规定，在披露的信息中存在虚假记载、误导性陈述或重大遗漏的行为。[2]虚假记载是指信息披露义务人披露的信息对相关财务数据进行重大不实记载，或者对其他重要信息作出与真实情况不符的描述。误导性陈

---

〔1〕 缪因知：《利用信息优势操纵市场之执法案例解析》，载《金融法苑》2020年第1期，第148页；《中国证监会行政处罚决定书（赵坚、楼金萍、朱攀峰）》，〔2019〕128号，2019年11月18日发文。

〔2〕 《最高人民法院关于审理证券市场虚假陈述侵权民事赔偿案件的若干规定》，法释〔2022〕2号，2022年1月21日发布，第4条。

述是指信息披露义务人披露的信息隐瞒了与之相关的部分重要事实，或者未及时披露相关更正、确认信息，致使已经披露的信息因不完整、不准确而具有误导性。重大遗漏是指信息披露义务人违反关于信息披露的规定，对重大事件或者重要事项等应当披露的信息未予披露。信息披露义务人一般指发行人及其控股股东、实际控制人、董事、监事、高级管理人员等。

利用信息优势型操纵与虚假陈述有一定的相似之处。从主体上而言，掌握上市公司信息优势的主体一般也是其控股股东、实际控制人、董监高等，与虚假陈述的信息披露义务人有一定相似性。从行为表现而言，利用信息优势型操纵往往也表现为一定的信息披露瑕疵，如控制信息披露时点、未及时披露信息等，与虚假陈述中行为人违反信息披露的真实、准确、完整、及时义务有一定相似性。

利用信息优势型操纵与虚假陈述的不同之处在于行为人的目的，利用信息优势型操纵中，行为人的目的是利用其掌握的信息诱导其他投资者进行交易，进而达到操纵市场的目的。而虚假陈述中行为人进行虚假记载、误导性陈述或重大遗漏往往是为了保持与其他投资者的信息不对称，隐瞒发行人的真实经营情况，以达到欺骗其他投资者的目的，二者截然不同。

从行为模式而言，虽然利用信息优势型操纵与虚假陈述都涉及证券市场中的信息，但利用信息优势型操纵往往伴随着连续交易，行为人通过低买高卖而获利，所利用信息只是辅助市场形成不对称的价格反应，进而通过交易获利的一种手段。而虚假陈述中行为人一般不进行交易，只是违反对重大信息的披露义务本身即可构成虚假陈述。

从信息内容方面而言，利用信息优势型操纵中行为人只要达到比其他投资者掌握信息的优势这一程度即可，不要求其掌握重大信息；而虚假陈述中的信息对象必须是重大记载、重要事项、重要事实等。虚假陈述并未扭曲证券市场的供求机制，而是违反了信息披露的真实、准确、完整、及时的原则，对投资者进行欺诈，违背了证券市场的公开原则。但利用信息优势型操纵则控制和影响信息披露的时间和内容，以影响供求关系而扭曲市场的价格形成机制。[1]

在证监会的执法实践中，存在利用信息优势型操纵与虚假陈述的竞合。例如在 2017 年的"鲜言"案中，行为人明知其公司网站尚未运营、公司实际并无 P2P 业务，却仍发布公告披露其公司"多伦股份"名称与业务范围的变化，影响其他投资者的决策，具有虚假性与欺骗性，同时行为人配合该利好信息的发布时点，连续交易本公司股票获利。对于该行为，证监会最终认定其为利用信息优势型操纵。但笔者认为，该行为是蛊惑交易操纵与连续交易操纵的竞合。行为人一方面利用虚假信息诱导投资者进行交易，在该名称与业务变更的误导性信息披露之后，"多伦股份"股价连续六日涨停，涨幅为 77.37%，而同期上证指数涨幅仅为 16.75%，中证互联网金融指数涨幅为 29.58%，构成蛊惑交易操纵。[2]此外，行为人在操纵期间也利用资金优势、持股优势连续买卖"多伦股份"，买入量排名第一的有 93 个交易日，排名居前两名的交易日共计 110 个，排名居前三名的交易日共计 117 个，构成连续交易操纵。

因此，应准确认定利用信息优势型操纵与虚假陈述、蛊惑交易操纵的不同在于所利用信息是否具有虚假性等，虚假陈述与蛊

---

〔1〕　姜沅伯：《信息型操纵与虚假陈述异同》，载《中国金融》2020 年第 15 期，第 69 页。

〔2〕　《中国证监会行政处罚决定书（鲜言）》，〔2017〕29 号，2017 年 3 月 30 日发文。

惑交易操纵的不同在于行为目的与利用信息的方式。只有对欺诈型操纵与相关概念进行准确把握，才可能准确认定欺诈型操纵的范围。

2. 利用信息优势型操纵与内幕交易之辨

除了虚假陈述，利用信息优势型操纵还与内幕交易有一定相似之处。证券交易内幕信息的知情人和非法获取内幕信息的人，在内幕信息公开前，不得买卖该公司的证券，或者泄露该信息，或者建议他人买卖该证券。[1]内幕交易的知情人包括发行人及其董事、监事、高级管理人员；持有公司5%以上股份的股东及其董事、监事、高级管理人员；公司的实际控制人及其董事、监事、高级管理人员；发行人控股或者实际控制的公司及其董事、监事、高级管理人员；由于所任公司职务或者因与公司业务往来而可以获取公司有关内幕信息的人员；上市公司收购人或者重大资产交易方及其控股股东、实际控制人、董事、监事和高级管理人员；因职务、工作可以获取内幕信息的证券交易场所、证券公司、证券登记结算机构、证券服务机构的有关人员；因职责、工作可以获取内幕信息的证券监督管理机构工作人员；因法定职责对证券的发行、交易或者对上市公司及其收购、重大资产交易进行管理可以获取内幕信息的有关主管部门、监管机构的工作人员等。[2]

从行为主体方面而言，内幕信息的知情人与利用信息优势型操纵的行为人有一定的重合，如二者行为人都可以是发行人及其董监高或大股东等。从行为目的而言，二者也具有一定相似性，即都企图利用所掌握的信息可能对证券价格带来的影响通过交易而获利。

---

〔1〕《证券法》第53条第1款。
〔2〕《证券法》第51条。

但是二者在行为模式、所利用信息的内容、利用方式及违法本质上均有区别。在内幕交易中，行为人提前买入（或卖出）证券，在内幕信息公开之时卖出（或买入），利用内幕信息本身所引起的证券价格波动获利，该内幕信息是自然生成、及时披露的，并非刻意为之。而在利用信息优势型操纵中，行为人提前买入（或卖出）证券，并主动控制与该证券有关的信息披露时点，配合其连续交易行为影响证券价格，之后进行交易获利，该信息可能是人为生成的，如在"鲜言"案中，行为人申请变更公司名称和经营范围，在获知变更批准后开始大量买入标的证券，择机发布变更获得批准的信息，以卖出股票获利。[1]在该公司由"多伦股份"更名为"匹凸匹金融信息服务（上海）股份有限公司"事宜发生之时，正值互联网金融题材大热期间，行为人明知其公司网站尚未运营、公司实际并无 P2P 业务的情况下，仍进行更名和变更经营范围的申请。[2]该"内幕信息"实际上是行为人自己制造出来用于操纵股价的信息，而非真正自然形成的内幕信息。内幕信息的违法性在于违反了信义义务或信任关系而获取了不正当利益，利用信息优势型操纵的违法性在于通过损害性交易干扰市场的正常交易秩序，损害市场效率和公平，二者存在本质区别。

三、欺诈型操纵与虚假陈述之辨

在欺诈型操纵中，蛊惑交易操纵、抢帽子交易操纵都涉及向证券市场释放信息的行为，与虚假陈述、内幕交易等涉信息证券欺诈行为有相似之处。例如，蛊惑交易操纵与虚假陈述都涉及虚

[1] 《中国证监会行政处罚决定书（鲜言）》，〔2017〕29 号，2017 年 3 月 30 日发文。

[2] 徐瑶：《鲜言何以遭证监会顶格处罚——详解鲜言案的四种市场操纵手段》，载《法律与新金融》2017 年第 3 期，第 80 页。

假或不确定的重大信息，抢帽子交易操纵与虚假陈述都涉及向市场释放相关证券的信息。但蛊惑交易操纵与抢帽子交易操纵本质上是一种欺诈型操纵市场行为，而虚假陈述是一类独立的证券欺诈行为。从主体上而言，蛊惑交易操纵行为人可以是任何单位或个人，抢帽子交易操纵行为人一般是证券市场中具有公信力的单位或个人，其他投资者较为容易相信他们的投资预测或评价，而虚假陈述一般由信息披露义务人实施。从目的上而言，蛊惑交易操纵与抢帽子交易操纵行为人的目的是操纵证券价格，通过交易获利。而虚假陈述行为人的目的一般是隐瞒真实的经营状况，不涉及通过交易获利。从行为表现上而言，蛊惑交易操纵表现为利用虚假或不确定的重大信息，诱导其他投资者进行交易，抢帽子交易操纵表现为在进行公开的投资评价或预测后反向交易，而虚假陈述表现为虚假记载、误导性陈述或重大遗漏。从利用信息的方式而言，蛊惑交易操纵是通过虚假或不确定的重大信息影响证券价格，抢帽子交易操纵是通过欺骗性的投资评价或预测影响证券价格，而虚假陈述一般是向证券市场释放具有虚假性、欺骗性的重大信息。

例如，前文中提到的"鲜言"案就是典型的虚假陈述与蛊惑交易操纵竞合的例子。[1]"鲜言"案涉及多种操纵手段：首先，鲜言控制多伦股份信息披露误导投资者。在2015年5月11日，多伦股份公告其获得控股股东www.p2p.com网站域名特别授权，公告称"该特别授权对公司的转型是具有突破意义的，必将给公司带来深远影响"。而实际上该网站正在筹备中，并无任何业务运营，且该授权只有一年，后续存在不确定性。但互联网金融是当时的

----

[1]《中国证监会行政处罚决定书（鲜言）》，〔2017〕29号，2017年3月30日发文。

热点题材，该公告足以对投资者产生影响。从 2015 年 5 月 11 日至 6 月 2 日，多伦股份连续六日涨停，涨幅为 77.37%；同期上证指数涨幅仅为 16.75%、中证互联网指数涨幅仅为 29.58%。且配合鲜言迟延披露变更名称和经营范围的重大信息、实控人未经董事会决议即安排通过变更名称和经营范围误导投资者、迟延披露实际控制人变更协议未能生效等信息披露违法行为，利用虚假或不确定的重大信息诱导投资者进行交易，是典型的蛊惑交易操纵。在该案中，证监会认定鲜言的行为构成利用信息优势型操纵，可能是因为对蛊惑交易操纵与利用信息优势型操纵的区别认定不清，或蛊惑交易操纵手段当时并未明确规定于《证券法》中，或与连续交易操纵手段配合使其与利用信息优势型操纵的区别更为模糊。

但笔者认为，在"鲜言"案中，鲜言利用虚假或不确定的重大信息诱导其他投资者进行交易的行为是典型的蛊惑交易操纵，虽然在信息的利用上与虚假陈述存在一定竞合，但鲜言的目的是通过虚假陈述诱导其他投资者以操纵市场，应认定构成蛊惑交易操纵。证监会在认定鲜言构成利用信息优势型操纵并予以处罚后，又就其信息延迟披露、误导性披露等进行了处罚，实际并无必要。[1]蛊惑交易操纵足以吸收信息披露违法行为，从一重罚即可。

---

〔1〕 缪因知:《利用信息优势操纵市场之执法案例解析》，载《金融法苑》2020年第 1 期，第 147 页;《中国证监会行政处罚决定书〔匹凸匹金融信息服务（上海）股份有限公司、鲜言〕》，〔2017〕51 号，2017 年 5 月 12 日发文（延迟披露变更名称和经营范围的重大信息）;《中国证监会行政处罚决定书〔匹凸匹金融信息服务（上海）股份有限公司、鲜言〕》，〔2017〕52 号，2017 年 5 月 12 日发文（实控人未经董事会决议，即安排通过变更名称和经营范围误导投资者）;《中国证监会行政处罚决定书〔匹凸匹金融信息服务（上海）股份有限公司、鲜言〕》，〔2017〕53 号，2017 年 5 月 12 日发文（延迟披露实际控制人变更协议未能生效）。

四、欺诈型操纵与编造、传播虚假信息行为之辨

编造、传播虚假信息行为是指现行《证券法》第 56 条规定的"任何单位和个人编造、传播虚假信息或者误导性信息，扰乱证券市场"的行为，以及"证券交易场所、证券公司、证券登记结算机构、证券服务机构及其从业人员，证券业协会、证券监督管理机构及其工作人员，在证券交易活动中作出虚假陈述或者信息误导"，或传播媒介及其从事证券市场信息报道的工作人员从事的与其工作职责发生利益冲突的证券买卖等行为。

该条规定的违法行为与操纵市场有一定相似之处，尤其是蛊惑交易操纵与抢帽子交易操纵。如编造、传播虚假信息扰乱证券市场可能表现为利用虚假或不确定的重大信息诱导其他投资者进行交易，即蛊惑交易操纵。或传播媒介进行信息报道或投资评价之后，从事与其工作职责发生利益冲突的证券买卖，即进行反向交易，表现为抢帽子交易操纵等。对于如何区分蛊惑交易操纵、抢帽子交易操纵与《证券法》第 56 条规定的编造、传播虚假信息扰乱证券市场的行为，我国学者具有不同的观点。

如朱锦清与缪因知认为，编造、传播虚假信息扰乱证券市场实质上是一种操纵市场行为。朱锦清认为，我国在起草《证券法》第 56 条之时，可能参考了美国《1934 年证券交易法》第 9（a）（3）—（5）条关于通过散布消息进行市场操纵的规定。[1]因此，编造、传播虚假信息扰乱市场行为实际上是操纵市场的表现形式之一。缪因知也认为，编造、传播虚假信息扰乱证券市场行为是操纵市场行为之一，与利用信息优势型操纵共同构成信息型操纵

---

〔1〕 朱锦清：《证券法学》（第四版），北京大学出版社 2019 年版，第 275—276 页。

的两类。[1]但学者张治红认为，编造、传播虚假信息扰乱证券市场行为有其独立的规范意义，操纵市场并不能完全涵盖这种行为。[2]通过分析自1999年《证券法》实施以来作出的15起编造、传播虚假信息行政处罚，研究发现，证监会在实践中已经形成对编造、传播虚假信息违法性的监管逻辑。

笔者同意张治红的观点，编造、传播虚假信息扰乱证券市场是一种独立的违法行为，不能被操纵市场行为的规范完全涵盖。编造、传播虚假信息违法行为的危害后果可能有四类，分别是危害信息披露制度、危害正常交易秩序、危害价格形成机制、危害市场监管秩序。[3]对正常交易秩序与价格形成机制的危害可能与操纵市场行为重合，但其并非编造、传播虚假信息违法行为的全部危害，其对信息披露制度与散布监管政策变化的谣言所导致的监管秩序的危害也同样不可忽视。

（一）蛊惑交易操纵与编造、传播虚假信息之辨

蛊惑交易操纵与编造、传播虚假信息行为在违法对象上有一定的相似性，都涉及虚假或不确定、具有误导性的信息。在违法主体上也有一定相似性，任何单位和个人都可能实施这两种违法行为，但编造、传播虚假信息的主体一般为具有影响力的证券从业者，如证券交易场所、证券公司、证券登记结算机构、证券服务机构及其从业人员，证券业协会、证券监督管理机构及其工作人员，各种传播媒介等。且二者的违法性本质不同：蛊惑交易操

---

〔1〕　缪因知：《信息型操纵市场行为执法标准研究》，载《清华法学》2019年第6期，第163页。

〔2〕　张治红：《编造、传播虚假信息行政处罚案例综述》，载《法律与新金融》2018年第1期，第2页。

〔3〕　张治红：《编造、传播虚假信息行政处罚案例综述》，载《法律与新金融》2018年第1期，第19页。

纵是一种操纵市场手段，而编造、传播虚假信息是扰乱市场的行为。在违法目的上，蛊惑交易操纵行为人利用虚假或不确定的重大信息的目的是诱导其他投资者进行交易，进而操纵证券市场。但编造、传播虚假信息行为人的目的不一定是操纵市场，而可能只是扰乱证券市场。

此外，在行为表现上，二者也存在不同之处。蛊惑交易操纵行为人"利用"虚假或不确定的重大信息，该利用的方式可能是自行发布虚假信息之后利用，也可能是利用他人编造传播的虚假信息。而编造、传播虚假信息的行为表现限于行为人的编造与传播行为。在信息内容上，蛊惑交易操纵行为人利用的是重大信息，而编造、传播虚假信息行为人编造传播的信息不一定具有重大性，只要达到扰乱证券市场的程度，即可认定构成编造、传播虚假信息行为。在利用信息的方式上，蛊惑交易操纵行为人通过利用信息影响证券市场价格，而编造、传播虚假信息行为人通过向市场释放虚假的信息信号扰乱证券市场。

（二）抢帽子交易操纵与编造、传播虚假信息之辨

除了蛊惑交易操纵，欺诈型操纵中的抢帽子交易操纵与编造、传播虚假信息行为也具有一定的相似性，可能发生竞合。如在"邓晓波"案中，邓晓波和邓悉源均为具有证券投资咨询资格的人员，在 2008 年 1 月至 7 月，二人同时在东方财富网、中华金融在线等网络媒体上对同一只股票发表观点相同、内容相似的推荐文章 36 篇，在该推荐信息公开前，二人买入该只股票，在推荐文章公开后卖出该只股票牟利。[1]这是典型的抢帽子交易操纵手段。但在这些推荐文章中刊载的信息是虚假信息。如二人于 2008 年 7

---

〔1〕《中国证监会行政处罚决定书（邓晓波、邓悉源）》，（2011）4 号，2011 年 1 月 10 日发文。

月 8 日在东方财富网上刊载《深圳华强：激光新能源 创投新科技》一文，声称上市公司深圳华强实业股份有限公司（以下简称"深圳华强"）与三洋合资成立了深圳三洋华强能源公司，从事能源开发。三洋公司已成功研发出了新型太阳能电池单元，使太阳能发电量提高了 50%，若深圳华强与三洋合作，将问鼎中国太阳能的王者宝座。实际上该内容系虚假信息，2008 年 7 月 10 日深圳华强已针对上述文章内容发布澄清公告，重申其与三洋的合作已于 2006 年 6 月到期，并没有从事新能源开发的项目或筹划。

"邓晓波"案是典型的抢帽子交易操纵与编造、传播虚假信息行为的竞合，证监会对此进行了并罚，而非从一重罚，应认为是恰当的。因为抢帽子交易操纵与编造、传播虚假信息的违法性本质不同。前者本质上是一种操纵市场的手段，而后者是扰乱证券市场的行为。虽然二者在行为表现上具有一定相似性，如可能都表现为从事公开作出评价预测后反向交易等存在利益冲突的行为，但在编造、传播虚假信息中，该违法主体限定为"传播媒介及其从事证券市场信息报道的工作人员"，规范的重点在于证券市场的信息披露与传播秩序，而非抢帽子交易中对违法主体身份不作限制的操纵市场行为。且抢帽子交易中对某证券的评价预测的信息内容不一定虚假，只要行为人在作出评价预测后进行反向交易，就有影响该证券价格进行操纵市场的嫌疑。而编造、传播虚假信息行为中传播媒介所传播的证券市场信息一般为虚假或具有误导性的信息，旨在向市场中释放虚假信号，在本质上是一种扰乱证券市场的行为。因此，在"邓晓波"案中，证监会既处罚了两个行为人的抢帽子交易操纵，又处罚了他们编造、传播虚假信息的行为，较为恰当。

总之，本节以上内容将欺诈型操纵中的具体操纵手段与具有一定相似性的利用信息优势型操纵，虚假陈述，内幕交易与编造、传播虚假信息行为进行了比较,《证券法》中规定的这几种违法行为虽然有其相似之处,但每种行为都有其独特的法律意义与范围。只有清晰界定欺诈型操纵与相似违法行为之间的关系,才能更好地认定欺诈型操纵的具体操纵手段。

表 4-1　欺诈型操纵手段与相似违法行为之辨

比较	利用信息优势型操纵	蛊惑交易型操纵	抢帽子交易型操纵	虚假陈述	内幕交易	编造、传播虚假信息
主要法律规范	《证券法》第 55 条第 1 款第 1 项	《证券法》第 55 条第 1 款第 5 项	《证券法》第 55 条第 1 款第 6 项	《证券法》第 78 条	《证券法》第 53 条	《证券法》第 56 条
违法本质	公开交易型操纵	欺诈型操纵	欺诈型操纵	证券欺诈行为	证券欺诈行为	扰乱市场行为
主体	一般为发行人、董监高	任何单位或个人	一般为具有公信力的单位或个人	信息披露义务人	内幕信息知情人	任何单位或个人;证券从业者;传播媒介
目的	操纵	操纵	操纵	隐瞒事实	获利	扰乱证券市场
行为表现	利用信息优势、交易	利用虚假或不确定的重大信息、诱导交易	公开作出评价预测、反向交易	虚假记载、误导性陈述、重大遗漏	在内幕信息公开前买卖、泄露或建议他人买卖	编造、传播虚假信息或误导性信息;从事与传播媒介工作职责发生利益冲突的证券买卖

续表

比较	利用信息优势型操纵	蛊惑交易操纵	抢帽子交易操纵	虚假陈述	内幕交易	编造、传播虚假信息
信息内容	优势信息	虚假或不确定、重大信息	评价预测	虚假或误导性或遗漏、重大	内幕、重大信息，一般为真实信息	虚假或误导性
利用信息方式	控制信息发布时点配合交易	影响证券价格	影响证券价格、欺骗投资者	释放虚假性重大信息	通过信息获利	释放虚假信息

第三节　欺诈型操纵的构成要件

与交易型操纵不同，欺诈型操纵由其行为模式中有明显的不当行为，构成要件的认定难度较低。若行为人采取了欺诈性的操纵手段，并在主观上是故意的，则应认定其构成欺诈型操纵。

一、行为模式分析：欺诈性行为

欺诈型操纵的行为人通常采用的是具有欺诈性质的手段，如虚假交易操纵中的对敲、洗售，蛊惑交易操纵中的编造、散布虚假信息，抢帽子交易中的反向交易等。带有欺诈性质的行为本身即可为欺诈型操纵的认定提供主要规范性基础，而损害只是论证其违法性的非必要条件，意图只是论证欺诈型操纵违法行为的辅助构成要件。换言之，交易型操纵是以结果为导向的认定思路，而欺诈型操纵是以行为为导向的认定思路。[1]行为模式是欺诈型操纵认定的核心构成要件。

欺诈型操纵行为人通常是通过向市场编造和传播错误信息操纵市场，旨在引导其他交易者以改善操纵者财产地位的方式行事。欺诈性手段既包括传播谣言和没有根据的信息等简单的行为模式，也包括从事虚构交易以使其他交易者产生关于市场交易活动的错误印象，导致市场价格无法反映资产真正价值等复杂的行为模式。欺诈型操纵的行为模式在司法、执法和其他交易场所规则中基本都有明确的定义。

二、操纵意图分析：故意

操纵意图有不同的证明标准，特定的操纵意图是指行为人实施某行为的目的是制造人为价格，而一般的操纵故意仅指行为人故意而非疏忽实施了某个可能导致人为价格的行为。对于交易型操纵而言，由于行为模式中没有明显的不当行为，若能够证明行为人造成了人为价格的损害，且行为人具有一般的操纵故意，应认定其构成交易型操纵。但在欺诈型操纵中，与认定其他类似的违法行为原理相同，如果行为人作出不当行为，并非出于偶然或疏忽，而是故意或有意作出，则应认定构成欺诈型操纵。此处故意的证明达到一般故意标准即可，而无须证明特定的操纵故意，因为行为模式就足以说明该行为的违法性。

此外，在欺诈型操纵的认定中，对于操纵意图，除了一般故意标准，若行为人是因过失而进行了欺诈性行为，也应课以责任。美国商品期货交易委员会（CFTC）根据美国《商品交易法》的授

---

[1] 程红星、王超：《美国期货市场操纵行为认定研究》，载《期货及衍生品法律评论》2018 年，第 89 页。

权，在其规章第 180.1 条中规定，若行为人直接或间接以故意或过失对期货、掉期等使用欺诈性手段，也属违法。该规定的重要意义在于将轻率加入了欺诈型操纵的主观要件中，即使行为人不是故意影响证券价格或创造人为价格，而仅仅是因疏忽而没有预见或已经预见而轻信能够避免过失等原因，也可构成欺诈型操纵。除了 CFTC 的规章，美国期货交易所也修改了相关的业务规则，将过失加入了新的操纵市场认定规则中。[1]与交易型操纵不同，欺诈型操纵并不强调对损害的认定，而重点关注行为人的操纵手段，即是否为欺诈性行为，无须证明该行为对市场的损害后果。

　　在欺诈型操纵中，试图操纵的认定标准与交易型操纵不同。由于交易型操纵中不存在明显的不当行为，在认定既遂操纵时尚且应提高证明标准，试图操纵更应严格界分正常的交易行为与操纵市场行为，避免打击对社会有利的交易活动。即在交易型操纵中，认定试图操纵应证明特定的操纵意图，而既然无法从损害角度论证行为的违法性，从主观方面论证其试图操纵更应提高标准。在企图进行交易型操纵的认定中，行为人不仅应为主观故意，还应证明其特定的旨在进行操纵市场活动的意图性。如在公开交易型操纵中，通过行为人的试探性交易行为，认定其目的是检测市场是否能够对其交易产生不对称的价格反应，以便其后所进行的大额交易行为获利。即使之后的大额交易行为并未导致人为价格，其之前的试探性交易也足以证明行为人操纵意图的存在，可认定为试图操纵。又如在外部利益型操纵中，即使行为人在公开市场中的交易并未导致人为价格，也应认定其试图操纵，因为外部合同利益的存在已足以推定其在公开市场中交易的操纵意图。而在

---

　　[1]　程红星、王超：《美国期货市场操纵行为认定研究》，载《期货及衍生品法律评论》2018 年，第 90 页。

欺诈型操纵中，行为人有明显的不当行为，若发现其故意预备了进行该种不当行为的证据，没有证明到操纵意图的高度，也可认定行为人试图操纵。

三、损害后果分析：非必要构成要件

行为人只要从事了不当行为，如虚假交易、向市场释放虚假信息等，且主观上为故意，就应认定其从事了欺诈型操纵市场行为。即使该行为未造成人为价格等损害，也应认定为既遂的欺诈型操纵，以与交易型操纵相区别。例如，在美国的"摩尔"案（Ralph W. Moore）中，行为人的虚假备忘录在其扰乱市场价格之前被发现，操纵者被认定为试图操纵而受到法律的制裁。[1] 其实，将之认定为既遂的欺诈型操纵也未尝不可。损害后果在交易型操纵与欺诈型操纵的构成要件中有不同的地位。由于交易型操纵的行为模式不存在明显的不当性，其行为的损害就成为界分正常交易行为与交易型操纵的关键，对损害的认定就成为其必要构成要件。但在欺诈型操纵中，例如蛊惑交易操纵，若行为人故意在散布虚假的利好信息之前买入了证券，即使最终虚假的利好信息没有抬高股价，也应认定行为人构成了欺诈型操纵而应受到法律的制裁。

第四节　欺诈型操纵的认定方法

一、虚假交易操纵：故意进行非真实的交易

虚假交易规定于我国《证券法》第 55 条第 1 款第 2 项和第 3 项，即约定交易操纵与洗售操纵。其中，第 2 项规定，约定交易操

---

〔1〕　Ralph W. Moore, 9 Agri. Dec. 1299 (1950).

纵是指"与他人串通，以事先约定的时间、价格和方式相互进行证券交易"，影响或意图影响证券交易价格或交易量的行为。第3项规定，洗售操纵是指"在自己实际控制的账户之间进行证券交易"，影响或意图影响证券交易价格或交易量的行为。约定交易操纵和洗售操纵本质上都不是真实的交易，行为模式上就具有虚假性，只要不是行为人因偶然或意外造成的交易结果，就应认定构成欺诈型操纵，而无须再证明特定的操纵意图或损害。[1]

根据2007年《操纵行为认定指引》，约定交易操纵有三个构成要件。[2]首先，需证明行为人与他人串通，即两个以上行为人为了操纵市场达成共同的意思联络。其次，需证明行为人以事先约定的时间、价格和方式相互进行证券交易。具体而言，两个以上行为人应共同实施该操纵行为，由一方作出交易委托，另一方根据事先的约定作出时间相近、价格相近、数量相近而买卖方向相反的委托，从而达到双方相互之间进行交易的结果。最后，行为人的交易影响或意图影响证券交易价格或交易量。笔者认为，最后一个要件在约定交易操纵中可理解为只要行为人因操纵而达成了共同的意思联络，并非偶然或意外造成约定交易的效果，就应认定其构成约定交易操纵，而不必证明意图影响证券交易量或证券交易价格这一特定的操纵故意。

洗售操纵认定更为简单，只要证明行为人是在自己实际控制的账户之间进行证券交易，且此交易行为是故意为之，即可认定其构成洗售操纵。自己控制的账户是指行为人具有管理、使用或处分权益的账户，如以自己名义开设的实名账户、以他人名义开

---

〔1〕　汤欣：《操纵市场行为的界定与〈证券法〉的修改建议》，载《中国金融》2004年第19期，第43页。

〔2〕　参见该指引第23—26条。该文件是我国证监会2007年所发布，其中不乏对证券市场操纵执法实务的明确指引，具有较高参考价值，因此予以重点参考。

设的账户或行为人虽然不是账户的名义持有人，但通过投资关系、协议或其他安排能够实际管理、使用或处分的他人账户。[1]约定交易操纵与洗售操纵在美国颁布《1934 年证券交易法》时就已存在，在我国颁布证券法之初也已规定，对于其认定规则基本已达成共识，但在执法实践中的具体实施存在一定争议，本书在将第六章予以具体分析。

二、虚假申报操纵：故意进行异常申报并撤销申报

根据《证券法》第 55 条第 1 款第 4 项，虚假申报操纵是指不以成交为目的，频繁或大量申报并撤销申报，影响或意图影响证券市场价格或证券交易量的行为。根据 2007 年《操纵行为认定指引》第 39 条，频繁申报和撤销申报，是指行为人在同一交易日内、在同一证券的有效竞价范围内，按照同一买卖方向，连续、交替进行 3 次以上的申报和撤销申报。对于大量申报的认定，我国证券法律法规中并未明确予以定量，还有待实证研究予以确定。

虚假申报是指行为人通过频繁下单却又撤单的方式，向证券市场释放虚假的交易信号，误导其他投资者进行下单交易，进而影响该证券的价格或交易量。在虚假申报中，行为人并不以成交为目的，所进行的报价一般是虚假的，往往远低于或远高于证券市场中的正常报价。之所以称其为"幌骗交易"，正是基于其欺诈性，因为行为人并没有真实的交易目的，只是意图通过虚假的报价欺诈其他投资者以获利。该手段是高频交易常用的手段之一，即使每一单反向获利很小，但由于交易量巨大，还是可能谋取巨额利益的。[2]

CFTC 于 2016 年查处的"萨拉奥"（Sarao）案就是幌骗交易

---

〔1〕 2007 年《操纵行为认定指引》第 28 条。

〔2〕 杜惟毅、张永开：《期货市场操纵行为的类型及认定标准研究》，载《证券法苑》2013 年第 2 期，第 736—752 页。

的典型案例。萨拉奥是 2010 年 5 月 6 日美股"闪电崩盘"的罪魁祸首，其利用量化程序发出幌骗指令，造成美国 E-迷你标普 500 指数（E-mini S&P 500，以下简称"E-迷你标普"）期货市场的价格产生了人为波动。标准普尔 500 指数是有关 500 只股票的指数，是美国股市的标志性指标。E-迷你标普是一种基于标准普尔 500 指数的股指期货合约，是全球交易最活跃、流动性最强的股指期货合约之一，该合约仅在芝加哥商品交易所（CME）进行交易。在 2010—2015 年，被告使用了 3653 次"动态分层程序"下单，提交了 19 888 个不同数量的申报指令，但最后只有 90 个指令被部分成交，使市场中产生了虚假的供给或需求，诱导其他交易者进行交易。在闪电崩盘当天，萨拉奥是当日 E-迷你标普指数期货交易量排名第五的交易者，其行为使当天道琼斯工业指数在短短几分钟内下跌了接近 1000 点。

在闪崩当天 11∶17—13∶40 的时间段，萨拉奥的幌骗指令给市场带来了 1.7 亿元—2 亿元的售出额，占全部卖出订单的 20%—29%，从而大幅压低了市场价格。美国《商品交易法》关于幌骗交易的定义是"当事人在交易执行之前有意图撤销买卖申报"的交易。[1]萨拉奥向市场大幅下单，最后成交量却极少，属于不以成交为目的的虚假申报，因而构成虚假申报操纵。

2015 年 4 月 21 日，CFTC 在美国伊利诺伊州北区联邦地区法院对纳文·萨拉奥期货有限公司（Nav Sarao Futures Limited PLC）和纳文德·辛格·萨拉奥（Navinder Singh Sarao）发起执法行动。[2]CFTC 指控被告的违法行为包括非法操纵、试图操纵和幌骗交易，

---

〔1〕　程红星、王超：《美国期货市场操纵行为认定研究》，载《期货及衍生品法律评论》2018 年，第 95 页。

〔2〕　"CFTC Charges U. K. Resident Navinder Singh Sarao and His Company Nav Sarao Futures Limited PLC with Price Manipulation and Spoofing", available at http://www.cftc.gov/PressRoom/PressRelesases/pr7156—15, last visited on 2022-3-12.

对象为近月期货合约 E-迷你标普。该执法行动于 2015 年 4 月 17 日提交，在四天后，即英国当局应美国司法部的要求逮捕被告萨拉奥之后才正式开始。在萨拉奥被捕后，美国司法部公开了其针对萨拉奥提起的刑事指控，与 CFTC 一样，指控萨拉奥犯有非法操纵、试图操纵和幌骗交易等违法行为。

根据诉状，从 2010 年到 2015 年的五年多以来，被告利用各种异常大量、激进和持续的幌骗交易策略操纵 E-迷你标普。在 2009 年 6 月左右，被告对一个常用的现货交易平台重新编程，使其可以自动同时将四到六张特大卖单"分层"到可见的 E-迷你标普中央限价单中（即分层算法），每个卖出订单的价格水平都与另一个订单不同，以实现分层效果。随着 E-迷你标普期货价格的变动，分层算法也相应修改卖单的价格，以确保其与最佳要价保持至少三到四个价格水平，可以安全地远离最佳要价不成交，而同时其他交易者仍然可以看到这些卖单的价格。最终，绝大多数分层算法订单被取消，没有产生任何交易。2010 年 4 月至 2015 年 4 月，被告在超过 400 个交易日中都使用了分层算法。被告经常在一整个交易日内多次打开和关闭分层算法，以在 E-迷你标普的可见订单簿中造成巨大的不平衡，从而影响当时的 E-迷你标普价格，被告随后进行交易，以从这种暂时的人为波动中获利。从 2010 年 4 月至 2015 年 4 月，被告从 E-迷你标普的交易中总共获利超过 4000 万美元。

尤其是在 2010 年 5 月 6 日，即闪电崩盘日，被告在 E-迷你标普的交易中异常活跃。当日下午，E-迷你标普的市场价格大幅下跌，紧随其后，美国其他主要股指和个股价格也开始大幅下跌。几分钟后，市场迅速反弹至接近之前的价格水平。被告在 E-迷你标普价格急剧下跌之前，连续使用分层算法两个多小时，对 E-迷你标普的价格施加了近 2 亿美元的下行压力。被告的操纵活动导致了极端的 E-迷你标普订单簿失衡，从而导致了闪电崩盘的市场状况。被告也采用了各种其他的人为幌骗技术，如下达并迅速取消大笔订单而不以订单的成交为目的，有时这种手动的欺骗技术也用于加剧分层算法的价格影响。

CFTC 的执法部主任艾坦·戈尔曼（Aitan Goelman）认为，保护美国期货市场的完整性和稳定性对于确保整个金融体系的正常运作至关重要。萨拉奥的行为是典型的幌骗交易操纵，通常利用计算机算法实现，在下单的同时避免被执行订单，从而可以在不进行实际交易的同时影响证券的价格。幌骗交易的行为人不以成交为目的的虚假下单撤单行为，造成了市场交易活跃的假象，使其他交易者对证券的价格或交易量产生了错误印象，具有明显的欺诈性，是一种欺诈型操纵。

虚假申报操纵是伴随高频交易这一新型交易技术手段的发展而出现的操纵行为，在我国 2019 年《证券法》修订之时被加入了禁止操纵市场行为的基本规范中。因此，对于高频交易这一交易方式的细致研究有利于厘清虚假申报操纵的现实基础，为其认定提供合理维度。

（一）高频交易的定义探析

1. 高频交易与相关概念探析

高频交易是程序化交易的一种，程序化交易是在技术革新与证券期货市场发展背景下产生的一种新型交易手段。根据证监会《证券期货市场程序化交易管理办法（征求意见稿）》第 2 条，程序化交易是指"通过既定程序或特定软件，自动生成或执行交易指令的交易行为"。根据美国纽约证券交易所的定义，程序化交易是指一笔订单中同时交易 15 笔以上的集中一次性交易。[1]程序化

---

〔1〕　彭祺：《高频交易监管制度的实然与应然——兼评〈证券期货市场程序化交易管理办法（征求意见稿）〉》，载《金融服务法评论》2019 年第 1 期，第 416—433 页。

交易分为高频交易与低频交易，二者区分的标准是交易的频率和速度。因此，程序化交易是一个中性概念，是一种通过计算机技术进行交易的行为，而高频交易是伴随程序化交易浪潮产生的，从本质上而言并不具有当然的违法性与不当性。

高频交易是算法交易的一种。算法交易与程序化交易的概念基本等同。程序化交易强调利用既定程序或特定软件，而算法交易中的既定程序或特定软件可能更为复杂、更为精密、更为智能。在本质上，算法交易是指利用计算机运行特殊的软件程序，通过提前设计好的投资决策规则以评估市场状况和其他数据作出投资决定，而无须人工参与。[1]算法交易依赖复杂的数学公式以及高速度确定交易策略。在算法交易中，计算机直接干预交易平台，下达订单而无须人力干预。计算机以超高的频率和提前设计好的算法，观察市场中的数据和其他可能的信息，并在几毫秒内向市场发送交易指令。算法策略通常包括套利策略，如在三种货币的汇率之间寻找价差，或以最低成本寻求大额订单的最佳执行价，或实行长期投资的策略等。

算法交易通常包含以下特征：①运行提前设计的投资决策；②由专业的投资者使用；③自动实时观察市场数据；④自动发送订单；⑤自动管理订单；⑥交易前无人工干预；⑦使用直接市场通路，交易者的计算机直接接入交易所的计算机交易系统。[2]实际上，算法交易并非新生现象，专业投资者长期以来利用算法管理订单、执行经过设计的投资决策等，以最小化大额订单对市场的影响和交易成本等。算法交易并不是新鲜事物，尤其是利用提前

---

〔1〕 Korsmo, Charles R., "High-Frequency Trading: A Regulatory Strategy", *University of Richmond Law Review*, Vol. 48, p. 538 (2014).

〔2〕 Gomber, Peter et al., "High-Frequency-Trading (unpublished manuscript)", available at http://ssrn.com/abstract=1858626, last visited on 2022-3-12.

设计好的算法执行订单其实涉及一定的人为交易策略，并非完全自动化的交易。而高频交易则不同，其执行速度极快，将人为因素完全从决策制定过程中排除，且投资组合周转率很高，这是其区别于其他算法交易的主要特征。

2. 高频交易的特征

在欧盟证券监管实践中，一般通过以下指标识别高频交易：高频交易系统与交易所的距离较短、交易网络传输速度超过 10G、交易频率每秒达 2 笔以上、日内取消订单中位数低于其他市场交易等。[1]相对于非程序化交易、低频交易而言，高频交易具有交易速度快、频率高的优势，通常具有以下特征：订单量大、快速取消订单、交易日结束时持仓水平基本不变、每笔交易的利润非常低以及交易速度极快等。金融调查公司的数据显示，美国市场中的高频交易者主要包括以下三类：稍微低于 50% 的高频交易来自专业的高频交易商，稍微低于 50% 的高频交易来自主要投行的自营交易部门，剩下的则来自少数对冲基金。

与美国证券市场中的其他交易活动相比，高频交易业务量实际上并不大。总体而言，在美国市场中的 20 000 家交易公司中，有几百家开展高频交易业务。通过高频交易业务所获利润参差不齐，高频交易者也不宣传他们的业绩，避免引起监管机构的注意。根据调查，美国市场中高频交易业务的利润在 2009 年达到最高，大概获利 50 亿美元，之后由于市场条件的变化及竞争加剧，利润逐渐减少，在 2011 年获利 20 亿美元，2012 年仅获利 15 亿美元。[2]相比之下，JP 摩根作为主要的投资银行，在 2009 年获利 116 亿美

---

〔1〕　肖凯：《高频交易与操纵市场》，载《交大法学》2016 年第 2 期，第 18—27 页。

〔2〕　Popper, Nathaniel, "High-Speed Trading No Longer Hurtling Forward", *N. Y. Times*, Oct. 14, 2012, at B1.

元，在 2011 年获利 189 亿美元。[1] 而苹果公司在 2011 年每个季度的利润额比高频交易业务整年的利润额都高。

尽管从事高频交易的公司并不多，利润额也相对较低，但是高频交易对美国股票市场却产生了很大的外部影响，短短十年间其就成为美国股票的主要交易方式，并占有大多数的股票交易额。因此，高频交易业务的规模并不能反映高频交易对美国股票市场运行的重要性。

对于高频交易者而言，这种交易手段极大地便利了其交易活动，有利于降低交易成本、提高对市场信息的反应速度，提高其获利可能性。对于证券期货市场而言，高频交易本身可为市场提供一定的流动性，提高交易活跃性；在定价机制方面，也可促进市场对新信息的快速吸收，提高证券期货定价准确性。此外，一般情况下，高频交易可以极大减少买卖价差，缩短交易的执行时间。在主要的交易所中，执行交易的平均时间一般是以分钟或秒计，高频交易使这一时间缩短为零点零零几秒。因此，投资者可以马上执行交易，而无须担心在其订单执行之前会发生价格变动或披露新的信息。

同时，高频交易也极大缩小了买卖价差。买卖价差的大小代表流动性成本的高低，流动性成本是指投资者随时能够找到做市商与其进行交易所付出的成本。除了交易一些非常活跃的证券，买卖价差对于所有交易者而言都是一笔巨大的成本。而高频交易为做市业务带来了巨大的竞争与先进的技术手段，从而大大降低了这一成本。高频交易商能够以非常快的速度调整其订单，以对市场状况的变化作出反应，是导致买卖价差缩小的主要原因。通过提高做市商对市场的反应速度，高频交易者能够降低因市场状

---

〔1〕 JPMorgan Chase & Co., Annual Report (Form 10-K), at 62 (Feb. 28, 2013).

况变化而进行错误交易的风险，也可通过更小的买卖价差对冲这类风险。在美国证券市场中，高频交易所导致的这一变化非常显著，在高频交易兴起之前，买价和卖价之间的差额一般至少是 25 美分，现在一般只有 1 美分了。[1] 同样，交易量的增多以及竞争的加剧也降低了其他交易成本。例如，在高频交易兴起之前，主要交易经纪商的线上经纪费至少为 2%，在高频交易兴起之后，这一数字变成最多 0.3% 了。

长期投资者也可因市场交易成本的降低而受益，比之前交易的效率更高。通过高频交易而减少的成本对整体经济面也有利，交易成本降低后，投资者可以减少对溢价的要求，在相同财产收益的情况下愿意支付更多费用，总体而言，通过公开市场融资的成本也会相应降低。因而有观点认为，高频交易是一种有利于证券期货市场的交易方式。

但也有人提出，高频交易只是行为人进行短期投机的工具，是一种通过高频率买卖获利的手段，实际上不符合价值投资、长期投资的基本理念，无法对证券市场定价或经济基本面产生正向作用。高频交易可能涉及的风险包括通过高频交易操纵市场、掠夺其他投资者、对无法通过复杂技术手段进行交易的投资者不公平、算法设计不合理、通过影响价格偏离其基础性价值而降低市场的分配效率、导致交易系统过载等。[2] 程序化交易的技术以及高频交易的策略都有负外部性，不能以"技术价值中立"为由逃脱法律监管。[3]

---

〔1〕 Zweig, Jason, "Staying Calm in a World of Dark Pools, Dark Doings", *Wall Street Journal*, Oct. 24, 2009, at BL.

〔2〕 Korsmo, Charles R., "High-Frequency Trading: A Regulatory Strategy", *University of Richmond Law Review*, Vol. 48, p. 551 (2014).

〔3〕 邢会强:《证券期货市场高频交易的法律监管框架研究》，载《中国法学》2016 年第 5 期，第 156—177 页。

此外，高频交易所使用的某些策略，实际上是对其他投资者的掠夺，尤其是其中的抢先交易策略，实际上在市场缺乏流动性的时候反而会进一步降低市场流动性。例如，高流动性可提高交易所对投资者的吸引力，降低交易成本，因此，交易平台通常会进行流动性竞争，为提供待成交订单以提高流动性的交易者支付回扣，如纳斯达克在 2009 年付给做市商接近 14 亿美元的回扣。这些激励性的措施也使高频交易者可以从做市策略中获利，即通过设计恰当的算法以获取这类回扣，而这类交易策略面临很大争议。如果高频交易者能够设计算法，在成本较低的情况下为市场提供流动性以获取回扣，而在成本高的情况下取消流动性，或者申报订单后极快地撤销订单，不提供真实的流动性，则可能会提高长期投资者的交易成本，而没有为市场带来相应的收益。因此，某些高频交易策略会打击投资者对市场的信心，不利于市场的长期良性发展。

（二）高频交易的行为模式

以往大部分证券交易的某个阶段都涉及直接的手动操作或面对面的交流，执行交易的平均时间一般少于一天，但也是以人工相对能实现的速度执行，如以秒计。而随着交易电子化的发展以及技术手段的革新，交易速度可以毫秒计。高频交易正是一种借助技术手段而新产生的交易模式，显著特征为高速度、高频率地在市场中下达交易订单、快速取消订单、交易日结束时持仓水平基本不变等。[1] 高频交易者主要是通过小额利润、多次累积以获得巨额利润。而小额利润的获取方式是通过超高的速度进行幌骗交易、塞单、抢先交易或提前掌握市场信息以低买高卖的形式获

〔1〕 Keller, Andrew J., "Robocops: Regulating High Frequency Trading After the Flash Crash of 2010", *Ohio State Law Journal*, Vol. 73, p. 1459 (2012).

利。虽然并非所有的高频交易都是违法或不当行为，但高频交易中的幌骗交易、塞单以及抢先交易等存在巨大争议。此外，闪电订单服务、无审核通路、同位托管服务及付费预览服务等也是伴随高频交易的出现而新产生的市场现象，是高频交易者为提高速度而采取的措施。

　　其中，闪电订单服务是抢先交易的一种手段。无审核通路是指不经过交易所的会员资格审核，而直接接入证券期货交易系统进行下单的路径。同位托管服务是指将高频交易者的主机置于交易所内，以减小服务器与交易所系统之间的物理距离，提高交易速度。付费预览服务是指将关于市场的调研报告或新闻优先提供给付费高的用户，之后再向其他用户提供，以使额外付费用户能够更快地掌握市场信息。例如，密歇根大学的消费者数据中心就向其额外付费用户提前提供市场调查结果。[1]

　　对于这些高频交易者所采用的异于其他市场参与者的措施，其合法性存疑。有人认为高频交易者为获取这些优势而付出了高额的成本，这些措施中许多都是付费服务，如果其他市场参与者也付出了同样的费用，也可以享有这些优势，是一种合法的行为。而有人认为闪电订单服务实质上是一种抢先交易，是对其他投资者的不合理掠夺。无审核通路实际上使高频交易商在事实上成了交易所的会员，造成了投资者之间交易起点的不平等。[2]同位托管服务以及付费预览服务都造成了不公平的竞争，损害了市场公平，应予禁止。若任由高频交易者采用这些措施获得不公平的优

　　[1]　Scopino, Gregory, "The (Questionable) Legality of High-Speed 'Pinging' and 'Front Running' in the Futures Market", *Connecticut Law Review*, Vol. 47, p. 607 (2015).
　　[2]　彭祺：《高频交易监管制度的实然与应然——兼评〈证券期货市场程序化交易管理办法（征求意见稿）〉》，载《金融服务法评论》2019年第1期，第416—433页。

势，会迫使其他投资者退出证券期货市场，不利于市场的良性发展。且高频交易者的获利方式实质上是一种投机，不是一种价值投资，不利于市场与经济基本面的互动，阻碍了市场的良性发展。因此，不应过分鼓励高频交易的发展，尤其是其中的幌骗交易、塞单以及抢先交易等策略。

1. 幌骗交易

幌骗交易是高频交易中较为典型的违法手段，与正常的程序化交易有显著区别，具有明显的操纵性、欺骗性和破坏性。CFTC也出台了幌骗行为的解释性文件，将以下四种行为认定为幌骗交易：其一，申报和撤销申报导致交易系统超负荷；其二，申报和撤销申报以延迟他人的交易执行；其三，申报和撤销申报以制造虚假的市场深度；其四，申报和撤销申报以制造人为价格。[1]

幌骗交易的一个典型案例是美国的"柯西亚"案。[2] 柯西亚是美国黑豹能源交易公司的一个交易员。他利用开发的系统先在市场中挂出少量卖单，再挂出大量买单，在此买单未成交之前迅速撤销，成交卖单获利。在这一交易策略中，卖单是以成交为目的的交易，获利的方式是卖出高价。而欲达成此目的，需挂出大量买单，引诱其他投资者也挂出买单，并提高报价，在该挂出的买单未成交之时，利用高频交易的优势迅速撤销，速度达到毫秒级，而卖单即可以高价卖出获利。或者反之，通过挂出少量买单，再挂出大额卖单并撤销的方式拉低价格以获利。虽然一次操作少量卖单获利较少，但通过频繁、反复的操作也可以累积巨额利润。柯西亚就是通过这种低买高卖方式获得了140万美元的收益。

在2014年10月2日，美国司法部宣布对柯西亚提起公诉，理

〔1〕 商浩文：《美国首例"幌骗"型高频交易刑事定罪案及其借鉴》，载《华东政法大学学报》2019年第2期，第156—167页。

〔2〕 United States v. Coscia, 177 F. Supp. 3d 1087 (2016).

由是其违反了《商品交易法》第 4c（a）（5）（C）条中禁止幌骗交易的规定。美国《商品交易法》第 4c（a）（5）（C）条中明确规定，禁止不以成交为目的发出买卖订单的行为。而柯西亚发出大额买单，在买单未成交之前迅速撤销，从而推动所交易证券价格升高，使之前挂出的卖单获利，该行为特征符合不以成交为目的发出买卖订单的行为，是一种典型的幌骗交易。

　　另一个关于幌骗交易的案例是 2010 年的"延龄草经纪服务公司"（Trillium Brokerage Services，以下简称"延龄草公司"）案，该公司最终被罚款超过 200 万美元。[1]该公司并非因其高频交易业务而受罚，而是因其利用高频交易所进行的交易策略而受罚。延龄草公司是纽约的一家经纪公司，与其他一些交易者联合反复进行申报后撤销申报的行为，构成不当利用该类交易操纵市场。例如，若延龄草公司欲以 9.95 美元买入 ABC 公司的股票，但目前对于该公司股价的最佳卖价是 10 美元，延龄草公司就会先申报 9.95 美元的限价订单。之后以略高于最佳卖价的价格，不断向系统发送大额卖出订单，如 10.01 美元、10.02 美元的报价等。其他投资者看到订单簿中的这些大额卖单，就可能假设卖出 ABC 公司的股票会产生大额收益。结果，这些交易者就会降低对 ABC 公司股票的预期价值，也相应降低对 ABC 公司的报价。一旦该价格降低到触发延龄草公司之前申报的 9.95 美元限价订单，该订单就会执行。在该买单执行后的几秒内，延龄草公司就会取消其所有的卖单，结果是延龄草公司就可以利用这些不以成交为目的的卖单，以更低的价格买入股票。延龄草公司这种大额申报卖出后取消卖单的行为具有明显的欺诈性，属于幌骗交易。

---

〔1〕　Trillium Brokerage Servs., LLC, Letter of Acceptance, Waiver and Consent No. 20070076782-01, at 11-12（FINRA, Sept. 13, 2010）.

2. 塞单

塞单交易表现为在订单系统中迅速投入大量订单，又迅速取消订单的行为。该行为不以成交为目的，很可能导致系统超负荷或证券价格的剧烈波动。美国证券法中将该行为定性为一种扰乱市场的行为。塞单与幌骗交易具有一定的相似性，二者都表现为发出订单并立即撤销订单，因此，在我国目前的市场环境下，塞单也可能出现于期货市场中。幌骗交易与塞单的区别是幌骗交易会立即再跟随一个反向的交易行为，而塞单只是影响证券价格或交易量的一种行为。行为人进行塞单的目的可能是造成市场价格的变动、延迟其他人的订单交易或掩饰自己的交易策略等。[1]总之，塞单并非以成交为目的，与我国《证券法》第 55 条中的虚假申报操纵基本相同。

塞单的典型事件是美国 2010 年发生的闪电崩盘。在 2010 年 5 月 6 日下午 2：42—2：47，美国证券期货市场出现暴跌，道琼斯指数下跌 998.5 点，跌幅达 9.2%，20 分钟后又回升 600 点，股票价格也恢复至正常水平。至当日收盘，道琼斯指数仅比前一交易日下跌 3%。经 CFTC 和美国证券交易委员会（SEC）的联合调查，当日股市出现如此巨幅波动的原因正是塞单行为。[2]

3. 抢先交易

抢先交易最初是一种证券公司员工的行为，如证券公司的客户向其交易员指示买入 50 万股 A 公司股票的订单，该员工知晓了市场中即将进行此交易，就提前在市场中提价卖出 50 万股 A 公司股票，进行获利。这是传统的抢先交易方式，违背经纪商职业道

〔1〕 吴任桓：《证券期货高频交易中的市场操纵行为规制研究》，载《金融服务法评论》2019 年第 1 期，第 390—415 页。
〔2〕 邢会强：《证券期货市场高频交易的法律监管框架研究》，载《中国法学》2016 年第 5 期，第 156—177 页。

德，已被证券法律禁止。在高频交易中的抢先交易又被称为"试单""高速盯单"等，与传统抢先交易的基本原理相同，只是高频交易者获得交易信息的手段不同。高频交易者获得交易信息可能有三种手段：

首先，高频交易者采用复杂的交易策略识别软件，不断向市场发出试探性的订单，以探测是否将会有大额订单出现。如高频交易者的算法可能为：①以超快的速度向市场发出某证券的卖出订单；②若市场没有反应，则取消订单；③若市场立即买入，则说明市场中可能有针对该证券的大额买入订单；④迅速买入该市场中的所有该证券，造成该证券的低流动性；⑤从其他市场中买入该证券，提价投入此市场中，卖给大额买入交易者，进行获利。

这一策略也可结合交易所的同位托管服务以加快交易的速度。例如，甲想以每股低于 100 美元购买 1000 股 A 公司股票。为避免大额买入订单导致 A 公司股票价格上涨，甲就在 10 个不同的市场分别购买 100 股 A 公司股票。此时 10 个市场中有 2000 股 A 公司股票待售，平均 95 美元每股。甲的地理位置不同决定了其订单到达各个市场的时间不同。而乙作为一个高频交易者，其交易速度快，且地理位置距离市场近，其订单到达市场的时间早于甲。乙在某个市场看到 100 股的订单卖出，意识到这是某个大订单的一部分，便迅速向剩下 9 个市场提交购买 200 股 A 公司股票的订单，该订单先于甲的订单执行。当甲的订单到达剩余 9 个市场之时，每股 95 美元的 A 公司股票已经售完，甲只能以每股 97 美元向乙购买。[1] 乙则利用地理位置优势与速度优势轻松赚取每股 2 美元差价。

其次，高频交易者还可能采用"闪电订单服务"进行抢先交

---

[1]　彭祺：《高频交易监管制度的实然与应然——兼评〈证券期货市场程序化交易管理办法（征求意见稿）〉》，载《金融服务法评论》2019 年第 1 期，第 416—433页。

易。"闪电订单服务"是指交易所向高频交易商提供的一种订单闪现服务。若某一交易者的订单在本交易所未能成交，则将该订单在本交易所停留30毫秒后再送到其他交易所。这一服务的作用在于，此交易所中的市场参与者可以在30毫秒内抢先买断市场流动性，并提交更高的报价，迫使该交易者以更高的报价成交，高频交易商因而可以从差价中获取利润。

例如，甲欲以每股16.3美元买入50万股A公司股票，在纳斯达克交易所下达该笔订单后，未能成交，此时全国最佳报价是每股16.2美元。按照SEC的规定，纳斯达克交易所应立即将该笔订单转送到其他交易所撮合交易。但纳斯达克交易所没有这样做，而是将该笔订单闪现给市场中的其他参与者，停留时间为30毫秒。交易所这样做的原因一般有两个，其一，使卖方的报价无须在限价订单簿显示即可交易。若交易者想大额售出A公司股票，仅仅在订单簿上挂出该卖单就会导致A公司股价下跌。因此，闪现订单服务可为这类大额交易者的交易提供便利，防止因申报订单而利益受损。其二，交易所本身也可从该服务中获利，不必将该订单取消或转发给其竞争者，即可在该交易所撮合成交。

高频交易者的交易系统看到了该订单，就利用这30毫秒的时间自动从其他交易所中买入A公司股票，成交价格为每股16.2美元。此时该订单再到达其他交易所时，全国最佳报价为16.2美元的股票已经被卖完了，高频交易商则重新提交报价为16.25美元，全国最佳报价由此变成16.25美元。该交易者则以16.25美元的价格买到50万股A公司股票，高频交易商则由此每股获利0.05美元。闪电订单服务将一小部分特权阶级置于其他投资者之上，通过投资者之间交易速度的不平等造成市场不公平，破坏了市场完整性，会导致投资者逐渐失去对证券市场的信心，因此已被法律禁止。虽然在我国目前的资本市场结构下，闪电订单服务不具有存在的可能性，但这一交易策略仍反映了高频交易潜在的危险性。

最后，高频交易者还可能利用超高的信息分析速度，分析市场中的信息流，预测机构投资者的大额订单，进行抢先交易获利。虽然高频交易者或许没有采用频繁报撤单这一明显不当的手段探测市场信息，但是其分析信息流或订单流以击败其他投资者，预测市场反应以获利，本质上仍是一种操纵市场行为。该交易策略与普通的价值投资者预测市场行情的区别在于，抢先交易人不是基于经济基本面或某个公司的经营状况预测其股价变动情况，而是基于其他投资者的下单情况或整个市场内部微观结构的反应以掠夺其他投资者的行为进行获利。

抢先交易的本质是一种扰乱市场的行为。正常而言，投资者通过预测证券价格进行获利只是一种可能性，是其基于长期观察或研究分析，以股票的价值为基础进行价格预测，而抢先交易行为人的预测是一种对他人交易情况的确定性的提前知晓。抢先交易行为人在扣除其交易成本之后，确定知晓其一定能够获利，这与基于价值的预测所带来的获利可能性存在根本不同。高频交易中抢先交易利用提前获知的信息与超高的交易速度进行获利，这在多层级的资本市场以及实施"T+0"交易方式的背景下才有可能。在我国资本市场结构较为简单，实施"T+1"交易制度的环境下，抢先交易策略较难实施，但随着我国资本市场结构的发展及市场开放性的不断提高，不乏出现抢先交易的可能性。

4. 我国证券期货市场中已出现的高频交易

高频交易等程序化交易距离我国证券期货市场并不遥远，甚至已经对市场产生了不利影响。例如，在 2013 年发生的"光大证券乌龙指事件"中，光大证券在进行交易型开放式指数基金（ETF）套利交易时，因程序错误，其所使用的交易策略系统以 234 亿元巨量申购 180ETF 成分股，实际成交达 72.7 亿元，引起沪深 300、上证综指等大盘指数剧烈动荡，造成证券市场巨大波动，广泛地损害了其他投资者的利益。"光大证券乌龙指事件"虽然最终被定性为内幕交易，但这实质上是一个由程序性交易引发的错误交易，可通过错误交易撤销制度予以纠正。由于我国目前缺乏证券错误交易处理机制，无法很好地应对以"光大证券乌龙指事件"为代表的程序化交易所导致的各种不利后果。[1]

又如，在 2017 年发生的"伊世顿国际贸易有限公司（以下简称'伊世顿公司'）操纵期货市场"案（以下简称"伊世顿"案）中，伊世顿公司利用高频程序化交易软件极大提高了下单速度，达到 30 毫秒/笔，一秒最多能下单多达 31 笔，而中金所对于期货市场行情的反馈时间为 500 毫秒/次，因此，在中金所每次行情反馈的过程中，行为人已经完成了接近 20 次下单，市场监管在高频交易技术下存在空白，当事人利用高频交易能够直接影响期货市场的价格走向，造成市场的极大波动。

在"光大证券乌龙指事件"与伊世顿案中，高频交易对我国证券期货市场造成重大不利影响。此外，证监会也在证券市场执法实践中对高频交易中的操纵市场行为进行处罚，典型的如 2018 年的"郑领滨"案。[2]当事人在集合竞价阶段虚假申报，撤单行为与买入行为相对应，委托价格和委托数量一致，且申报订单与撤销订单时间间隔短，申买委托撤单量占申买量的 99.79%，占市场同期撤单总量的 27%，导致该股当日涨停收盘，与大盘偏离指数达到 7.82%。证监会认为，当事人这种不以成交为目的、频繁反复进行申报并撤销申报的行为构成操纵市场行为。"郑领滨"案中的申报后撤销申报，且间隔时间短的交易模式也具有一定的高

[1] 伍坚：《证券错误交易处理机制研究》，上海人民出版社 2021 年版，第 50 页。
[2] 《中国证监会行政处罚决定书（郑领滨）》，〔2018〕127 号，2018 年 12 月 28 日发文。

频交易特征。

（三）高频交易行为的类型化认定

操纵市场的概念由来已久，但充满争议。在美国颁布《1934年证券交易法》时，就将禁止操纵市场作为证券法律的核心。尽管如此，除了洗售、对敲等少数操纵手段，证券法中并没有关于操纵市场的定义，法院也一直在努力尝试为操纵市场作出合理定义。甚至在学界，对于操纵市场这一术语也未达成共识。费舍尔和罗斯在其文中分析了操纵市场常见的定义及其中的缺陷后，认为操纵市场的定义应为：进行该交易是为了使市场价格向某一个确定的方向移动，且行为人相信如果没有该交易，市场价格就不会向该方向移动，因此，行为人获利完全是因为其影响价格的能力，而不是因为其掌握了有价值的信息。根据该定义，操纵市场的交易策略包括以影响价格为目的，向市场中发送大笔订单而非进行真实交易的行为，这一交易策略能够获利的关键在于行为人成功欺骗了其他投资者。

高频交易操纵实质上仍然是市场操纵行为，只不过以高频交易为手段，是利用高频交易人为干扰市场供求并误导其他投资者的行为。[1]高频交易中的幌骗交易、塞单与抢先交易等策略是市场中新出现的交易手段，其合法性存在较大争议。如有人认为幌骗交易是正常的交易行为，因为在某些市场状况下，订单无法成交，也可能表现为申报后撤销申报的行为；也有人认为，抢先交易是一种内幕交易，因为行为人通过不正当的手段提前预知了某些市场信息等。[2]本书认为，根据操纵市场行为的类型化认定理

---

〔1〕　沈友耀、薛恒：《论高频交易操纵的规制路径》，载《现代经济探讨》2019年第7期，第127—132页。

〔2〕　Scopino, Gregory, "The（Questionable）Legality of High-Speed 'Pinging' and 'Front Running' in the Futures Market", *Connecticut Law Review*, Vol.47, p.607（2015）.

论，幌骗交易与塞单属于欺诈型操纵，抢先交易属于交易型操纵，从其实质危害性而言，都是应予禁止的操纵市场行为。

1. 幌骗交易、塞单属于欺诈型操纵

对于幌骗交易中的某些交易行为，如频繁、反复下单买入（或卖出）等，与正常的交易行为区分并不明显。尤其是与我国证券法中的连续交易操纵有相似之处，二者都表现为连续买入。因此，有观点认为高频交易应认定为连续交易操纵，幌骗交易只是典型的连续交易操纵的技术增强版。[1] 但是，笔者认为连续交易操纵无法揭示幌骗交易的欺诈性，幌骗交易的本质是不以成交为目的，频繁、反复申报并撤销申报，通过虚假申报的手段操纵证券市场的一种行为。其本质与洗售操纵类似，在我国证券法中，洗售操纵是指在自己实际控制的账户之间进行交易的行为。实际上，洗售操纵的本质是自我交易，没有产生真实的所有权转移，是一种虚假交易，属于欺诈型操纵，其违法性在于制造虚假的交易活跃假象以欺骗或误导其他投资者。在此意义上，幌骗交易中的虚假申报行为也是通过不以真实成交为目的，申报订单并迅速撤销申报，制造虚假的交易活跃假象。

而连续交易操纵的本质是通过表面合法的交易行为制造人为价格，连续买入（或卖出）是推高（或拉低）证券价格的一种手段，与幌骗交易中的频繁买入行为存在本质的区别。塞单与幌骗交易有一定的相似性，均是通过向市场中下达大量订单后立即撤销的方式扰乱市场的正常运行，也具有明显的欺诈性。且塞单并不表现为连续交易操纵中的连续买入这一行为特征，甚至一次申报后撤销申报的行为也构成塞单。因此，对于操纵手段的认定，

---

[1] Korsmo, Charles R., "High-Frequency Trading: A Regulatory Strategy", *University of Richmond Law Review*, Vol. 48, p. 551 (2014).

应综合当事人的行为在整个交易策略中的作用与功能进行全面的判断，避免断章取义、以偏概全。

　　美国《商品交易法》中已经对幌骗交易作出禁止性的规定。美国法院也对幌骗交易的欺骗性与违法性达成了共识，认为幌骗交易如申报又立即撤销申报期货合约订单的行为导致了误导性的交易活跃假象，违反《商品交易法》第 4c（a）条、第 4c（a）（5）（C）条、第 6（c）（1）条和第 9（a）（2）条等规定。[1] 第 4c（a）条经过《多德·弗兰克法案》的修正，在洗售、对敲、虚假交易及导致报告、登记和记录非真实的价格四类违法行为的基础上，又增加了第五类扰乱市场的行为，包括幌骗交易、违反买卖报价规则以及尾市交易等。[2] 尤其是在第 4c（a）（5）（C）条中，明确规定了禁止不以成交为目的发出买卖订单的行为。第 6（c）（1）条中规定禁止轻率的、基于欺诈的操纵。第 9（a）（2）条中规定禁止提供虚假、误导性的作物或市场信息或报告，或故意提供不准确的作物或市场信息或报告。《商品交易法》第 9（a）（2）条同时也已被 CFTC 规则第 180.1（a）（4）条细化。总之，美国《商品交易法》将幌骗交易定性为一种欺诈性的、扰乱市场的行为，应予禁止。

　　近年来，CFTC 根据以上法律规定对幌骗交易活动作出了处罚，如"盖尔伯集团"案"和邦吉全球市场公司"案等。[3] 在 CME 的电子交易平台 Globex 开盘前时段，当事人进行了涉案的幌骗交易活动。在开盘前时段，订单无法成交，但在开盘前的 30 秒内，订单随时可成交。在开盘前，CME 会根据 Globex 中未成交的

---

　　〔1〕　CFTC v. Moncada, No. 12 Civ. 8791, 2014 WL 2945793（S. D. N. Y. Dec. 4, 2012）.

　　〔2〕　商浩文:《美国首例"幌骗"型高频交易刑事定罪案及其借鉴》，载《华东政法大学学报》2019 年第 2 期，第 156—167 页。

　　〔3〕　In re Gelber Grp. , 2013 WL 525839; In re Bunge GlobalMlas. , 2011 WL 1099346.

订单计算指示性开盘价，一旦开盘，交易价则定为未成交订单的买价与卖价之间的某个价格，而指示性开盘价则是此数字的一个预测性估计。指示性开盘价将先发送给 Globex 的用户以及 CME 的数据接收端，之后很快向公众披露。

而在美国"盖尔伯集团"案、"邦吉全球市场公司"案等判例中，涉案的交易员在开盘前时段，以不同价格向 Globex 发送大额买单，之后取消，这些买单使指示性开盘价随其报价而波动。因为当事人知道指示性开盘价正随着他们的订单而波动，所以能够预测不同价格水平的市场深度。CFTC 认为，当事人违反了《商品交易法》第4c（a）（2）（B）条和第9（a）（2）条使市场中报告了非真实的价格，以及使市场中传播虚假、误导性或明知不准确的信息以影响商品的价格。尤其在"邦吉全球市场公司"案中，CFTC 认为当事人利用在开盘前阶段探测期货合约的市场深度，得到了其他投资者无法获得的信息，以获得超过其他投资者的优势地位。该案的当事人也承认，"有时在开盘前阶段申报订单，并没有成交的意图，而是为了探测市场情况。"[1]这种不以成交为目的，影响证券交易价格的行为具有欺诈性，构成欺诈型操纵。

2. 抢先交易属于交易型操纵

从表面来看，抢先交易的行为模式是先进行小额交易，再进行反向的大额交易，都是真实的交易行为，与其他正常的交易活动没有明显区别。因此，抢先交易的违法性根源值得深入探究。从本书对操纵市场行为的分类而言，抢先交易实质上是一种交易型操纵，是交易型操纵中的公开交易型操纵。公开交易型操纵行为人能够获利的关键在于，其预测到市场会对他的交易行为产生不对称的价格反应，即卖出订单所导致的价格降低幅度低于买入

---

〔1〕 In re Bunge GlobalMlas., 2011 WL 1099346.

订单所导致的价格上升幅度，以实现低买高卖。高频交易中的抢先交易人就是通过高速盯单、试单等策略，提前预测市场对订单的反应以获利。

根据前文对公开交易型操纵违法性根源的理论阐释，公开交易型操纵之所以应予禁止，关键在于其损害了市场效率和市场公平。通过市场微观结构理论进行分析，公开交易型操纵会损害基于价值的知情交易者与流动性提供者的利益，造成不公平的财富转移。公开交易型操纵行为人投入大量的成本与资源用于对市场状况的提前预测，用以掠夺其他的交易者与流动性提供者，浪费本可以投入其他于社会有利事业的社会资源，不利于市场的长远发展。且公开交易型操纵通过交易间接向市场释放了大量污染性信息，导致价格偏离真实供求影响下的真实价格，降低了价格准确性与市场流动性。因此，抢先交易作为一种公开交易型操纵，是应予禁止的操纵市场行为。

（四）高频交易对虚假申报操纵监管提出的新挑战及应对

高频交易中的抢先交易行为在我国目前的市场条件下基本不具有可操作性，因此不予进一步分析。但若抢先交易中试探市场的行为也表现为故意频繁取消订单的行为模式，也可能构成操纵市场行为。幌骗交易与塞单行为已经出现在我国的证券期货市场中，对市场造成了不利影响，构成操纵市场行为，因此，笔者将对这两种高频交易违法表现模式的认定规则进行进一步分析。

1. 虚假申报操纵手段未完全涵盖幌骗交易、塞单

在我国的操纵市场行为认定中，虚假申报操纵是与高频交易最为接近的认定规则。高频交易中的幌骗交易与塞单都包含不以成交为目的，申报后撤销申报的行为。与虚假申报操纵不同的是，虚假申报只是幌骗交易行为模式的一部分，幌骗交易还包含少量的真实交易，即在虚假申报后还包括一个反向交易行为。而塞单

不一定表现为频繁、反复的虚假申报，一次性申报大额订单后撤销申报的行为也可能造成市场的剧烈波动，构成塞单。因此，我国目前的操纵市场行为认定规则并不能完全涵盖高频交易中的操纵市场行为。如 2007 年《操纵行为认定指引》中规定，频繁、反复是指三次以上申报后撤销申报的行为。而在实践中，有行为人抗辩其只进行了一次申报后撤销申报的行为，其行为并不具有频繁、反复性特征，不应被认定为操纵市场行为。[1]且有些正常的交易行为也可能因市场缺乏流动性而表现为申报后撤销申报的行为。因此，如何认定高频交易中的幌骗交易、塞单等行为，使之与正常的交易行为相区分就成为执法实践中的难题。

2. 幌骗交易、塞单认定规则之重塑

高频交易中的幌骗交易、塞单等具有明显的欺诈性，可能导致证券期货市场价格剧烈波动，不利于定价准确性与流动性，容易误导其他投资者，破坏市场完整性。面对程序化交易所带来的挑战，我国于 2019 年修订《证券法》之时将虚假申报操纵加入禁止的操纵市场手段之中，能够打击一定范围内的幌骗交易和塞单行为等。但是，虚假申报操纵并不能完全涵盖高频交易中的违法手段，在执法实践中也可能囿于法律规则的局限性纵容某些违法行为。因此，应对虚假申报操纵认定规则进行反思，使之适用于高频交易所带来的监管难题。

首先，应从欺诈型操纵的本质认定是否构成操纵市场行为。[2]根据本书的操纵市场行为类型化认定理论，虚假申报操纵属于欺诈型操纵，其违法性本质是不以成交为目的，通过申报后撤销申

---

[1] 如郑领滨案。(《中国证监会行政处罚决定书（郑领滨）》，[2018] 127 号，2018 年 12 月 28 日发文。)

[2] 吴任桓：《高频交易中的新型市场操纵行为认定研究》，载《法律与金融》编辑委员会组编：《法律与金融》（第四辑），法律出版社 2017 年版，第 172 页。

报欺骗、误导其他投资者，是一种证券欺诈行为。因此，在执法实践中，监管机构只有以当事人的行为是否构成欺诈这一理念综合判断是否构成操纵市场行为，而不是局限于规范对某一个操纵手段的认定，才能更好地把握欺诈型操纵市场行为的实质，对市场中的违法行为进行有效监管。例如，欧盟在其《反市场滥用条例》中将"试图操纵市场"也纳入法律规范，具体包括"操纵市场行为尚未开始"与"操纵市场行为已经开始但尚未完成"两种形态。[1]若能够证明行为人有特定的操纵意图，其进行某行为就是为了操纵市场，则应根据事实的本质判断其行为性质，即使行为人只申报并撤销申报一次，也可能构成"试图操纵市场"，应受到处罚。[2]

其次，应通过行为模式、主观状态、市场情况等要素综合判断行为人是否构成虚假申报操纵。目前，我国证监会的执法实践中已经运用撤单比例、委托申报占申报前市场待成交买量的比例、驻留委托时间等要素综合判断行为人的操纵意图与行为模式的违法性。[3]但是，除了将行为人的交易行为与市场状况进行对比分析，还应注意将之与其他市场投资者的行为进行比较分析。因为在某些市场条件下，即使行为的撤单比例等定量因素较高，也可能是正常的交易行为。在大多数情况下，行为人的撤单比例是大致相似的，因此，将行为人的撤单比例与其他市场参与者的交易比率进行比较，更能证明行为的不当性与违法性，更具说服力。

---

〔1〕 刘春彦、林义涌：《欧盟反市场操纵制度的变革与启示》，载《德国研究》2021 年第 1 期，第 119—133 页。

〔2〕 邢会强：《证券期货市场高频交易的法律监管框架研究》，载《中国法学》2016 年第 5 期，第 156—177 页。

〔3〕 见本书第六章第二节中对虚假申报操纵的针对性分析。

例如，在美国首例"幌骗型"高频交易刑事案件中，法院请美国国家经济研究协会经济咨询公司的高级副总裁出庭做证，被告人的订单与实际成交量的比率约为 1.6%，而其他市场参与者的交易比率在 91% 到 264%。通过行为人订单与实际成交量的比率显著低于其他市场参与者的交易比率，很好地证明了行为人交易活动的异常性，为证明行为的不当性提供了有力证据。且一般而言，高频交易者 65% 的大额订单在市场上停留时间会超过一秒，而在该案中，行为人只有 0.57% 的大额订单在市场中停留超过一秒，进一步证明当事人申报订单的目的不是成交。在另一起案件"萨劳"案中，CFTC 举证当事人的算法交易的撤单率是 99% 以上，而同类交易的撤单率低于 49%，因此其具有在成交前撤单的主观意图，构成幌骗交易。[1]

在我国证监会的执法实践中，也提到了订单驻留时间的证据。如在 2014 年的"苏颜翔"案中，证监会提到当事人订单的驻留时间很短，大都为几秒、十几秒等。虽然几秒、十几秒确实是一个不长的时间，但是缺乏同等条件下与其他投资者订单驻留时间的比较，其行为的异常性说理信服度不高。[2] 又如，在 2018 年的"刘坚"案中，证监会认为当事人在开盘后短短两分钟的时间内撤单，说明其并非以真实交易为目的下单，对当事人根据市场走势进行下单后取消订单的申辩不予采纳。[3] 此处的驻留订单时间虽短却又有两分钟，与"苏颜翔"案中的订单驻留时间相比并不短。因此，在认定当事人的行为是否构成虚假申报操纵时，既要关注

---

〔1〕 商浩文：《美国首例"幌骗"型高频交易刑事定罪案及其借鉴》，载《华东政法大学学报》2019 年第 2 期，第 156—167 页。

〔2〕 《中国证监会行政处罚决定书（苏颜翔）》，〔2014〕12 号，2014 年 1 月 15 日发文。

〔3〕 《中国证监会行政处罚决定书（刘坚）》，〔2018〕108 号，2018 年 11 月 13 日发文。

当事人本身行为的异常性，如撤单比率高、订单驻留时间短等，也要通过将当事人的行为与其他投资者的行为或市场状况进行比较，才能进一步说明当事人行为的不当性，提高证据的说服力与虚假申报操纵执法的信服力。

最后，虽然通过当事人行为的异常性可以推定其操纵意图，但在认定是否构成操纵市场行为时，也应重视当事人的申辩。若行为人能够合理解释并提供充分证据证明其交易的合理性，即使异于一般的交易行为，也应对行为人的申辩予以充分考虑，在此基础上综合判断是否构成操纵市场行为。[1]

3. 程序化交易监测监管制度之构建

我国目前的市场行情技术使执法部门对幌骗交易、塞单等行为的侦查存在一定困难，应加强针对程序化交易的监测系统。对此，我国证券期货监管机构证监会以及自律组织上交所与深圳证券交易所（以下简称"深交所"）等已经作出了一定的努力，出台了一系列规章制度。如在"光大证券乌龙指事件"后，2015年证监会起草了《证券期货市场程序化交易管理办法（征求意见稿）》，旨在为规范程序化交易建立监管框架。该意见稿第2条明确，程序化交易是指通过既定程序或特定软件自动生成或执行交易指令的交易行为。并在第18条明确程序化交易不得有影响交易价格或交易量的行为，包括洗售交易、虚假申报交易、收盘交易、幌骗交易等影响证券期货市场正常交易秩序的行为。对于禁止的程序化交易行为，其显著特征是"影响交易价格或交易量"，与《证券法》中对操纵市场的概括性规范如出一辙。由此也可以看出，程序化交易中的虚假申报、幌骗等行为也基本被我国证监会

---

[1]　吴任桓：《证券期货高频交易中的市场操纵行为规制研究》，载《金融服务法评论》2019年第1期，第390—415页。

归类为操纵市场行为。

此外，该意见稿中还规定证券期货公司应当承担对其客户高频交易系统的核查义务和信息保存义务，对无审核通路等行为加强监管，降低了扰乱市场的风险。但有观点认为，由证券期货公司审查其客户的高频交易系统存在利益冲突，不利于对高频交易的算法等商业秘密保护。此外，由证券期货公司保存其交易信息也是不足的，不利于对高频交易进行实时监控与历史追踪。[1]

自该征求意见稿出台后，证监会迟迟未发布正式文件，但在2019年，深交所发布了《关于股票期权程序化交易管理的通知》，在2021年，深交所与上交所又发布了《关于可转换公司债券程序化交易报告工作有关事项的通知》。这些通知中规定了程序化交易投资者应向交易所履行报告义务。同时，交易所会员应履行对其客户程序化交易软件或接口进行审核、测试及认证等义务，建立起会员程序化交易的接入管理制度与交易所层面的信息报告制度，加强对程序化交易的监管。

在对程序化交易的监控方面，从证券期货公司信息保存义务，到向交易所的报告义务，我国目前的程序化交易监管实践建立起了程序化交易投资者与交易所层级监管的良性互动。该报告义务是通过提前向交易所系统上传《程序化交易投资者信息报告表》的形式履行。[2]会员首次进行程序化交易的，应在交易前三个交易日向交易所报告。会员的客户更需提前向会员报告，由会员向交易所报告。该报告内容并非交易信息，而是关于交易策略类型、最高申报速率、程序化交易软件名称及版本号、程序交易软件开

---

〔1〕 彭祺：《高频交易监管制度的实然与应然——兼评〈证券期货市场程序化交易管理办法（征求意见稿）〉》，载《金融服务法评论》2019年第1期，第416—433页。

〔2〕《深圳证券交易所关于可转换公司债券程序化交易报告工作有关事项的通知》，深证上〔2021〕179号，2021年2月5日发布，四。

发主体等的情况报告。相比而言，美国目前对高频交易的监管方式是为每个高频交易者分配专门的识别代码，根据该代码识别其交易行为，经纪商在发生交易的次日，应将其交易记录上报给SEC。总体而言，美国对高频交易的监管方式是事后监管、执法机构层面的监管以及交易记录监管，而我国目前对高频交易的监管方式是事前监管、自律组织层面的监管以及交易软件监管。

构建有效的高频交易监管制度主要包括三个维度，分别是高频交易者身份识别机制、高频交易信息保存机制与高频交易市场监控机制。在高频交易者身份识别机制方面，我国已通过交易所会员报告制度初步建立起程序化投资者身份库。但在交易前报告程序化投资者身份信息的事前监管有一定的商业秘密泄露风险，提前为高频交易者发放特殊的身份识别码可避免此类风险。在高频交易信息保存机制方面与市场监控机制方面，我国目前的监控体系还不完善，交易软件监管无法对实时进行的交易进行及时监控。美国要求高频交易者在交易后向 SEC 报告交易信息的措施可提供借鉴。此外，美国在 2012 年时就授权其证券自律组织开发证券期货市场的合并审计跟踪系统，以对市场中进行的交易进行实时监控与记录。虽然该系统的开发与执行过程存在一定的争议，但也是未来对程序化交易进行监管的方向，有利于交易信息收集、保存，提高监管能力，值得我国参考。

总之，高频交易行为是不断变化的，高频交易者不断创新其交易策略与算法，给监管带来了更大的挑战。监管机构应以动态的监管方式，对实时的市场信息进行及时反馈，并引导市场参与者及高频交易者进行风险规避与自我保护。[1] 对于高频交易的监

---

〔1〕 Korsmo，Charles R.，"High-Frequency Trading：A Regulatory Strategy"，*University of Richmond Law Review*，Vol. 48，p. 529（2014）.

管应区分具体的行为模式，判断具体行为是否违反证券期货法律法规中禁止操纵市场的规定，此外，也应从市场监管制度的角度出发，全面建立高频交易的身份识别、交易记录与实时监控制度，在保护交易创新活力的同时维护证券期货市场的良性发展，更好服务实体经济。

三、蛊惑交易操纵：故意释放虚假性信息诱导交易

我国《证券法》在 2019 年修订中，增加了四项关于禁止操纵市场行为的手段，其中就包括蛊惑交易操纵。这一修改弥补了此前的"法律漏洞"与"法律空白"，有利于金融监管机构更有效地查处蛊惑交易操纵行为。[1] 该操纵手段规定在《证券法》第 55 条第 1 款第 5 项中，是一种利用虚假或不确定的重大信息，诱导投资者进行证券交易，影响或意图影响证券交易价格或证券交易量的行为。美国《商品交易法》第 6（c）条、第 9（a）（2）条也均禁止蛊惑交易操纵。[2]

根据我国 2007 年《操纵行为认定指引》，蛊惑交易操纵的构成要件主要有三个：第一，具有利用虚假或不确定重大信息的行为。即行为人利用的信息必须具有重大性，如《证券法》中规定的中期报告、年度报告、重大事件及内幕信息等，或对证券市场有重大影响的经济金融政策、证券交易信息、投资者或证券经营机构信息等。美国期货立法中将"重大信息"界定为信赖该信息的理性投资者决定其交易决策时极为关键的信息，包括但不限于与现货相关的信息、期货持仓信息、交易策略、交易所或其会员

---

〔1〕 李珍、夏中宝：《新〈证券法〉中操纵市场条款修订的得失评析》，载《金融理论与实践》2020 年第 7 期，第 82—89 页。

〔2〕 程红星、王超：《美国期货市场操纵行为认定研究》，载《期货及衍生品法律评论》2018 年，第 83 页。

的财务状况、监管机构的监管行为、自律监管组织或相关交易所建议采取的监管举措等。相较而言，我国操纵市场执法实践中的重大信息认定标准是客观的，对证券市场产生重大影响的信息为重大信息，而美国证券法中的重大性认定标准是主观的，即对理性投资者的投资决策会产生重大影响的信息为重大信息。究竟如何判断信息的重大性，还需深入研究。此外，该信息可以是虚假的，也可以是不确定、不准确、不完整的信息，重点是能够诱导其他投资者在不了解事实真相的情况下作出投资决定；且行为人不论是信息的编造者，还是传播者或散布者，只要利用了该类信息，就应认定为满足蛊惑交易操纵的第一个构成要件。[1]

第二，在编造、传播该类信息之前或之后进行了证券交易，即在编造、传播或散布该类信息之前买入证券，而在股价发生波动之后卖出以便取得经济上的利益，反之同理。

第三，行为人是故意进行此行为的，而非偶然或疏忽所导致。具体而言，对于蛊惑交易操纵，无须证明行为对证券市场造成了损害，只要证明行为人故意进行了不当的操纵行为即可。纵使没有人为价格的产生，散布虚假信息仍应因其行为的违法性与主观的故意性受到法律的制裁。

四、抢帽子交易操纵：故意公开荐股并反向交易

根据我国《证券法》第55条第1款第6项，抢帽子交易是指对证券、发行人公开作出评价、预测或投资建议，并进行反向证券交易，影响或意图影响证券交易价格或交易量的行为。该操纵行为的主体一般为证券公司、证券咨询机构、专业中介机构及其工作人员等，也不乏其他有一定公信力的社交媒体账号持有人等，

---

[1]　2007年《操纵行为认定指引》第19条、第31—34条。

这些行为主体的共同特点是能够通过对证券及其发行人作出评价、预测或投资建议，影响该证券的市场价格，进而自己通过反向交易以获利。[1]但行为主体的公信力不是认定该行为是否构成抢帽子交易操纵的必要条件，只要行为人对证券或其发行人的评价、预测或投资建议使该证券的交易价格或交易量产生变化，而行为人自己却进行了反向交易行为，就应认定该行为的欺诈性，构成抢帽子交易操纵。[2]

此外，所谓"公开作出"既可以是行为人在报刊、电台、电视台等传统媒体上作出，也可以是在电子网络媒体上作出的评价、预测或投资建议。且从事会员制业务的证券公司或证券咨询机构，通过以上媒体或利用传真、短信、电子信箱、电话、软件等工具面向会员作出的评价、预测或投资建议也视为"公开作出"。[3]例如，行为人对市场进行走势预测、价格预估、给予投资建议等，故意引导其他交易者做相关的交易，而自己却作出相反的投资决策以获利。[4]

例如，在 2009 年的"余凯"案中，余凯利用其所控制的 35 个证券资金账户，在荐股文章发布之前大量买入荐股文章推荐的"莲花味精"等 32 只股票，在荐股文章发布后迅速卖出，累计交易金额达 41.7 亿元，累计获利 3959 万余元。此前的 2008 年 2 月至 2009 年 3 月，他曾用同样手法，使用其控制的 8 个个人证券账户预先买入了"ST 金花"等 45 只股票。在此期间，余凯共进行了 53 次交易，交易金额达 10.63 亿元，非法获利 1466 万元。而这

---

〔1〕 左坚卫、张淑芬：《"抢帽子交易"型操纵证券市场罪研究》，载《法学杂志》2019 年第 6 期，第 86—92 页。

〔2〕 2007 年《操纵行为认定指引》第 35 条。

〔3〕 2007 年《操纵行为认定指引》第 36 条。

〔4〕 杜惟毅、张永开：《期货市场操纵行为的类型及认定标准研究》，载《证券法苑》2013 年第 2 期，第 736—752 页。

些荐股文章其实就是余凯等人写的，从 2009 年 5 月到 9 月，他们共写了 84 篇荐股文章。为了避免引起证监会的警觉，他们不用自己名义发布文章，而是将其交给同为证券从业人员的白杰旻，以白杰旻及其所在的北京禧达丰投资顾问有限公司的名义在多个财经网站发布。通过这些荐股文章在多种媒体之间的轮番发布，吸引广大投资者跟进买入所荐股票，从而拉高这几只股票的价格。在抬高价格的同时，余凯等人就将其之前买入的大量该股票以高价抛出从而赚取差价。[1]余凯案是典型的抢帽子交易操纵，通过故意公开荐股后反向卖出的行为操纵市场。

---

〔1〕 《证监会披露余凯操纵市场案：有人操盘有人做掩护》，载 https://www.chi-nanews.com.cn/stock/2011/12—19/3541233.shtml，最后访问日期：2022 年 3 月 2 日。

第五章
交易型操纵的认定研究

第一节　交易型操纵的认定困境

一、隐蔽性强

交易型操纵是采用表面上合法的手段进行的操纵行为。与欺诈型操纵相比，交易型操纵手段在表面上与正常的交易行为没有区别，更难以进行区分及认定。在交易型操纵市场中，投资者只能观察到证券交易价量的变化，而不能知悉价量变化的原因为何。2020年3月起施行的新《证券法》第55条将"意图影响"增列为认定操纵市场行为的标准，更是意味着一项被认定的操纵市场行为不一定产生影响市场的后果。[1]

但是，表面上合法的操纵行为也会对市场造成危害，如阻碍证券市场正常发挥功能，降低市场效率、破坏其完整性等，法律也应予以制裁。从操纵市场的行为模式构成要件而言，交易型操纵与证券市场中其他正常的交易行为没有区别。以连续交易操纵为例，《证券法》第 55 条第 1 款第 1 项直接概括性地规定禁止"单独或者通过合谋，集中资金优势、持股优势或者利用信息优势联合或者连续买卖"等手段操纵市场，影响或意图影响证券交易价格或交易量。其中并没有明确界定连续交易操纵的违法性，因为连续交易操纵的行为模式——集中市场优势进行连续买卖——与正常的交易行为没有区别，而"影响"证券交易价格或交易量是所有合法的交易活动都可能导致的结果。

又如，行为人在现货市场与期货市场之间进行跨市场操纵。期货合约是一种买方同意在一段指定时间之后按特定价格接收某种资产，而卖方同意在一段指定时间之后按特定价格交付某种资产的协议。假设甲是一个甲醇的终端消费者，其主要业务是生产酒精湿巾，有资源买到大量的甲醇现货。同时甲又在期货市场上购买了甲醇期货合约，此时若甲想要自己手中的期货合约价格上涨，就可在现货市场中大量买入甲醇现货，造成甲醇需求旺盛，资源稀缺的假象。这时甲醇的期货合约价格也会随之上涨，因为期货合约中卖方的义务是交付甲醇，若甲醇紧缺，则甲醇期货合约的价格就会随之上涨。甲就可以高价卖出自己的期货合约而牟利。甲通过在现货市场中制造需求旺盛的假象，影响期货市场中合约的价格，这种操纵手段利用的实质上是两个市场之间的某种

---

[1]　缪因知：《操纵证券市场民事责任的适用疑难与制度缓进》，载《当代法学》2020 年第 4 期，第 126 页。

关联。行为人并不是通过在现货市场的买卖中获利，而是通过这种关联，在期货市场中得到不当利益。

以上的事实模型经常出现在操纵市场案件中，如"卡夫"操纵案等，表明交易型操纵具有很强的隐蔽性。[1] 美国的卡夫食品公司（以下简称"卡夫"）是小麦的最大消费者之一，因为其生产许多需要小麦的标志性产品，例如奥利奥、麦片、饼干、薯片和嘿嘿牌曲奇等。[2] 作为典型实物商品的主要消费者，卡夫代表了商品市场中典型的"好"参与者。因为卡夫不像投机者那样纯粹为了利润而交易；相反，其是小麦的最终消费者，只是利用商品市场来保护自己免受可能对其业务产生重大影响的价格波动和生产原料短缺的影响等。卡夫是期货市场存在的原因之一，就是有这一类市场参与者，即利用市场来抵消其业务固有风险的业务实体，期货市场才最大程度地利于社会。然而在 2015 年，美国商品期货交易委员会（CFTC）指控卡夫操纵小麦市场。

指控卡夫操纵市场是基于其利用期货市场和现货市场之间小麦价格差异的交易策略。期货合约代表的是以固定价格、在商定的日期买卖商品的权利，期货合约的价格与其所依据的资产价格相关，但不一定相同。[3] 因此，小麦期货的价格通常受实物市场状况的影响。2011 年，旱灾使全球小麦作物的质量和产量下降，因此，现货市场上的小麦价格达到历史最高水平。作为回应，卡夫购买了六个月的小麦期货，当时小麦期货的价格比实物小麦便宜。与期货相关的小麦质量不够高，卡夫无法用于制造；尽管如

---

[1] CFTC v. Kraft Foods Grp., Inc., 153 F. Supp. 3d 996, 1002 (N. D. Il. 2015).

[2] CFTC v. Kraft Foods Grp., Inc., 153 F. Supp. 3d 996, 1002 (N. D. Il. 2015).

[3] Irwin, Scott H. and Sanders, Dwight R., "The Impact of Index and Swap Funds on Commodity Futures Markets 6 - 7 (OECD, Food, Agriculture and Fisheries Working Paper No. 27, 2010)", available at http://www.oecd.org/trade/agricultural—trade/45534528.pdf (https://perma.cc/WX5H— MNZD), last visited on 2022-3-12.

此，卡夫仍购买了9000万美元的小麦期货，减少了对现货市场中小麦的需求，导致现货市场中小麦价格下跌。[1]随着实物小麦价格的下降，卡夫"套现"了其期货并避免了540万美元的损失。

卡夫的大笔采购是操纵市场行为还是精明的最终消费者寻求最佳价格的行为？CFTC认为，卡夫的行为构成操纵市场，因为其购买了小麦期货，意图向下操纵小麦的实物价格。但关键是卡夫的交易策略并不涉及通常与市场操纵相关的非法交易或行为。CFTC并未指控卡夫构成"囤积"，也没有指控其交易是虚构的。因为事实上，卡夫在实物和期货市场的所有交易都是合法的；然而，根据CFTC的说法，卡夫仅因其意图操纵市场而构成市场操纵罪。

针对卡夫的指控是交易型操纵的一个例子，即通过表面合法的交易行为实现操纵。[2]近年来，涉及交易型操纵的案例越来越多，美国证券交易委员会（SEC）、CFTC和私人原告越来越多地提起诉讼，指控行为人使用合法的交易手段操纵市场。[3]在针对交易型操纵的执法过程中，SEC和CFTC认为即使复杂的交易策略和新型金融产品隐藏在合法的外表之下，也可能产生扭曲市场价格的影响。[4]他们试图应对这一问题，然而关于行为人承担责任的理论基础存在严重缺陷，无法有效改善市场的运作。总之，从

---

〔1〕　高承志等：《美国期货市场操纵相关立法沿革及实施效果研究》，载《证券法苑》2018年第1期，第335页。

〔2〕　Multer, Maxwell K., "Open-Market Manipulation Under SEC Rule l0b-5 and Its Analogues: Inappropriate Distinctions, Judicial Disagreement and Case Study: FERC's Anti-Manipulation Rule", *Securities Regulation Law Journal*, Vol. 39, p. 102 (2011).

〔3〕　e. g., Scrips America, Inc. v. Ironridge Global LLC, 56 F. Supp. 3d 1121, 1134 (C. D. Cal. 2014).

〔4〕　Evans, Matthew, "Regulating Electricity-Market Manipulation: A Proposal for a New Regulatory Regime to Proscribe All Forms of Manipulation", *Michigan Law Review*, Vol. 113, p. 601 (2015).

交易型操纵行为人整体的交易策略来看，其中并没有明显的不当行为，交易型操纵由于其行为模式的表面合法性，非常隐秘，如果不仔细研究其背后的违法性根源与行为人的动机，确实不易察觉或与正常交易行为相区分。因此，交易型操纵在外观上具有高度的复杂性与隐蔽性，导致对交易型操纵的认定非常困难。[1]

二、定义模糊

交易型操纵很难定义，目前在有益的经济行为和有害的经济行为之间划出的界限过于主观和模糊，监管规则的有效性存疑。[2]传统而言，市场操纵指的是行为人故意进行不当行为，以牺牲他人为代价获利。无论是通过虚假或误导性信息还是通过市场垄断，市场操纵都意味着存在某些不当行为人，故意试图以损害市场正常运作的方式"玩弄市场"。但这种对操纵市场行为模式的预期，却不适用于类似"卡夫"案中这样的行为。在定义操纵市场行为时，法院在很大程度上采取的是"价格的人为性"以及"故意影响价格的不当行为"等模糊概念。在解释美国《商品交易法》中的操纵市场行为时，有法院表示："关于操纵市场的认定标准在很大程度上必须具有可操作性。因此，必须证明行为人有意从事导致价格不反映基本供需关系的行为。"[3]

一些学者也尝试更精确地定义操纵。例如，马蒂斯·尼勒曼斯（Matthijs Nelemans）将操纵定义为行为对资产价格的影响，但他不像法院那样将其称为一种"人为价格"，因为确定何时价格是

---

〔1〕 沈厚富：《证券交易市场操纵行为的法律分析》，载梁慧星主编：《民商法论丛》（第7卷），法律出版社1997年版，第86页。

〔2〕 Lower, Robert C., "Disruptions of the Futures Market: A Comment on Dealing with Market Manipulation", *Yale Journal on Regulation*, Vol. 8, p. 392 (1991).

〔3〕 Cargill, Inc. v. Hardin, 452 F. 2d 1154, 1162 (8th Cir. 1971).

人为的明显非常困难。[1]尼勒曼斯提出，操纵是指对证券价格产生无关或不当影响的行为。也有学者将操纵定义为滥用市场力量对市场价格产生不当影响，将价格操纵定义为在现货商品或期货合约（或两者）市场中，通过支配供给或需求，以及利用这种支配地位故意制造人为的高价或低价，来消除有效价格竞争的行为。

　　尽管存在实质性差异，但从构成要件的角度来看，对于操纵市场的大多数定义都非常相似。这些定义都旨在从故意行为、非疏忽行为、欺骗、人为市场条件、误导性信息、欺诈行为或其某种组合来定义操纵市场的违法性，即试图将操纵定义为故意和有害的不当行为。尽管这些定义在是什么构成损害后果以及应该如何衡量或识别此损害后果方面存在差异。但从构成要件上而言，市场操纵是基于交易者的故意和其对市场造成的损害，二者缺一不可。虽然美国证券法是从操纵意图的角度对其予以认定的，若行为人进行一系列证券交易的目的在于诱导他人购买或出售某证券，则构成操纵市场，[2]但在美国的司法实践中，法院总是试图寻找关于损害后果的证据，而不愿仅通过意图就判定行为人构成操纵市场。欧盟则直接从损害后果的角度对其予以认定，规定向市场释放虚假信号或误导性信号，或导致人为定价的行为是市场操纵行为。[3]

　　我国证券法没有区分交易型操纵与欺诈型操纵。《证券法》第

---

　　〔1〕　Nelemans, Matthijs, "Redefining Trade-Based Market Manipulation", *Valparaiso University Law Review*, Vol. 42, p. 1169（2008）.

　　〔2〕　15 U. S. C. §78j（b）（2012）.

　　〔3〕　Regulation（EU）No 596/2014 of the European Parliament and of the Council of 16 April 2014 on market abuse（market abuse regulation）and repealing Directive 2003/6/EC of the European Parliament and of the Council and Commission Directives 2003/124/EC, 2003/125/EC and 2004/72/EC, Article 12. 1.

55 条第 1 款直接概括性地规定"影响或者意图影响证券交易价格或者证券交易量"的行为是操纵市场行为。但其中并没有明确界定交易型操纵的违法性,因为"影响"证券交易价格或交易量是所有合法的交易活动都可能导致的结果。"意图影响证券交易价格或者证券交易量"这一要件从意图的角度对交易型操纵进行界定,可以认为交易型操纵与其他合法交易活动的区别是行为人在进行交易时有操纵意图,与美国操纵认定的意图模式有一定的相似之处。但行为人的意图难以证明,且该条文中"影响"与"意图影响"的关系并不明确,这更为表面合法的交易型操纵认定增加了困难性。

而由于我国证券司法实践中有行政前置的惯性存在,关于操纵市场的司法实践并不多。即使有,法院也倾向于与证监会的认定结果保持一致意见,其中的原因可能是法官没有信心或能力作出自己关于行为人是否构成操纵市场的司法判断,更重要的原因可能是我国证券法关于交易型操纵的认定规则并不明确,给法官作出自己的裁判构成了障碍。即使在操纵市场司法实践相当多的美国,关于交易型操纵的认定也存在很多争议,认定操纵市场行为的困难性之一就是缺乏公认的定义。[1]美国的证券法和商品法都没有明确定义什么是非法的操纵市场行为,但法律明确禁止特定的交易手段以及一般性的有害行为,如禁止虚构性的交易,禁止欺诈、欺骗性行为及对证券价格的操纵等。[2]有人认为,缺乏定义可能是立法者的严重疏忽,也是造成操纵市场认定标准混乱的原

〔1〕 Coffee, John C. , "Introduction: Mapping the Future of Insider Trading Law: Of Boundaries, Gaps, and Strategies", *Columbia Business Law Review*, Vol. 2013, p. 289 (2013); Putnins, Talis J. , "Market Manipulation: A Survey", *Journal of Economic Surveys*, Vol. 26, p. 953 (2012).

〔2〕 Thompson, Robert B. and Sale, Hillary A. , "Securities Fraud as Corporate Governance: Reflections upon Federalism", *Vanderbilt Law Review*, Vol. 56, p. 872 (2003).

因之一。[1] 鉴于操纵的方法和技术层出不穷、变化多端，操纵的定义应具有足够的灵活性以便随着证券市场实践的发展而变化，但回答哪些行为应被认定为操纵市场行为，在正常的交易行为与操纵市场行为之间建立有指导意义的界限也同样重要。总之，交易型操纵难以认定，不仅由于其行为手段在表面上与其他正常的交易活动并无二致，还因为对交易型操纵的定义模糊，缺乏实践中的可操作性。

三、现有规则错位

我国在 2019 年修订《证券法》之时，新加入了"意图影响证券交易价格或者证券交易量"的操纵市场认定标准，以区别于正常的交易活动。而实际上，该认定规则在交易型操纵的执法中存在错位，无法有效识别非法的操纵行为。美国关于交易型操纵的证券执法实践即可证明这一点。对于美国的 SEC 和 CFTC 而言，合法行为和操纵行为之间的界限基本完全取决于行为者的意图，SEC 和 CFTC 将交易者操纵市场的意图视为表面合法的交易构成操纵行为的必要和充分条件。美国证券法学界也有不少学者持此观点。例如，罗斯和费舍尔认为，立法和司法实践中都没有关于操纵的客观定义，而唯一有意义的定义是主观性的，完全取决于行为人的意图。除法律另有规定，行为人进行交易的目的是诱导其他交易者购买或出售证券，则其从事的是操纵市场行为。若行为人没有此目的，则不构成操纵市场行为。[2] 也有学者认为，意图是市场操纵的基本构成要件，没有操纵意图，行为人的交易根本不具有操纵性，在市场操纵案件中，动机是不可或缺的因素。劳伦斯·

---

〔1〕 McDermott, Edward T. , "Defining Manipulation in Commodity Futures Trading: The Futures 'Squeeze' ", *Northwestern University Law Review*, Vol. 74, p. 205 (1979).

〔2〕 Fischel, Daniel R. and Ross, David J. , "Should the Law Prohibit 'Manipulation' in Financial Markets?" *Harvard Law Review*, Vol. 105, p. 510 (1991).

达米安·麦凯布（Lawrence Damian McCabe）也认为，不正当目的的存在对于确定该活动应构成非法操纵是必要的。[1]

除了 SEC 和 CFTC，指控交易型操纵的私人诉讼中也采用了这种意图认定方法。例如，在"纳米穿孔技术有限公司诉南岭资产管理有限责任公司"案（Nanopierce Techs. , Inc. v. Southridge Cap. Mgmt. LLC. ）中，法院认可原告通过证明被告"存在欺骗原告的动机和机会"充分满足了诈欺故意这一构成要件。[2] 而在"GFL 卓越基金有限公司诉科尔基特"案（GFL Advantage Fund, Ltd. v. Colkitt）中，法院认为原告关于市场操纵索赔败诉的一个原因是，其没有满足关于诈欺故意这一构成要件的证明要求，即没有充分证明被告从事卖空活动的目的是人为压低"国民医疗"（National Medical）和"医疗器械"（EquiMed）股票的价格。[3]

此外，对于某些法院而言，仅证明行为人的意图是不够的，在没有证明"更多事实"的情况下，不应将在公开市场中从事的交易认定为操纵性交易。例如，在"穆勒伦"案中，法院强调行为人没有从事不当行为，因此，原告需要证明操纵意图以及"其他操纵迹象"。在"科尔"案中，法院认为，在交易型操纵索赔案中，原告必须证明以下要素：①被指控操纵者的利润或个人利益；②欺骗意图；③市场优势地位；以及④完成操纵的经济合理性。[4] 希拉里·A. 塞尔（Hillary A. Sale）和唐纳德·C. 朗格沃特（Don-

---

[1] McCabe, Lawrence Damian, "Puppet Masters of Marionettes: Is Program Trading Maniuplative as Defined by the Securities Exchange Act of 1934", *Fordham Law Review*, Vol. 61, p. 223 (1993).

[2] Nanopierce Techs. , Inc. v. Southridge Cap. Mgmt. LLC. , No. 02 Civ. 0767 LBS, 2002 WL 31819207, 2 (S. D. N. Y. Oct. 10, 2002).

[3] GFL Advantage Fund, Ltd. v. Colkitt, 272 F. 3d 189, 211 (3d Cir. 2001).

[4] In re Coll. Bound Consol. Lit. , Nos. 93 Civ. 2348 (MBM), 94 Civ. 3033 (MBM), 1995 WL 450486 (S. D. N. Y. July 31, 1995).

ald C. Langevoort）也分析了法院对诈欺故意的定义观点不一，都想找出"那个与投资者的合理预期一致"的定义。[1]由于 SEC、CFTC 和法院关于交易型操纵的认定标准不同，市场参与者更难预测操纵市场行为与正常交易行为之间的界限，关于交易型操纵的金融监管也更为混乱。

交易型操纵是应予禁止的交易行为，然而，若仅基于交易者的意图而认定此类行为，会偏离反操纵立法的目的。美国政府对交易型操纵采取以意图为中心的认定模式，但一般而言，法律不惩罚"思想"。且操纵意图的证明很难，除了极少数存在直接证据的情况，对操纵意图的证明还是需要存在客观的不当行为或损害后果等间接证据。对于欺诈型操纵而言，以意图为中心的认定规则或许可以适用，从行为模式本身的不当性即可推定行为人的操纵意图。但对于交易型操纵而言，以意图为中心的认定规则存在错位，当事人并没有作出明显的不当行为，因而对其操纵意图的证明实际上并无抓手，或像美国法院，以操纵意图的证明为名而寻求的实际上是对行为损害后果的证明。因此，以意图为中心的交易型操纵认定规则存在一定的片面性，忽略了交易型操纵本身的特殊性与归责基础，削弱了反操纵执法的有效性。如果将常用的市场操纵行为进一步审视，会发现无论是国外的行为型操纵、交易型操纵与信息型操纵分类方式，还是我国的"概括+列举+兜底"型认定方式，最后的落脚点实际上是判定市场操纵行为是否扭曲了市场的供求关系，即对操纵市场所造成损害后果的探求，而非对操纵意图认定规则的适用，因此现有规则存在错位。[2]

---

〔1〕 Sale, Hillary A. and Langevoort, Donald C.，""We Believe": Omnicare, Legal Risk Disclosure and Corporate Governance", *Duke Law Journal*, Vol. 66, pp. 785-786（2016）.

〔2〕 张超、甘培忠：《市场操纵的规范解构和分析框架维度构建》，载《暨南学报（哲学社会科学版）》2019 年第 9 期，第 59 页。

第二节　交易型操纵解析

在交易型操纵中，行为人采用的交易手段是合法的，不涉及虚假陈述、欺诈、虚假的交易或欺骗手段等客观上的不当行为。在没有传统不当行为的情况下，SEC、CFTC 和私人诉讼的原告一般认为，由于行为人在交易时具有操纵意图，其在公开市场所进行的交易具有操纵性。然而，这种认定交易型操纵的框架并没有阐明行为人的交易如何损害了市场，而这才是识别操纵性活动的关键。禁止交易型操纵的理由是表面合法的交易机制也会导致市场的扭曲。下面本书将分析交易型操纵的两种类型：公开交易型操纵和外部利益型操纵，并分析行为人是如何利用在公开市场进行的交易扭曲证券市场的。

一、交易型操纵的再类型化

交易型操纵通常表现为公开的或隐蔽的交易策略。二者都旨在从资产的价格变动中获利，但每种操纵计划实现目标的方式不同。

（一）公开交易型操纵：通过市场不对称的价格反应获利

公开交易型操纵人仅通过交易来扭曲市场，行为人从公开交易型操纵中获得的任何利润都来自在公开市场上执行的交易。简而言之，交易者必须以低价购买证券并能够以高价卖出，从低买入价和高卖出价之间的差额中获利。因此，公开交易型操纵要获利是很困难的，因为当交易者试图低价买入时，理论上此购买行为会拉高证券的价格。同样，当试图以上涨后的价格出售时，该销售又将降低证券的价格。要在公开交易型操纵中获利，交易者必须有某种方法防止证券的价格在购买时上涨，或防止证券的价格在其出售时下降，或两种条件兼备。只有市场对行为人的相应交易产生不对称的价格反应，该行为人才能从这种不对称所产生的差价中获利。总之，行为人的资金、持股比例达到一定要求才能操控证券市场，因而证券的持仓量和交易量占比等因素对于行为危害性的判断具有显性价值。[1]

（二）外部利益型操纵：通过独立的外部利益获利

在外部利益型操纵中，行为人的获利主要来自独立于证券交易的外部利益，并非直接来自证券价格的涨跌。[2]在外部利益型操纵中，操纵者进行交易的目的是触发单独的合同或金融工具中的付款或权利，而此付款金额或权利的定价受到其交易的影响。简而言之，外部利益型操纵行为人在公开市场中执行交易，是为了获得其在市场外部单独但又与证券市场价格相关的合同中的利益。例如，公司高管的奖金数额与其所在上市公司的股票是否能够达到薪酬激励合同所规定的价格门槛相关联。假设此高管交易其公司的股票，抬高该公司的股价，而股价上涨会触发他在合同中的奖金权利，高管将很容易地从薪酬合同中获利。由于此交易与该交易之外的合同利益之间存在联系，该高管的行为属于外部利益型操纵。

在外部利益型操纵中，行为人经常使用金融衍生工具，从衍生品交易的价格变动影响中获利。衍生工具在金融市场中越来越普遍，其价值源于标的资产价值的变化或某些外部事件的发生，

---

〔1〕　商浩文：《论信息型操纵证券市场犯罪的司法认定路径——以 2019 年"两高"最新司法解释切入》，载《法学》2020 年第 5 期，第 50 页。

〔2〕　张超、甘培忠：《市场操纵的规范解构和分析框架维度构建》，载《暨南学报（哲学社会科学版）》2019 年第 9 期，第 59 页。

可使交易者从资产价值的变化中获利，而无需拥有资产本身。[1]衍生工具可以与股票或者商品挂钩，如小麦、玉米或石油等，也可以与某些比率挂钩，例如外汇汇率或利率等。[2]衍生工具包括远期合约、期货、期权和掉期，每一种都可以附加一定的其他功能，使其更为复杂，或更具延展性。

例如，股票看涨期权赋予购买者在指定日期购买指定数量股票的权利。如果交易者认为股票的价格会在未来上涨，则看涨期权对他而言是很有价值的。假设交易员认为 A 公司的股票会在2022 年 3 月 31 日发布季度收益报告后上涨，在 2021 年 11 月 15 日 A 公司的股票交易价格为每股 14 美元。交易员执行了看涨期权，使其有权在 2022 年 4 月 1 日，即行权日，以每股 15 美元的价格购买 A 公司的 100 股股票。如果在行权日之前，A 公司的股价涨到每股 20 美元，那么期权就是"赚钱的"，也就是有利可图。交易者将行使期权并赚取 500 美元的利润。但是，如果 A 公司的股价不超过每股 15 美元，则期权是"亏本的"，期权将因到期而一文不值。由此例可看出，衍生品与商品和期货市场密不可分，金融衍生品的估值与其标的资产直接相关。

因此，外部利益型操纵的关键是利用衍生工具与商品或证券市场之间的联系，通过在商品或证券市场进行交易来影响衍生工具的价格。继续以前文中股票的看涨期权为例，假设随着行权日的临近，A 公司的股票不会上涨至每股 15 美元以上，而交易员不

---

[1] Bratton, William W. and Levitin, Adam J., "A Transactional Genealogy of Scandal: From Michael Milken to Enron to Goldman Sachs", *Southern California Law Review*, Vol. 86, p. 815 (2013); Stout, Lynn A., "Derivatives and the Legal Origin of the 2008 Credit Crisis", *Harvard Business Law Review*, Vol. 1, p. 6 (2011).

[2] Fletcher, Gina-Gail S., "Benchmark Regulation", *Iowa Law Review*, Vol. 102, p. 1929 (2017).

想让他的期权因到期而一文不值，于是在证券市场中购买了大量 A 公司的股票，从而推高了价格。上涨的价格改变了他期权合约的盈利能力。如果没有他在证券市场的交易，该期权将毫无价值。而且重要的是，与公开交易型操纵相比，这种外部利益型操纵中的交易者无需出售其持有的 A 公司股票即可受益。如果行为人成功地对 A 公司的股票施加上行压力，那么他的期权将是有利可图的，而无须在市场上出售股票。公开交易市场中可能存在各种会限制或消解交易型操纵策略盈利性的情况，但衍生工具使操纵者能够避开这些限制性的市场力量而很容易盈利。

一种被认为可能存在外部利益型操纵的策略是尾市交易，这种策略一般是在交易结束时或接近交易结束时进行大宗交易。在尾市进行的交易通常会对证券的定价产生巨大影响，因而在接近收盘时进行的交易能够更有效地影响证券的价格。此外，许多衍生工具的估值标准通常是其标的资产的收盘价，因此收盘价在计算衍生工具的价值时也具有重要意义，改变证券收盘价对于外部利益型操纵行为人来说可能非常有价值。但是，从行为认定的角度而言，由于尾市通常具有很高的交易量，在尾市进行交易本身并不具有操纵性，这种交易可能是有正当理由的。且研究表明，证券市场在收盘前的交易量最大，因为交易者通常会在监控市场全天的活动以及他们的头寸之后才作出交易决策。[1] 尾市交易与卖空行为一样，既可能对市场有利，也可能对市场有害，因而应找到一种认定标准来区分在一天的市场结束时执行交易以操纵市场的交易者，与出于合法的理由在尾市进行交易的交易者，否则可能因打击正常的交易活动而降低市场效率。

---

[1] Fletcher, Gina-Gail S., "Benchmark Regulation", *Iowa Law Review*, Vol. 102, p. 1929 (2017).

二、交易型操纵的典例

（一）利用公开交易获利："马科夫斯基"案

公开交易型操纵的典型案例是"马科夫斯基诉 SEC"案（Markowski v. SEC），在该案中，SEC 恰当地证明了使用表面合法的交易也可能操纵市场。[1] 该案基本事实如下：环球美国公司（Global America, Inc.，以下简称"环球"）承销了山顶公司（Mountaintop Corporation）的首次公开募股（IPO）。在此后六个月中，环球作为主要买方和卖方，在山顶公司证券市场中占据优势地位，从而人为地将山顶公司证券的价格保持在高位。但环球试图控制山顶公司证券价格的尝试最终失败了，且在其退出市场之时，山顶公司证券的价格在一天内下跌了约 75%。

环球执行的有关山顶公司证券的所有交易都是合法的，因为它们是真实的交易，也不涉及欺骗或虚假陈述。然而，SEC 认为，被告因其意图而犯有市场操纵罪。SEC 强调，环球在山顶公司证券市场中占据主导地位，且环球的许多客户投资于山顶公司的 IPO，如果山顶公司股票的交易价格低于其发行价，将导致环球的客户遭受重大损失。美国哥伦比亚特区联邦巡回上诉法院同意 SEC 的意见，认为证明被告存在操纵市场的意图本身就足以证明他们的行为构成市场操纵。考虑到被告对证券市场的严重破坏，法院作出此判决也是情理之中，但笔者认为，法院对被告课以责任的唯一依据是被告的操纵意图略显牵强。被告的意图可以证明其行为的目的性，但法律不应处罚思想，意图本身不足以解释为什么表面合法的交易应予禁止。

（二）利用外部利益获利："马斯里"案与"阿马兰斯"案

外部利益型操纵的典型案例是"SEC 诉马斯里"案（SEC v.

---

[1] Markowski v. SEC, 274 F. 3d 525（D. C. Cir. 2001）.

Masri)。[1] 在此案中，被告利用尾市交易实现公开交易之外的外部利益，SEC 在认定操纵市场时采取了意图模式的认定方法，该案也反映了意图模式存在的固有缺陷。莫伊塞斯·萨巴·马斯里（Moises Saba Masri）是一名活跃的证券交易员，通常每年都进行数千笔交易。马斯里的具体交易策略是，出售超过 80 万股 T. V. 阿兹特克 S. A. de C. V. 美国存托凭证（T. V. Azteca S. A. de C. V. American Depository Receipts，TZA）的看跌期权，该期权的行权价为每股 5 美元，于 1999 年 8 月 21 日到期。随着行权日临近，TZA 的价格开始下跌，逼近每股 5 美元并最终跌破了 5 美元。

在 1999 年 8 月 20 日，马斯里在市场收盘的最后前 10 分钟内购买了 20 万股 TZA 股票，将 TZA 的价格从低于 5 美元拉抬至每股 5.125 美元。如果 TZA 的股票保持在 5 美元以下，马斯里将承担花费 430 万美元购买看跌期权的义务。相反，作为对其突击交易的市场回应，TZA 股价上涨了，该期权因而在到期时毫无价值，使作为看跌期权出售方的马斯里免于损失。然而值得注意的是，马斯里的交易占该市场交易最后一小时所有 TZA 购买量的94%，占当天总购买量的 75%。在指控马斯里构成交易型操纵时，SEC 从交易的"时间、规模和增加的交易量"等方面推断出马斯里的操纵意图。而马斯里则声称他的交易在经济上是理性的，并且他进行此交易行为的动机是鉴于其所持有的其他未过期的期权，其购买行为是基于对 TZA 价值的乐观估计。

法院则认为，如果原告能够证明"若没有操纵意图，被告就不会进行该交易行为"，则可认定被告构成交易型操纵。法院虽然承认马斯里对他的交易所进行的解释是合理的，但拒绝驳回针对他的指控，因为 SEC 对于马斯里意图的证据虽然薄弱，但已经足

---

[1]　SEC v. Masri, 523 F. Supp. 2d 361 (S. D. N. Y. 2007).

够推动诉讼进入下一个程序。法院使用的语言尽管是"操纵意图",但其在认定证据时,竭力试图证明的是马斯里的行为通过"'人为'影响证券价格或向市场注入不准确信息而损害了市场"。若没有证据表明马斯里的行为对市场或其他市场参与者造成损害,即使被告的行为确实可疑,法院也不愿追究其责任。

"CFTC 诉阿马兰斯顾问公司"案(CFTC v. Amaranth Advisors)也是一个外部利益型操纵的例子。[1] 在此案中,CFTC 成功证明了被告构成交易型操纵,被告阿马兰斯顾问公司通过执行在公开市场的交易以确保相关衍生工具能够盈利。阿马兰斯顾问公司是一家专门从事天然气交易的对冲基金,拥有约 90 亿美元的资产。在 2006 年 2 月和 4 月的两个不同时点,其购买了大量在纽约商品交易所(New York Mercantile Exchange,NYMEX)交易的天然气期货合约。在交易最后一天的最后 30 分钟内,阿马兰斯顾问公司向 NYMEX 天然气市场出售了大量天然气期货。在交易的最后 4 分钟,其交易量占该资产所有交易量的 99%。阿马兰斯顾问公司在天然气掉期交易中也持有大量头寸,而其持有掉期的盈利能力取决于 NYMEX 天然气的价格能否下跌。总之,阿马兰斯顾问公司在 NYMEX 天然气期货收盘时进行交易,这有利于其持有的天然气头寸,该天然气掉期是通过 NYMEX 天然气的收盘价估值的。

CFTC 指控阿马兰斯顾问公司及其主要交易员布赖恩·亨特(Brian Hunter)试图操纵价格。亨特在短信中明确阐明了其操纵 NYMEX 的意图,因而 CFTC 能够轻松予以证明。而且重要的是,CFTC 还提供了被诉交易如何破坏市场的证据,这是其胜诉的关键,鉴于原告证明了被告的操纵意图和损害后果,法院认定阿马兰斯顾问公司和亨特犯有市场操纵罪。在该案的分析中,法院重

〔1〕 CFTC v. Amaranth Advisors, L. L. C. , 554 F. Supp. 2d 523(S. D. N. Y. 2008).

点关注的是亨特的交易扰乱了市场，其在尾市所下的大量订单无法在交易收盘前完成，其通过尾市交易压低 NYMEX 的收盘价，不正当地提高了掉期的盈利性。总之，阿马兰斯顾问公司的行为具有操纵性，因为其具有操纵意图，且该交易损害了市场，剥削了市场中的交易对手。

该案强调了明确交易型操纵认定标准的必要性。法院强调，其只考虑操纵意图和能够表明该意图的外在行为，而不考虑这些行为本身是否合法。但在该案的分析中，法院在决定合法交易是否具有操纵性时，也考虑了被告的交易对市场的影响。而将对操纵意图的分析与对损害后果的分析混为一谈会加剧对交易型操纵认定标准的混淆，清晰界定操纵意图与损害后果这两个构成要件的证明标准有利于认定交易型操纵。

三、交易型操纵的构成要件

从行为模式而言，交易型操纵行为人采用的是表面合法的交易行为，没有明显的不当性，无法作为区分正常交易与交易型操纵的依据。因此，操纵意图与损害后果就成为识别交易型操纵的关键性构成要件。对于操纵意图与损害后果之间的逻辑关系，公开交易型操纵与外部利益型操纵的获利方式与违法性根源不同，应对应不同的含义。

公开交易型操纵是指利用表面合法的交易，通过市场不对称的价格反应获利的操纵手段，其违法性根源在于导致了人为价格，损害了证券市场的效率与公平。公开交易型操纵的关键性构成要件是对损害后果的判断，以易导致人为价格的市场条件为基础。操纵意图则应采"一般意图"标准，即只要行为人有意而非意外或疏忽导致该人为价格，就应认定构成公开交易型操纵。

外部利益型操纵行为人通过与证券市场关联的外部利益获利，

其违法性根源是对外部合同相对方不公平。因此，外部利益型操纵的关键性构成要件是操纵意图，即行为人存在获得外部利益的客观条件与动机，还进行可能影响证券市场价格的行为，应认定构成外部利益型操纵。该种操纵的损害后果表现为对市场公平的损害，但若当事人之间的合同中明示允许行为人在证券市场进行相关交易，则不构成对对方当事人不公平的损害后果，不构成外部利益型操纵。

另外，在美国操纵市场法律规制中，除了规制导致人为价格的操纵行为，还规制"试图操纵"。[1]我国《证券法》第 55 条第 1 款中也规定禁止"意图影响证券交易价格或者证券交易量"的行为，可理解为试图操纵行为。如果将是否导致人为价格作为既遂的标志，则操纵类似于既遂犯，试图操纵类似于未遂犯。[2]如果将构成要件中是否包含损害结果作为标志，则操纵类似于结果犯，试图操纵类似于行为犯。[3]

本书认为，在公开交易型操纵中，即使行为人最终没有成功导致人为价格，也应对其作出意图导致人为价格的显著行为进行处罚，才能更有效地识别危害市场的操纵行为。因此，可以将试图操纵视为未遂犯，即实际操纵与试图操纵的识别基础包含操纵意图与损害后果两个构成要件，只是标准有所不同。实际操纵是指故意导致人为价格的行为。试图操纵是指意图导致人为价格的行为，因此，在对公开交易型操纵的"试图操纵"进行认定时，应提高操纵意图的认定标准，由"一般意图"提高到"特定意

〔1〕 钟维：《基于价格影响的期货市场操纵规制理论：反思与重构》，载《法学研究》2022 年第 1 期，第 82—83 页。
〔2〕 殷晓峰、牛广济：《中美资本市场反操纵监管比较及启示》，载《证券市场导报》2014 年第 4 期，第 67 页。
〔3〕 李明良、李虹：《〈多德－弗兰克法〉期货市场反操纵条款研究》，载张育军、徐明主编：《证券法苑》（第五卷），法律出版社 2011 年版，第 1204 页。

图"，才能有效打击试图操纵行为，做到不枉不纵。对于外部利益型操纵，其本身不涉及导致人为价格的结果，因而不涉及试图操纵的问题。

第三节　公开交易型操纵的认定方法

由于交易型操纵行为人采用的是表面合法的交易行为，其操纵意图和损害后果就成为认定交易型操纵违法性的基础。在类型化的路径下，厘清各类交易型操纵的具体构成要件及其具体含义，能够为其认定提供具有操作性的规则。交易型操纵可分为公开交易型操纵和外部利益型操纵，其中，认定公开交易型操纵的基础是厘清其构成要件的具体含义。

一、损害后果的判断：以市场条件为基础

确定价格是否人为需要详细的计量经济学分析，本书则主要从人为价格的含义出发，提供认定公开交易型操纵的思路。人为价格通常指非自然的供求力量所产生的价格，或偏离历史或资产价值的价格。[1]正如本章第二节中的案例研究表明，行为人确实可以通过表面合法的交易创造人为价格，市场中的价格可能被扭曲，而非自然的供求力量形成。总体而言，在以下三种市场条件下，行为很可能通过表面合法的交易扭曲资产价格：其一，行为人拥有市场优势地位；其二，市场异常波动；其三，市场的流动性不足。虽然这些因素本身并不能证明此时的资产价格是人为的，

---

[1] Abrantes-Metz, Rosa M., Rauterberg, Gabriel and Verstein, Andrew, "Revolution in Manipulation Law: The New CFTC Rules and the Urgent Need for Economic and Empirical Analyses", *University of Pennsylvania Journal of Business Law*, Vol. 15, p. 357 (2013).

但是，若市场中存在这些因素，监管机构则应加强对行为人交易合法性的审查，以确定交易是否导致了证券的价格扭曲而具有操纵性。

（一）市场优势地位

资本市场的有效性离不开有序的市场秩序，操纵市场的行为特征本质上是通过非常规交易扰乱市场秩序，使得其他投资者无法对市场进行准确判断，并进而滥用其优势地位，借助一个不受信息支撑的"市场价格"来牟利。其中，关键的一点就是行为导致的"人为价格"。[1]

判断表面合法的交易是否创造了人为价格，一个有益的指标是交易者对市场的控制或支配水平。当一个或多个交易者单独或联合达到了某实物商品、证券或其他金融合同的供应垄断地位，或需求垄断地位，或接近垄断的地位，就可能发生支配或控制市场的行为。在这种情况下，交易者可能利用其市场优势地位决定资产的价格。拥有资产的优势地位本身并不违法，在某些情况下，也确实可能有市场参与者拥有垄断地位。问题不仅在于拥有控制地位，而在于交易者是否利用其市场优势地位影响价格，即是否有囤积或迫仓行为。若交易者通过在公开市场的交易获得了优势地位后，滥用其地位干扰市场的正常运行，即使基础交易是合法的，也应认定构成操纵市场。关于某资产的市场若被垄断，则此资产的价格不再是自然的供求关系形成的，而是人为的。

价格的人为性是认定交易型操纵的重要概念。通过交易者的市场优势地位及该优势地位对资产价格的影响，能够分析资产的价格是否为人为价格，进而认定行为人是否构成交易型操纵。鉴

---

〔1〕 刘沛佩：《市场操纵法律规制的监管难题与制度完善》，载《上海政法学院学报（政治论丛）》2017年第5期，第18页。

于此，表面合法的交易是可能对市场造成损害的，因为交易可以被用来获得市场优势地位，进而被用来形成人为价格，使资产的价格无法反映市场中自然的供求关系。前文中的"马科夫斯基"案就是一个典型的例子，被告控制了市场，并利用该控制地位，人为抬高了证券的价格。[1] 在这种情况下，交易的表面合法性只是转移监管注意力的幌子，被告滥用市场力量扭曲证券价格的行为本质掩藏于合法的交易之下。如果交易者利用其市场地位影响了资产价格，则其行为很可能构成操纵市场。

即使交易者只是短暂占据了市场优势地位，也可能扭曲资产价格。在美国的操纵市场司法实践中，若行为人的市场优势地位未维持数周或数月，法院一般不会认定其构成市场优势地位。[2] 在证券市场等金融市场中，持有某资产时间可能仅为几秒钟，行为人可在更短的时间内拥有市场优势地位。交易者可利用其在资产中持续数分钟或数小时的控制地位扭曲该短暂窗口中的价格。且事实上，鉴于资产收盘价和衍生工具之间的联系，精明的操纵者甚至不需要在数周内控制资产的价格即可获利，几分钟就足够了。问题的关键不是拥有市场支配地位的时间长短，而是市场参与者是否利用了其在市场中的优势地位不当地扭曲资产的价格。

"马斯里"案和"阿马兰斯"案都是短期控制市场的例子，行为人利用短期的市场优势地位导致了人为价格。在"马斯里"案中，被告的交易占关于该资产的交易最后一小时内所有买入量的94%，占当天所有买入量的75%。马斯里的市场优势地位仅持续了一天，但其交易对资产价格施加了人为影响，使资产价格对行为人有利，以便从期权合约中获利。同样，在"阿马兰斯"案中，

---

[1] Markowski v. SEC, 274 F. 3d 525, 527（D. C. Cir. 2001）.

[2] United States v. Mulheren, 938 F. 2d 364, 371（2d Cir. 1991）.

被告的市场优势地位也只持续了几分钟，行为人在收盘窗口的最后 4 分钟内的卖出量占到 99%。即使行为人对市场只有短暂的优势地位，也能够扭曲资产价格，从而达到操纵市场的效果。正如在"马斯里"案和"阿马兰斯"案中，若出现这种极端的市场支配地位，则资产的价格是由供求力量决定的，还是由交易者的控制市场地位决定的，值得怀疑。

因此，市场支配地位是认定价格人为性的有力指标。交易者利用在公开市场进行的交易建立支配地位，随后扭曲资产价格，会损害市场的定价效率。不论是垄断的市场支配地位，还是相对的交易支配地位，都应对行为人所从事的表面合法的交易进行更为严格的审查，因为这些市场条件的存在会对资产价格产生潜在的操纵性影响。

（二）市场的异常波动

从市场的异常波动而言，严重的价格波动也可能表明价格是人为的。一般而言，随着市场条件的变化、预期的调整以及新信息的出现，市场会存在一定程度的波动。[1]然而，异常的价格波动也可能表明资产的价格正在偏离其基本价值。研究表明，受操纵的市场会表现出更高的波动性，因为非操纵性交易者会对操纵性交易产生反应。[2]当交易者在公开市场进行操纵时，他们可能会通过不断对资产价格施加影响而造成市场的波动。

例如，一旦交易者退出市场，资产价格就暴跌，则可能表明之前的价格是因为人为的支撑。在"马科夫斯基"案中，一旦被告无法支撑涉案证券的价格，该证券价格在一天内就暴跌了 75%。

---

〔1〕 Donald, David C., "Regulating Market Manipulation Through an Understanding of Price Creation", *National Taiwan University Law Review*, Vol. 6, p. 64 (2011).

〔2〕 Aggarwal, Rajesh and Guojun Wu, "Stock Market Manipulations", *The Journal of Business*, Vol. 79, p. 1916 (2006).

在"穆勒伦"案中，证券价格的下跌幅度要小得多，但仍然属于股票价格的异常波动。因为被告交易之前，该证券的价格以 0. 125 美元小幅度变化。然而，在价格因穆勒伦的交易而上涨后，其停止了交易，之后股票就下跌了 1. 375 美元。在这两种情况下，资产价格的急剧下跌都不是因为市场中的其他消息或事件等，市场中最重要的变化是被告不再交易该资产。这种价格波动，即使与表面上合法的交易相结合，也应作为可能存在公开交易型操纵的指标进行严格审查，特别是行为人的交易既会导致市场的不稳定，又会导致人为价格，造成对市场的双重损害。

（三）市场的低流动性

若关于某资产的市场规模很小且流动性不足，而关于另一资产的市场非常活跃且流动性高，则行为人更可能在前者的市场条件下利用其交易进行操纵。[1] 对于流动性强效率又高的证券市场，其特点是交易者能够迅速执行订单而不太可能导致资产价格向对其不利的方向移动。例如，若某行为人想快速出手其持有的大量上市公司股票，且此股票的交易非常活跃，则该行为人的卖出不会导致该公司股价的大幅下降。[2]

例如，美国的纽约证券交易所（NYSE）和纳斯达克就是高效活跃证券市场的典型例子，每分钟有数千名交易员在这些交易所交易许多证券。流动性较差的市场包括场外交易公告板（OTC Bulletin Boards）和粉单市场（Pink Sheets）等，这类市场一天的交易量可能只有个位数。即使在没有操纵的情况下，市场参与者进行交易更有可能对较小市场的价格产生影响，因为可供交易的对手

---

〔1〕　Nelemans, Matthijs, "Redefining Trade-Based Market Manipulation", *Valparaiso University Law Review*, Vol. 42, p. 1169（2008）.

〔2〕　Peck, James and Shell, Karl, "Liquid Markets and Competition", *Games and Economic Behavior*, Vol. 2, p. 363（1990）.

方较少，且进行大宗交易和尾市交易等策略在较小的市场中更容易对资产的价格产生影响。此外，较小的市场中披露规则较不完备，市场中关于发行人的信息和资产的信息较少，不容易对证券的价值形成较为准确的认识，因此容易受其他交易者行为的影响。因此，在较小市场中的交易应受到更为严格的审查，以确定行为人表面合法的交易行为是否构成操纵市场。

二、操纵意图的判断：以预测性行为为基础

（一）获利的市场条件

上节中公开交易型操纵的典例表明，公开交易型操纵行为人也可能得到预期的利润，这与费舍尔和罗斯在其开创性论文中的结论恰好相反。费舍尔和罗斯认为法律不应禁止操纵，原因如下：其一，公开交易型操纵无法为行为人带来利润，因此，即使法律不禁止这种行为，其本身也有自我抑制性，因为没有人会愿意花费资源去做不会带来利润的行为。其二，没有客观可考察的行为将操纵性交易与基于其他目的的交易区分开来。确定交易目的是很难的，因此，若法律基于主观目的禁止公开交易型操纵，会阻止许多对市场有价值的交易。例如，想进行有益交易的人会担心他们的交易会被法律误认为是操纵性的而不进行该有益交易。本书认为，该观点并不完全正确，行为人可能预测其交易的盈利性，实际上也存在可观察的行为来区分操纵性交易和对社会有利的交易。

对于为什么公开交易型操纵不可能盈利，费舍尔和罗斯提出了两个论点。第一，大多数证券市场尤其是大型上市公司的股票，具有高度的价格弹性和流动性。[1]因此，行为人在公开市场进行

---

[1] Fischel, Daniel R. and Ross, David J., "Should the Law Prohibit 'Manipulation' in Financial Markets?" *Harvard Law Review*, Vol. 105, p. 503 (1991).

的交易很难对价格产生影响，因为行为人只是将其持有的证券出售给愿意购买该证券的人，并替换为具有相似现金流量的不同证券，不会通过影响供求或通过其他信息对证券价格产生影响。然而，这一论点忽略了微观经济学的基本原理，即在不知交易对手方是谁的公开市场中，流动性提供者假定，所有关于某证券的交易都是潜在的知情交易，因此行为人的报价通常至少会在一定程度上影响该证券的价格。

第二，根据费舍尔和罗斯的第二个论点，市场中的其他投资者通常会认为行为人的交易表明其拥有尚未反映在价格中的信息，因此，如果交易者在购买某证券时而市场中的其他参与者认为他拥有尚未被当时的价格反映的信息，则其出价和报价可能会增大证券的交易量，其他市场参与者将根据该行为人的购买行为调整自己的报价，以反映行为人可能掌握的信息。在该行为人卖出其证券时，其他市场参与者也会认为他是知情交易者，从而根据此卖出行为调整证券价格，平均推动证券的买价和卖价回落到原来的水平。

因此，试图进行操纵的行为人买入证券时会导致该证券价格上涨，而卖出时又会导致该证券价格下跌，无法实现低买高卖，且存在执行交易的成本等，平均而言他实际上会遭受亏损。鉴于此，从长远来看，试图进行操纵的行为人必定会无利可图，因此费舍尔和罗斯得出结论，市场操纵具有自我抑制性，任何愚蠢到试图操纵市场的人最终都会吸取教训并停止尝试。但该论点的问题在于，市场中还可能存在不对称的价格反应，因为市场对股票新订单的价格反应实际上会不断变化，并非买入订单增多就会导致证券的价格上涨，而卖出订单增多会导致相同程度的价格下降。但即使市场确实可能存在对某证券交易不对称的价格反应，行为人也可能因无法预期到这种市场条件的存在而无法从中获利。

（二）对获利市场条件的预测

公开操纵行为人能否获利的关键在于，行为人是否能够预测到市场会对某交易产生不对称的价格反应。在证券市场的实践中，行为人有能力理性地预测到，虽然他的购买行为可能会推高价格，但他随后的销售行为不会相同幅度地拉低证券的价格。对于认定公开交易型操纵而言，更重要的是行为人是如何作出这种预测的，即是否存在某种市场条件，使市场更容易产生不对称的价格反应。行为人若能够提前预测到这种市场条件的存在，就可以通过公开交易型操纵获得利润，取得成功。以下是关于此市场条件的三个情形。[1]

第一，价格反应异常不确定的时期，即市场在某个时期可能比平时对价格的反应更强烈。例如，可以预计某发行人将在某个日期公布其收益情况，但公布的内容尚不确定，可能高于也可能低于预期。而在公布之前，流动性提供者若发现任一方向的订单不平衡，都可能反映更高的价格上涨或下降的可能性，因为发行人的内幕人或受密者在此时进行交易的可能性都会高于平常。因此，如果操纵者在这段额外的不确定性期间下单买入或卖出该公司股票，造成了这种订单簿的不平衡，更可能促使流动性提供者对其出价和报价进行比平常更大的调整。而一旦发行人的利润公告发布，对发行人进行内幕交易的担忧就会减少，流动性提供者因订单失衡而进行的买卖调整也会随之减少。因此，操纵者可以在对价格影响较小的情况下反向交易并最终获利。

虽然这种情况可能经常出现，但不会引起过多操纵。因为试图利用这种情况的操纵者会承担非常大的风险。在这种情况下，

---

[1] Fox, Merritt B., Glosten, Lawrence R. and Rauterberg, Gabriel V., "Stock Market Manipulation and Its Regulation", *Yale Journal on Regulation*, Vol. 35, p. 104 (2018).

虽然流动性提供者对订单失衡非常敏感，但知情交易实际上确实可能正在进行。知情交易者可能与操纵者进行相反的交易，而操纵者并不知情，因此不知道知情交易者会如何交易。在这种情况下，操纵者需要交易大量股票才能使该股票的价格大幅波动，因为其订单需要抵销知情交易者造成的不平衡。而在该上市公司的收益公告发布时，操纵者可能已经持有大量股票而无法脱手，此时知情交易者已经提前预知了该公告使价格朝着与操纵者想要的方向相反的方向移动，给操纵者带来大量损失。

第二，寻找止损订单。另一种市场可能产生不对称价格反应的情况是当前市场中存在异常大量的止损订单。在卖方一侧，止损订单是在价格超过一定水平的情况下买入证券的订单，这种订单通常由处于卖空头寸的人设置。他这样做是为了给他的潜在损失设置某种上限，因为如果股价超过某个点，他再继续卖空可能损失得更多，若设置了止损订单，则当股价持续上涨到达某个点时，就会自动买入，从而为他的卖空行为止损。如果报价侧有大量的止损单，则操纵者在股价上涨过程中的购买行为会对价格产生增压效应，因为随着他的订单推动价格上涨，止损单被触发，从而引发更多的买单。而当操纵者转而卖出时，随着市场价格的下跌，市场价格平均将远高于买入方的止损指令。买方的止损订单与卖方原理相同，只是方向相反，即买方为其多头头寸设置止损订单，在价格下跌到某一点时执行卖出指令，以避免更多损失。因此，价格不会因操纵者的卖出行为而迅速下降，因为还没有触发买方的止损订单。

但这个交易策略的棘手之处在于，交易所通常不会披露止损订单，也可能某经纪人虽然被指示如果价格达到某个水平要去发布此类止损订单，但他还没有发布。尽管如此，操纵人通过激进的交易来测试市场是否达到此状态也是可能的。尽管操纵者可能需要付出很大的成本，但确实可以预测到市场中是否存在大量止损订单。

第三，订单簿的脆弱性。第三种操纵者可能预测到的产生不对称价格反应的市场情况是，检测到市场一侧或两侧的订单簿比平常脆弱。订单簿的脆弱性是指在一方下达大量待执行的订单时，市场中没有足够的相反方向的订单满足此执行交易的请求。

例如，某行为人下达大量买入订单，但市场中没有足够的卖出订单可以匹配，这就是买入侧订单簿的脆弱性。又如，若订单簿在卖出一侧是脆弱的，则市场中有比平时更少的可供出售的股份，那么对该股份的报价即使接近最低卖价，也比平时的卖价要高，而一旦针对这些可销售的订单被执行以匹配报价订单，该订单簿将无法迅速补货以满足下一个买入订单。买入一侧订单簿的脆弱性也是同理，只是以最高买价为基准。如果订单簿的脆弱性只是在一侧，那么操纵者在该方向上的订单将突破订单簿中的限价订单，从而快速移动价格。但是，当他反转并开始提交相反的订单时，订单簿这一侧将会有更多的限价订单，从而吸收他的订单并减轻其对价格的影响。这一方法与寻找止损订单的原理相同，关键技巧是确定订单簿处于什么状态，因为许多订单并没有披露。但与寻找止损订单同理，订单簿的脆弱性也可以通过下达较小的订单，并观察该订单是否能够立即执行来进行测试。有实证证据表明，在商品期货市场中这种"试探性交易"经常发生，之后行为人就会进行公开交易型操纵。[1]

（三）识别操纵意图的可能性

对公开交易型操纵进行制裁是适当的。前文提到，费舍尔和

---

〔1〕 Clark-Joseph, Adam D. , "Exploratory Trading（Working Paper, 2013）", available at http://www. nanex. net/aqck2/4136/exploratorytrading. pdf （http://perma. cc/TFH4—VQE8）, last visited on 2022-3-12.

罗斯反对法律禁止操纵的一个主要原因是，没有可观察到的行为将操纵性交易与基于其他目的的交易区分开来。但考虑到以上三种操纵行为人可能预测到市场会产生不对称价格反应的情况，认定公开交易型操纵实质上是有迹可循的。在第一种情况下，即价格反应异常不确定的时期，确实可能没有客观的行为将操纵者与正常的投资者区分开来，投资者可能只是基于对发行人未来收益情况的辛勤研究分析而买入，然后在最佳时机卖出。当发行人的股价上涨时，说明其研究结论是正确的。但至少理论上，公开交易型操纵行为人在这种情况下可能获得正的预期利润，这与费舍尔和罗斯所认为的公开交易型操纵行为人不可能获得利润，因而其具有自我抑制性的结论是相反的。这种情况下确实可能无法明智地对该行为人实施法律制裁，除非有直接证据证明该交易者的目的，如电子邮件等。

相比之下，在其他两种情况中，即在寻找止损订单和脆弱订单簿的情况下，操纵性交易者需要从事事后可观察的市场行为才能获得预期的利润。操纵者需要测试市场条件以判断止损订单或订单簿的脆弱性情况如何。

以高频交易中的抢先交易策略为例，公开交易型操纵的认定规则应为，若行为人进行了一系列购买，随后进行了一系列销售而获利，且行为人在进行第一组交易之前对市场条件进行过该类测试。这种行为很有可能表明交易者进行这些交易至少部分是为了从公开交易型操纵的社会负面影响中获利，而这很可能是唯一的动机。换言之，该规则在打击公开交易型操纵的同时，不太可能阻碍那些基于对社会有利的目的而进行的交易。即使行为人进行某交易不仅是为了从公开交易型操纵中获利，同时是因为某些对社会有价值的目的，也应禁止该交易。因为对该交易的禁止是基于市场客观可观察到的行为，即对市场条件的测试，该测试肯定反映了行为人对社会有害的操纵动机，而非单纯的从事对社会有利的交易。因此，实施法律制裁时应打击具有客观性的行为，因为这些行为是之后进行操纵性策略的一部分，而不是基于对社会有利的目的而进行的交易。

第四节 外部利益型操纵的认定方法

一、损害后果的判断：对合同相对方是否公平

市场公平是禁止外部利益型操纵的理论基础。但市场应该公平的具体指向是什么，以及认为某个交易不公平，具体对实践有何指导意义却不甚清晰。市场公平作为一个监管的理念是模糊的，将其纳入操纵市场行为的认定中可能会导致更多的混乱而不是确定性。[1] 法院、监管机构和学者经常援引公平作为禁止某些社会不可接受行为的依据，必须进一步解构公平这一概念在金融市场中的含义，才能使之成为认定外部利益型操纵对市场造成损害的基础。

公平这一概念要成为对行为人课以责任的基础，有两个前提。一方面，并非市场上所有的不公平都可以成为责任基础。因为这会使公平的概念过于宽泛，而且会与市场的基本特性相矛盾。另一方面，在认为自己一定会获利的情况下进行交易会损害市场公平。[2] 在外部利益型操纵的损害认定上，应将这两个原则放在首位，即使没有不当行为或操纵性行为，市场中的所有投资者也不

---

〔1〕 McGee, Robert W., "Applying Ethics to Insider Trading", *Journal of Business Ethics*, Vol. 77, p. 210 (2008).

〔2〕 United States v. Chiarella, 588 F. 2d 1358, 1362 (2d Cir. 1978).

可能获得相同的信息。然而，在证券期货市场中的有些交易却可能是不公平的，例如当交易者创造了某市场条件，保证其获得利润或不公正地使其他交易者更难获利时，就是不公平的。因此，确定交易在什么情况下是不公平的，对于确定交易在什么情况下损害了市场很重要。

在证券市场中，公平一般指市场主体之间公平的财富移转，该定义对于责任基础而言具有指导意义。在将公平与当事人的合理预期联系起来时，损害市场公平的责任范围应仅限于交易者具有外部合同安排的交易型操纵，即外部利益型操纵。在公开交易型操纵中，交易是在公开市场中的匿名交易对手之间进行的。双方之间没有合同关系意味着他们对彼此没有遵守外部合同的期望，而且交易者也不会向交易对手披露他们的交易策略。因此，公开交易型操纵受害人的索赔应仅限于基于损害市场效率的索赔，而在涉及外部利益型操纵的情况下，操纵行为人的交易对手是直接受其公开交易影响的金融合约或其他合同安排的当事人。虽然在公开市场中进行交易的对手方无法认定该行为人的交易损害了整个证券市场的公平，但如果该交易破坏了行为人与合同相对方的合理预期，则外部合同的相对方可以起诉行为人操纵市场。

在外部利益型操纵中，行为人与其合同安排对手方的获利机会本应是平等的，因为该合同是一个中立的合同，但通过操纵，行为人将合同内容倾斜为一种保证他能获利的安排，即通过干扰双方商定的客观估值方法来使自己受益。具体而言，在衍生品和类似的金融工具中，支付是参考金融基准或其他客观市场指标确定的，例如资产在指定日期的收盘价等。[1]这些合同的当事人依

---

[1] Fletcher, Gina-Gail S., "Benchmark Regulation", *Iowa Law Review*, Vol. 102, p. 1929 (2017).

赖客观的估值方法来确保任何一方都无法控制或影响其合同安排的估价方法，当交易者干扰商定的估价基础时，就损害了这些估价工具应该为合同各方提供的均等机会。尽管交易对手也认识到市场上的其他人会以自利的方式行事，但扭曲合同中客观的估值方法在合同交易对手的合理预期之外，否则合同相对方也不会同意订立这样的合同。

例如，在"阿马兰斯"案中，阿马兰斯与其交易对手达成了互换协议，商定了一种客观的估值方法，即纽约商品期货交易所的收盘价。然而，在意识到如果按照此收盘价估值会导致被告遭受重大损失后，其通过一系列交易扭曲纽约商品期货交易所的收盘价，从而否定了商定估值措施的客观性。通过试图影响掉期的支付，被告使交易更利于其自身的利益，而与合同双方的合理预期相矛盾。因此，被告从掉期协议中获得的收益是不公平的，因为这是从掉期交易对手到阿马兰斯的不公平的财富移转。鉴于阿马兰斯对其交易对手的不公平行为及其交易对市场公平造成的损害，阿马兰斯应对其外部利益型操纵行为承担责任。对于不公平的认定和交易对手的合理期望，在"马斯里"案中也是同理。

保障市场公平是市场有效运作的基础之一。然而，由于市场公平概念的不确定性，立法者一般会回避将公平用作独立的责任基础。但交易型操纵涉及公平的概念，即使在定价的准确性没有受到损害的情况下，或者这种损害无法证明的情况下也会涉及公平问题。当前证券市场的结构日渐复杂，商品、证券和衍生工具等市场相互联系、密不可分，市场参与者应对风险的策略也日渐复杂。在这种背景下，外部利益型操纵很容易有利可图，当交易者利用市场结构并使市场运作的结果对他们有利时，就会剥夺其他市场参与者通过公开市场获利的平等机会，也就损害了市场的公平性。[1]即使这种交易行为不会导致人为价格，但其确实会导致不公正的财富移转，也会损害市场公平，因而具有操纵性。

二、操纵意图的判断：是否存在外部利益

原则上，若某金融安排涉及可能被操纵的市场价格，则政府应对订立此合同的当事人作出一定的警示。专业的合同当事人可能主动避开此类价格参考条款，或要求交易对手履行不进行操纵行为的义务，在订立合同后仔细监控交易对手是否履行该合同义务。假设双方签订了一项参考市场价格的合同安排，但合同中并未禁止操纵市场价格的交易，即使合同的一方进行了使参考价格发生变化的交易，使对方遭受了损失，也不需要承担责任。对于这一不公平的现象，一个解释是受损的一方签订了一份谈判时未充分考虑的合同，未考虑到对方当事人可能操纵合同中的估值指标，因而未在谈判时加入不得操纵估值指标的条款。但既然签订了该合同，他就应该遵守此合同。而如果合同中确实包含不得操纵市场价格的条款，但交易对手方还是进行使市场价格发生变化的交易，而受到负面影响的一方未能发现此方的交易，可解释为是受损方自己不够谨慎才亏损的。换言之，受到负面影响的一方除了他自己之外无法责备其他人，因为他本可以通过谈判达成更好的合同安排。

例如，在"穆勒伦"案中，马丁·戴维斯可以将他与博斯基的交易与全天股票交易量的加权平均价格挂钩，而不是简单地将该合同安排与纽约证券交易所某个时间的市场价格挂钩，若进行了类似前者这种稍微周密的安排，则交易对手很难从操纵市场行

---

[1] Fisch, Jill E., Gelbach, Jonah B. and Klick, Jonathan M., "The Logic and Limits of Event Studies in Securities Fraud Litigation", *Texas Law Review*, Vol. 2018, p. 560 (2018).

为中获利。[1]但如果合同各方必须对可能影响其参考市场价格的操纵性行为进行监控，会使签订合同的成本更高。至此所分析的是一个合同当事人在谈判、履行合同条款或监督对方当事人履行合同条款时应予考虑的问题，或者说政府在认定合同条款、帮助合同当事人履行合同或监督合同履行时应予考虑的问题。[2]

但一般而言，几乎所有参考股票价格订立合同的当事人都希望能够禁止外部利益型操纵，如果每一个订立此种合同的当事人都认真考虑了这个问题，那么他们应该都希望对方不操纵市场价格。因为若外部利益型操纵不被禁止，则会破坏参考市场价格订立合同的目的，且有许多因素表明，政府比私人能够更有效地监控操纵行为。

首先，合同当事人若单纯害怕对方当事人操纵市场价格，而不用市场价格作为参考，实质上并不可行。这与数百万亿元的金融合同使用市场价格作为参考的原因一样，市场价格反映了相关经济现实极其重要的信息。[3]其次，从法律的经济分析而言，若由政府监控外部利益型操纵，并制裁违法者，与合同对手方进行此类行为相比，会产生规模经济效应，降低社会成本。此外，在证券法中规定该合同问题是否合适仍待考量。然而，这实质上与非发行人中的内幕人员进行内幕交易时的情况类似。例如，若某公司考虑敌意收购另一家上市公司，前者的内幕人员根据他在工作中了解到的机密进行交易时，违反了关于内幕交易的相关规定。

---

〔1〕　United States v. Mulheren, 938 F. 2d 364 (2d Cir. 1991).

〔2〕　Fox, Merritt B. , Glosten, Lawrence R. and Rauterberg, Gabriel V. , "Stock Market Manipulation and Its Regulation", *Yale Journal on Regulation*, Vol. 35, p. 67 (2018).

〔3〕　Rauterberg, Gabriel V. and Verstein, Andrew, "Index Theory: The Law, Promise and Failure of Financial Indices", *Yale Journal on Regulation*, Vol. 30, p. 1 (2013); Verstein, Andrew, "Benchmark Manipulation", *Boston College Law Review*, Vol. 56, pp. 215, 220, 242—243 (2015).

　　然而，该内幕人受到惩罚不是因为其违反了对其他证券市场投资者的义务，而是因为他的信息来源不当。换言之，证券法不只是局限于规范证券交易，也可对更普遍的法律义务进行规范，禁止内幕交易的本质是不得使用从委托人处获得的信息来谋取个人利益，而证券交易恰好是赚取这种利润的手段而已。

　　因此，对外部利益型操纵实施法律制裁是适当的。证券法也应保护依赖于证券价格的合同当事人。正如在"穆勒伦"案中所示，在某些情况下，外部利益型操纵会产生大量利润，若不对这种做法予以禁止，则订立该类合同的社会成本就会很高，从而阻碍对社会有利的合同签订。因此，如果可以证明具有此类外部利益的交易者在证券价格决定交易者外部利益产生的收益之前购买该证券，则应实施法律制裁。该做法基本不会对社会有利的交易产生危害，因为交易者在有此外部利益之时购买该证券，不太可能是基于为获得该外部收益之外的其他合理原因。

第六章

我国操纵市场行为认定的
类型化重构

第一节　我国操纵市场执法实践现状

我国监管操纵市场行为的主要机构是证监会，本节以我国证监会的执法实践为基础，对交易型操纵的现状与相关规范的适用进行研究。以 2001 年至 2021 年我国证监会作出的 184 起操纵市场行政处罚决定为样本，选取其中不同类型的操纵案件进行分析。[1]从反操纵立法的角度出发，研究我国执法实践中操纵市场的认定现状，从而明确一般损害和一般意图的具体含义，有利于为该操纵市场行为构成要件的证明与抗辩提供规范基础与

---

〔1〕　案例统计说明：在证监会官网（http://www.csrc.gov.cn）"政务信息"栏目"行政处罚"项下点击各项行政处罚决定书，进行处罚案由归类，最后访问日期：2022 年 3 月 12 日。

理论基础。操纵行为的认定对于操纵市场的整体规制具有基础性和决定性作用，而对我国操纵市场的认定实践进行观察与分析，有利于总结我国执法实践中操纵市场的认定模式。

从证监会官网中公布的行政处罚决定书来看，自 2001 年至 2021 年证监会共发布了 184 起操纵市场案件，平均每年公开约 9 起操纵市场案件的行政处罚决定书，不同年份的案件数量波动较大（见图 6-1）。

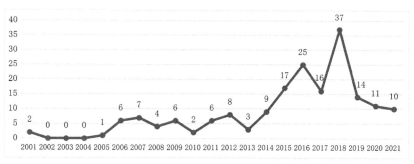

图 6-1 2001—2021 年 184 起操纵市场行政处罚决定

造成操纵市场案件数量波动的原因不仅是交易者操纵手段的变化，也与当年证监会的执法政策有明显的相关性。2001 年至 2005 年，我国证监会很少公布操纵市场行政处罚案件，可能的原因是中国股市从 2002 年开始进入四年熊市，证监会的工作重点是推动施行证券公司风险处置、上市公司治理和股权分置改革等政策。[1] 与之形成鲜明对比的是，2006 年牛市之后，在《证券法》修订、《操纵行为认定指引》（现已失效）出台、证监会行政执法体制改革等背景下，证监会查处的操纵市场案件数量大幅增加，

─────────────

〔1〕 汤欣、高海涛：《操纵市场行政处罚案例全景观察》，载《证券法苑》2016 年第 2 期，第 21—64 页。

公开的操纵市场案件每年的平均数量增加到 5 起。在 2015 年，一方面，证监会启动操纵市场专项执法行动；另一方面，我国证券市场自 2015 年 6 月以来出现剧烈波动，证监会在此期间也对涉嫌操纵市场的行为采取了多项执法行动。在此背景下，查处操纵市场案件的数量进一步增多，仅 2016 年上半年，证监会就已公布了 12 起操纵市场案件，2018 年的操纵市场案件数量甚至达到了 37 起的高峰。

从不同年份的案件数量与当时证监会的执法政策的相关性来看，实践中对操纵市场行为的查处力度不可避免地受到监管政策重心变化、法律法规发展甚至股市波动等一系列因素的影响。此外，证监会在 2001 年至 2021 年实施的 184 起行政处罚案件中，有 156 起涉及欺诈型操纵手段，127 起涉及交易型操纵手段，表明行为人通常综合利用欺诈型操纵手段与交易型操纵手段达到或意图制造人为价格。

证监会的实践表明，在我国的监管实践中，操纵市场行为一般存在三个构成要件，即交易活动、一般损害和一般意图。换言之，如果一项交易被证明影响了所交易证券的价格或数量，并且证监会能够证明该交易者具有操纵证券市场的故意，则该交易行为将被认定为操纵市场行为，可归纳为"基于影响的认定模式"。一方面，与人为价格或对市场效率或公平的损害等认定标准相比，该认定模式更容易证明当事人的行为对证券价格或数量的影响，即该模式对损害后果这一构成要件的认定标准是"影响"证券交易价格或交易量，而非达到制造"人为价格"的程度。这种影响证券交易价格或交易量的标准可称为一般损害证明标准，而非特定损害。

另一方面，虽然可能难以通过直接证据证明行为人意图影响所交易证券的价格或数量，但从市场支配地位、外部利益等间接证据更容易推断出影响股价的故意而非造成人为价格的特定意图。即该模式认定操纵意图这一构成要件的认定标准是故意，若能证明行为人是故意进行可能影响证券价格或交易量的行为，则可认定其具有操纵意图，而无须达到制造人为价格的特定意图标准，因而可称为一般意图标准。与美国操纵市场实践中基于意图的认定模式相比，使用基于影响的认定模式来确定意图要素不需要证明行为人造成人为价格的特定意图，成功证明其主观上的故意性即可追究交易者的责任。

基于影响的认定模式与基于意图的认定模式等相比有一定的优势，对某些操纵市场行为的证明标准较低，较容易认定当事人构成操纵市场行为。但也有需要改进之处，如基于影响的认定模式在规范交易型操纵之时，可能因证明标准过低而打击范围过大，不利于对社会有利的正常交易活动的发展。因此，应通过优化对操纵市场行为认定模式的设计，提高我国操纵市场的监管效率。

第二节　欺诈型操纵认定模式的改进

一、欺诈型操纵现有规则

《证券法》是我国规范证券的根本法，包括针对操纵市场行为的规范，但《证券法》中对操纵市场行为并没有明确的定义，只是列出了七种被禁止的操纵手段，并归纳出这七种操纵手段的共同点为影响或意图影响所交易证券的交易价格或交易量。具体而言，《证券法》禁止的七种操纵手段包括：①连续交易，指独立或串通集中资本优势、股权优势、信息优势等，联合或连续交易的行为；②约定交易，指串通他人，按照事先约定的时间、价格或方式进行证券交易的行为；③洗售，指在其实际控制的账户之间进行证券交易的行为；④虚假申报，指非以成交为目的，频繁或大量下单、取消订单的行为；⑤蛊惑交易，指利用虚假或者不确定的重要信息诱使投资者进行证券交易的行为；⑥抢帽子交易，指公开对证券或发行人进行评价、预测或投资建议，并违背评价、预测或投资建议的方向进行证券交易的行为；⑦跨市场操纵，指在其他相关市场上进行操纵证券市场的活动。

欺诈型操纵在行为模式上具有欺诈性，目前我国《证券法》第 55 条第 1 款在第 2—6 项中列举了五种欺诈型操纵手段，分别为约定交易操纵、洗售操纵、虚假申报操纵、蛊惑交易操纵和抢帽子交易操纵。其中，约定交易操纵和洗售操纵问题由来已久，在1998 年《证券法》第 71 条就有所规定：操纵市场是指以操纵手段获取不当利益或转嫁风险的行为，具体包括三种操纵手段，即连续交易操纵、约定交易操纵与洗售操纵。"获取不当利益或转嫁风险"要件，属于主观构成要件，即操纵人的意图应是为了获取不当利益或转嫁风险，而使用操纵手段影响证券交易价格或交易量。1998 年至 2005 年，我国对操纵市场的认定模式为意图模式，且意图的证明标准是获取不当利益或转嫁风险的特定意图。

2005 年《证券法》修订时，将该意图要件删除，并未规定操纵市场的一般要件，而只是规定禁止以三种手段操纵证券市场。[1]同时将洗售操纵手段规定为"在自己实际控制的账户之间进行证券交易"的操纵行为。在 2005 年之前的《证券法》中，洗售是指"以自己为交易对象，进行不转移所有权的自买自卖"，这可能是借鉴美国《1934 年证券交易法》第 9（a）条的规定，即"禁止实

---

[1] 将该意图要件删除有两个理由：首先，意图的证明标准为"获取不当利益或转嫁风险"，并不能准确反映操纵市场行为的实质；其次，该要件会导致对操纵市场的认定范围过大或过小。参见俞和明：《刑法中的操纵市场行为：兼议〈证券法〉相关条文的修改》，载《金融法苑》2005 年第 7 期，第 116—124 页。

施不涉及证券受益所有权变化的交易"。洗售的实质是通过不转移所有权的交易，制造虚假的交易活跃现象，欺骗其他投资者，达到操纵市场的效果。

在 2019 年《证券法》修订之时，又对操纵市场行为的规定进行了大幅修改。目前对操纵市场行为的认定规定在现行《证券法》第 55 条中，其中规定了操纵市场的一般定义是影响或意图影响证券交易价格或证券交易量，并增加了虚假申报操纵、蛊惑交易操纵、抢帽子交易操纵及跨市场操纵四种新型的操纵手段。其中，"影响"证券交易价格或交易量是从列举的各项操纵手段中提炼的一般特征，在 2019 年《证券法》修订之前，该特征被规定于列举的操纵手段中，此次修订将之提炼成为禁止操纵市场的概括性条款。但"意图影响"是 2019 年《证券法》修订后新加入的操纵市场概括性特征，具体在实践中应如何适用，还有待深入研究。

二、欺诈型操纵执法实践

在我国证监会 2001 年至 2021 年所作出的 184 起操纵市场行政处罚案例中，有 156 起案例中行为人使用了欺诈型操纵手段。在这 156 起包含欺诈型操纵手段的案例中，当事人与执法机构在 72 起案例中对操纵行为的认定产生了争议，其中，涉及约定交易操纵争议的案例有 2 起，涉及洗售操纵争议的案例有 42 起，涉及虚假申报操纵争议的案例有 22 起，涉及蛊惑交易操纵争议的案例有 2 起，涉及抢帽子交易操纵争议的案例有 4 起。[1]下面本书按照《证券法》第 55 条所列举的具体欺诈型操纵手段对我国欺诈型操纵执法实践进行逐一分析。

---

〔1〕　对于同时涉及多个操纵手段的案例，主要争议点一般仅涉及一个操纵手段，因而笔者也根据具体的争议，将之归为相应的具体操纵手段。

（一）约定交易操纵

约定交易操纵从证券市场成立伊始就存在，至今仍不时发生。在 72 起对操纵行为认定具有争议的案例中，仅有 2 起案例涉及约定交易操纵手段的认定问题（见表 6-1），这可能是因为当事人采用约定交易手段操纵市场已较为少见，也可能是因为约定交易操纵认定中证明与他人串通较为困难，因而执法案例较少。根据《证券法》第 55 条第 1 款第 2 项，约定交易操纵是指"与他人串通，以事先约定的时间、价格和方式相互进行证券交易"，影响或意图影响证券交易价格或交易量的行为。约定交易操纵手段具有明显的欺诈性，行为人通过与他人串通进行约定交易，制造证券交易活跃的假象，误导其他市场参与者进行交易，而影响证券交易价格或交易量。

表 6-1　约定交易操纵执法案例争议点总结

序号	文号	操纵人	操纵手段	争议点
1	〔2017〕100 号	上海易所试网络信息技术股份有限公司、中泰证券股份有限公司、章源等 8 名责任人员	连续交易、约定交易	是否构成约定交易操纵（实质是在新三板流动性不足、缺乏大宗交易机制的客观限制下，做市商协助看好挂牌公司的投资者，在二级市场大宗买入股票的行为，目的正当，不具有操纵的主观恶意，不符合约定交易操纵的固有特征 v. 做市交易的量价明显异常，做市买入量占当天市场成交量日均达 48.54%，做市交易买入量远高于其他做市商买入量，在 2015 年 8 月 6 日至 19 日的 10 个交易日，做市交易买入量占全部做市商买入量的比例在 60% 至 100%，日均占比高达

序号	文号	操纵人	操纵手段	争议点
				82.02%。做市交易价格方面，通过主动报高价格，以高于其他做市商价格买入并成交的方式引领股价向上，或者以明显高于投资者卖出价申报买入并成交，抬高股票成交价格。其后，再通过数量相等、价格相同、买卖方向相反、委托申报时间接近的约定交易，将买入的股票加价卖回。股价从 14.96 元上涨至 27.18 元，涨幅 81.68%，同期新三板做市指数上涨 4.46%，偏离度达 77.22%，构成操纵市场行为）
2	〔2018〕51 号	王仕宏、陈杰	连续交易、约定交易、尾市交易	①是否存在密切关系（不存在，没有将交易策略故意泄露给对方，仅限于彼此认识，没有经济往来，也不是商业合作伙伴，不存在利益交叉关系 v. 两人操纵前后及操纵当日通信、联络情况及两人控制账户交易情况足以证明事前存在意思联络，希望打压或锁定相关股价，操纵意图明显）；②客观方面是否存在操纵市场行为（没有与对方事先约定交易时间、交易价格及方式相互进行证券交易，不存在串通行为 v. 当事人控制的账户在特殊时点对对方做市账户低价卖出的股票进行买入，

序号	文号	操纵人	操纵手段	争议点
				买入股票情况与对方做市账户重点减仓股票清单高度重合，买入顺序与重点减仓清单的排序完全一致。该行为影响了 14 只股票的交易价格，其中，12 只股票当日跌幅达到 10% 以上，与新三板做市指数的偏离度均在 10% 以上，构成市场操纵）

　　具体而言，对于认定行为人串通，证监会一般是从当事人操纵前后及操纵当日通信、联络情况及两人控制账户交易情况等方面证明事前存在意思联络。对于约定交易，证监会一般是从交易的时间、价格和方式等方面进行认定。如在"王仕宏、陈杰"案中，在交易时间上，当事人控制的账户在特殊时点对对方做市账户低价卖出的股票进行买入；在交易价格上，行为人买入股票情况与对方做市账户重点减仓股票清单高度重合；在交易方式上，买入顺序与重点减仓清单的排序完全一致。[1]据此认定行为人构成约定交易操纵，较为典型。至于对证券交易价格及交易量的影响，执法实践中若行为人所导致的股价偏离度一般达到 10% 以上，会因对证券市场造成严重危害而被证监会处罚，若该证券连续十个交易日内成交量累计达到同期该证券总成交量 20% 以上的，还会被追究刑事责任。[2]

　　〔1〕《中国证监会行政处罚决定书（王仕宏、陈杰）》，〔2018〕51 号，2018 年 7 月 4 日发文。
　　〔2〕《最高人民检察院、公安部关于公安机关管辖的刑事案件立案追诉标准的规定（二）》，公通字〔2022〕12 号，2022 年 4 月 6 日发布，第 34 条第 1 款第 2 项。

但应当认为,即使行为的结果没有明显导致对证券价格的影响,也可能构成约定交易操纵。因为从行为模式而言,约定交易操纵人通过与他人串通,约定交易的时间、价格和方式的行为本身就已具有欺诈性。该操纵手段会制造虚假的交易活跃现象,欺骗市场上的其他投资者,且主观上为故意而非疏忽,此行为即使未导致人为价格等损害后果,也是应予禁止的操纵行为。

（二）洗售操纵

洗售操纵是一种常见的欺诈型操纵,在执法实践中争议较多。如在 72 起存在争议的欺诈型操纵执法案例中,有 42 起是关于洗售操纵手段的认定争议,争议案例比例超过一半,高达 58.3%（见表 6-2）。

表 6-2　洗售操纵执法案例争议点总结

序号	文号	操纵人	操纵手段	争议点	备注
1	证监禁入字〔2007〕11 号	贺朝贤等 4 人	洗售	是否知情、是否参与	
2	〔2008〕18 号	高虎、张栋、卓青	洗售	是否参与	
3	〔2008〕27 号	方向光电陈建中、董铭	洗售	是否知情、是否参与	
4	〔2010〕26 号	林忠	洗售	是否有主观故意（中长线投资者 v. 坐庄拉抬股价）、是否获利	

序号	文号	操纵人	操纵手段	争议点	备注
5	〔2012〕15 号	胶南粮库、刘玉江	洗售	是否自我交易（不同法人账户 v. 原有持仓未发生变化、交易非理性、调查时承认）	
6	〔2012〕43 号	唐建平	洗售	是否实际控制（证据不足 v. 证券账户网上委托交易的地址具有关联性，资产管理协议、资金划转记录、人员谈话笔录可证明）	
7	〔2013〕73 号	柳宏	连续交易、洗售	是否控制账户、是否有操纵市场的主观故意（接近 2/3 的交易日存在对倒行为）	对影响的证明主要是通过对比同期行业指数、深证成指指数偏离度
8	〔2014〕3 号	赵清波、赵波林	洗售、虚假申报	是否有操纵故意（中长线股票投资 v. 行为特征）、股价上涨幅度的比较指数（地产指数 v. 大盘指数）	
9	〔2016〕3 号	胡捷	连续交易、洗售	账户、资金是否与操纵有关联性〔无直接资金关系 v. 间接资金关系、下单 MAC 地址（物理地址）、IP 地址及硬盘序列号、配资协议、人员笔录〕	通过操纵地点、电子设备查勘笔录（IP 地址、MAC 地址）、资金与收益等方面证明实际控制关系

序号	文号	操纵人	操纵手段	争议点	备注
10	〔2016〕10号	陈明贤	连续交易、洗售、虚假申报	本人是否为违法主体（账户非本人操作 v. 安排朋友冒认违法行为、指使他人做虚假证言）	利用不对称的价格反应获利
11	〔2016〕32号	上海永邦投资有限公司、朱德洪、杨绍东等4名责任人员	连续买卖、洗售	是否知情（借款 v. 约定式回购）	
12	〔2016〕41号	深圳市中鑫富盈基金管理有限公司、李建林、吴峻乐	连续买卖、洗售	是否合谋（未约定 v. 交易重合、人员笔录）、是否有操纵的主观故意（为了保住产品净值 v. 具体交易行为）	
13	〔2016〕51号	唐隆	连续买卖、洗售、虚假申报	账户是否存在控制关系	通过当事人笔录、账户资金关联、下单交易地址和交易硬件信息匹配度证明
14	〔2016〕61号	黄信铭、谢冠华、陈囡囡等6名责任人员	连续交易、洗售	是否合谋	

序号	文号	操纵人	操纵手段	争议点	备注
15	〔2016〕119号	刘增铖	连续交易、洗售	是否有操纵的主观故意（交易策略、顺势而为 v. 与市场趋势相反）	
16	〔2017〕20号	唐汉博、唐园子、袁海林等5名责任人员	连续交易、洗售、虚假申报	是否起主导核心作用（提供资金、场所、工具）、是否有操纵市场故意（正常投资行为 v. 操纵行为的时间、方式、手法以及账户交易的配合度）	通过操纵行为的时间、方式、手法以及账户交易的配合度等特征，认定主观故意和客观行为
17	〔2017〕27号	广州穗富投资管理有限公司、易向军、周岭松等4名责任人员	洗售、尾市操纵	是否有影响证券市场交易价格或交易量的故意（交易员操作失误 v. 多次大额对倒行为）	
18	〔2017〕29号	鲜言	连续交易、洗售、虚假申报	是否在自己实际控制的账户之间进行证券交易（信托单元所持有的股票在受托人名下 v. 当事人有投资决策权）	
19	〔2017〕39号	朱康军	连续交易、洗售	是否有操纵意图（并非刻意为之 v. 非正常的操作手法）	

续表

序号	文号	操纵人	操纵手段	争议点	备注
20	〔2017〕57号	马永威、曹勇	连续交易、洗售、虚假申报	是否参与（指示操作、下达交易指令、向其汇报等）	
21	〔2018〕45号	陈贤	洗售	是否影响或试图影响证券交易价格或交易量（影响了价格）	
22	〔2018〕71号	上海通金投资有限公司、刘璟	连续交易、洗售、尾市拉抬	是否实际控制（只是投资顾问 v. 受托管理）	
23	〔2018〕77号	上海阜兴金融控股（集团）有限公司、朱一栋、李卫卫等5名责任人员	连续交易、洗售、尾市拉抬	是否控制账户	当事人自认、证人指认、交易或登录地址关联、资金关联、相关交易高度趋同
24	〔2018〕95号	任良成、任良斌	连续交易、洗售	是否控制账户组（法定代表人变更 v. 仍实际管理）、是否指导操作（交易意向人自行决定 v. 当事人自认、账户组的控制关系、与账户组名义持有人的雇佣关系、资金关联情况、交易地点、交易行为的一致性及	

序号	文号	操纵人	操纵手段	争议点	备注
				配合度、操纵行为特征等)	
25	〔2018〕99号	青岛东海恒信投资管理有限公司、史吏、陈建国	洗售	是否具有操纵证券市场的主观故意(基于对上证180指数日内的升降趋势判断 v. 账户组相互交易量占当日市场交易量比例超过5%,相互交易多次发生、比例较高)	
26	〔2018〕100号	北京泛涵投资管理有限公司、陈支左、陈美花	洗售	行为目的是否为操纵(为了实现T+0交易 v. 具有利用操纵获利的主观故意)	在实际控制的账户之间交易50ETF(交易型开放式指数基金)
27	〔2018〕101号	济南华尔泰富投资管理有限公司、时玉祥、田相永	洗售	主观上是否有操纵证券市场的故意	明知利用在实际控制的账户之间进行ETF交易会对ETF交易量产生影响,且多次进行相应交易,从客观上印证了其主观故意
28	〔2018〕104号	王法铜	连续交易、洗售	是否具有操纵故意(具有很高投资价值而大量购买 v. 在控制的证券账户之间大量交易)、是否控制账户	交易终端硬件信息、资金往来关联、指认自认三类证据中的两类以上证据支持

序号	文号	操纵人	操纵手段	争议点	备注
29	〔2018〕118号	北京新华汇嘉投资管理有限公司、王卫东	连续交易、洗售、尾市操纵	是否在自己实际控制的账户之间进行交易（基金产品分别由不同投资人持有 v. 涉案账户之间成交量占涉案账户当日总成交量的97.31%）	
30	〔2018〕128号	蓝海思通投资控股（上海）有限公司、苏思通	连续交易、洗售、尾市操纵	是否参与（没有参与股票的操作 v. 实际控制使用）	
31	〔2019〕2号	福建道冲投资管理有限公司、李盛开、张秋丽	洗售	是否有操纵市场的主观目的（账户相互独立 v. 账户间交易的成交量占同期该品种市场成交量的比例超过5%）	
32	〔2019〕3号	王永柯	洗售	是否有通过影响交易量和交易市价进行买卖获利的主观故意	账户内交易量占当日市场交易总量的比例超过5%，充分印证具有利用洗售获利的主观故意
33	〔2019〕4号	封建华	洗售	是否有操纵市场的主观故意	多个交易日成交量占同期该品种市场成交量的比例超过5%

续表

序号	文号	操纵人	操纵手段	争议点	备注
34	〔2019〕38号	张平、孙忠泽	连续交易、洗售、虚假申报	是否参与（不知悉具体交易股票的情况 v. 参与出资和盈利分成，知悉交易情况，参与寻找账户和资金划转）	
35	〔2019〕68号	吴毅健	连续交易、洗售	是否控制账户（未操作部分账户 v. 证言、账户名义所有人指认、账户交易地址关联、账户交易趋同和资金往来）	
36	〔2019〕128号	赵坚、楼金萍、朱攀峰	连续交易、洗售、盘中拉抬	是否有操纵市场的主观故意（行为本质系大股东增持 v. 在控制的证券账户之间进行交易，持续时间长、交易量大）	
37	〔2019〕149号	林军、何忠华、陈志强	连续交易、洗售	是否有操纵证券市场的主观故意	直接指挥操作账户组交易
38	〔2021〕28号	陈建铭、谢晶、胡侃	连续交易、洗售	是否存在操纵故意（只希望股价稳定在预期之上，没有操纵牟利的动机和企图 v. 确有将股价稳定在一定预期之上从而规避质押风险的意图）	

序号	文号	操纵人	操纵手段	争议点	备注
39	〔2021〕49 号	袁渊	连续交易、洗售	是否为一个账户组（涉案账户交易的 IP 地址和 MAC 地址均不具有唯一性特征 v. 开户日期、开户营业部相同且新开立；资金同期集中划转；交易终端存在相同的 MAC 地址记录；使用共同网段 IP 地址）	
40	〔2021〕59 号	高鹏	连续交易、洗售	是否控制账户（账户间 MAC 地址重合率低 v. 通过证券账户的资金划转、账户出借方的指认、账户组交易地址记录、借款协议等多组证据证明）	
41	〔2021〕78 号	景华	连续交易、洗售、虚假申报	客观上是否有操纵行为	当事人控制使用账户组交易的事实，有当事人本人自认，相关人员指认，以及资金关联情况、交易设备关联情况等证据证明

续表

序号	文号	操纵人	操纵手段	争议点	备注
42	〔2021〕116 号	潘日忠	连续交易、洗售	是否具有操纵证券市场的故意（不懂法 v. 控制并使用证券账户，利用对倒手段）	

根据 2019 年《证券法》第 55 条第 1 款第 3 项，洗售操纵是指"在自己实际控制的账户之间进行证券交易"，影响或意图影响证券交易价格或交易量的行为。在针对该项操纵手段的执法实践中，主要的争议有两方面。第一，违法主体认定问题，即提供融资的一方是否知情、是否应被认定为责任人员，或是否实际控制账户等。证监会主要通过交易终端硬件信息、资金往来关联及指认自认三类证据予以认定。如在"王法铜"案中，证监会认为只要有这三类证据中的两类以上支持，即可认定行为人控制账户。[1]对于交易终端硬件信息的认定是执法实践中的难点，因为涉案账户交易的 IP 地址和 MAC 地址均不具有唯一性特征，因此，执法机构还需结合开户日期、开户营业部相同且新开立；资金同期集中划转；交易终端存在相同的 MAC 地址记录；使用共同网段 IP 地址等证据进行综合判断。[2]

第二，是否在自己实际控制的账户之间进行交易。对于该问题的认定，执法机构主要通过涉案账户之间成交量占涉案账户当日总成交量的比例，或账户间交易的成交量占同期该品种市场成交量的比例予以认定。如在"北京新华汇嘉投资管理有限公司、

〔1〕《中国证监会行政处罚决定书（王法铜）》，〔2018〕104 号，2018 年 10 月 30 日发文。
〔2〕《中国证监会行政处罚决定书（袁渊）》，〔2021〕49 号，2021 年 7 月 2 日发文。

王卫东"案中，涉案账户之间成交量占涉案账户当日总成交量的比例高达97.31%，因而认定行为人是在账户之间进行交易的，构成洗售操纵。[1] 在"福建道冲投资管理有限公司、李盛开、张秋丽"案中，账户间交易的成交量占同期该品种市场成交量的比例超过5%，因而认定行为人具有操纵市场的主观目的，构成洗售操纵。[2] 若操纵该证券连续十个交易日内成交量累计达到同期总成交量20%以上的，还会被追究刑事责任。[3]

（三）虚假申报操纵

相比于约定交易操纵与洗售操纵，虚假申报操纵是较为新型的操纵市场手段，其争议案例数仅次于洗售操纵。在72起具有争议的欺诈型操纵执法案例中，有22起涉及虚假申报操纵手段的认定问题，占比接近1/3（见表6-3）。

表6-3　虚假申报操纵执法案例争议点总结

序号	文号	操纵人	操纵手段	争议点
1	〔2009〕15号	张建雄	虚假申报	是否频繁虚假买入申报（该认定不正确 v. 六次委托申报并随后迅速撤销委托申报）、是否诱导他人跟进买入（该认定不正确 v. 买委托申报是该时段第一笔买委托，占申报前市场待成交买量的406.59%，后买委托申报市场待成交买量大幅增加）、是否以成交为目的（认定不正确 v.

　〔1〕《中国证监会行政处罚决定书（北京新华汇嘉投资管理有限公司、王卫东）》，〔2018〕118号，2018年12月11日发文。
　〔2〕《中国证监会行政处罚决定书（福建道冲投资管理有限公司、李盛开、张秋丽）》，〔2019〕2号，2019年1月18日发文。
　〔3〕《最高人民检察院、公安部关于公安机关管辖的刑事案件立案追诉标准的规定（二）》，公通字〔2022〕12号，2022年4月6日发布，第34条第1款第2项。

序号	文号	操纵人	操纵手段	争议点
				询问笔录中承认以稍低于揭示价的委托价去委托申报，就不会被成交，就可以有时间撤单)
2	〔2011〕10 号	陈国生	虚假申报	是否存在操纵故意（无故意 v. 多次拉抬股价、虚假申报、尾盘巨量堆单)
3	〔2014〕3 号	赵清波、赵波林	洗售、虚假申报	是否有操纵目的（中长线股票投资 v. 从对倒交易、虚假申报的行为特征判断具有操纵意图)、股价是否偏离行业指数（偏离度较小 v. 比较标准不影响对操纵行为的认定)
4	〔2014〕12 号	苏颜翔	虚假申报	是否有操纵故意（没有 v. 频繁虚假申报撤单、随即反向卖出的客观行为，足以显示操纵的主观心态：撤单比例一般在 80% 以上、驻留委托时间大都为几秒、申买撤单后迅速反向卖出时间间隔一般为几秒且频繁反复、卖出为主且行为坚决、后续申报卖出价与此前申报买入价矛盾)、行为是否导致股价非正常变化（未导致 v. 已严重影响股票供求关系，足以产生误导：申买量占同期总量超过 10%、买申报总量占前期前 5 档待成交买申报总量的比例大于 100%、申买后占申买前其他投资者申买数、申买量、申买均价比值大于 1、多数时段申买排名均为第一)
5	〔2015〕58 号	刘长鸿、冯文渊	虚假申报	是否有拉抬股价的故意（有合理理由 v. 虚假申报堆单，人为改变市场供求关系，且调查询问时间接承认具有拉抬动机)

序号	文号	操纵人	操纵手段	争议点
6	〔2016〕51号	唐隆	连续买卖、洗售、虚假申报	认定虚假申报的事实依据是否充足（不足 v. 多个交易日的日交易量占市场总交易量比例较高，大量交易日具有较高撤单率的事实足以认定虚假申报）
7	〔2016〕75号	瞿明淑	连续交易、虚假申报	是否存在操纵的主观故意（动机是投资 v. 操纵手法表明其有操纵意图）、是否存在虚假申报（不存在 v. 委托买入量占同期市场全部申买量的比例较高）、是否影响股价及交易量（未影响 v. 分别影响股价上涨9.46%、4.29%、8.76%、6.62%）
8	〔2016〕77号	广州穗富投资管理有限公司、易向军、周岭松	连续交易、虚假申报	是否具有欺诈性（为防止爆仓采取的维护投资者利益的行为 v. 具有影响股价的主观目的；承认是为了维护市值；撤单比例分别为66.91%、73.08%，撤单比例较高，距离申报时间短，具有明显的主观故意）、是否是正常交易行为（未对股票价格和交易量造成明显影响 v. 主观上具有影响股价的目的，客观上采取了影响股价的手段，且对股价产生了影响，构成操纵市场）
9	〔2016〕111号	赵晨	连续交易、虚假申报	是否存在虚假申报（申报后撤单是因为不看好个股的后续走势 v. 在集合竞价阶段以涨停价买入大量股票，在挂单73秒内全部撤单，而在开盘之后又将所持股份申报卖出，由此可见其在集合竞价阶段的申报非以成交为目的，并在后几日反复使用此手段）

续表

序号	文号	操纵人	操纵手段	争议点
10	〔2016〕120 号	广州市创势翔投资有限公司、黄平、张毅	连续交易、虚假申报、尾市拉抬	是否具有操纵故意（不具有 v. 明知或应知相关交易行为足以导致股价波动而故意放任该行为的发生）
11	〔2017〕6 号	盛巍	虚假申报	是否存在短线频繁报单撤单行为（其交易以坚决买入为目标，不存在 v. 在已有大量未成交买单、买入申报明显无法大量成交的情况下，仍以涨停价大量申报买入，将股价锁定在涨停价位意图明显）
12	〔2017〕20 号	唐汉博、唐园子、袁海林等 5 名责任人员	连续交易、洗售、虚假申报	是否有操纵市场的故意（属于正常的投资行为，没有 v. 以涨停价大笔买入随即撤单，并在连续竞价阶段开始后，即将前一交易日买入股票全部减持，足以说明其影响当日开盘价、操纵股价的意图）
13	〔2017〕29 号	鲜言	连续交易、洗售、虚假申报	是否存在操纵股价的主观意图（没有 v. 虚假申报等行为表明具有操纵的主观意图）
14	〔2017〕37 号	李健	虚假申报	是否构成虚假申报操纵市场（撤销申报是因为要空出资金寻找其他交易机会，没有机会又回到该股碰运气捡漏 v. 存在大量、频繁申报和撤销申报行为，撤单量占账户组买量分别为 89.45%、53.4%、17.99%，且在同时段全市场委托总量中占比很高）
15	〔2017〕98 号	廖国沛	连续交易、虚假申报	是否存在大量撤单（不存在 v. 涉案 15 只股票封单量高、封单次数多、虚假申报比例高）

序号	文号	操纵人	操纵手段	争议点
16	〔2018〕13号	冯志浩	虚假申报	是否存在操纵市场的主观故意（由于出现大卖单产生的心理恐慌，为充分利用账户资金，跟随市场趋势、去弱留强的正常交易 v. 以盘中以涨停价位虚假申报后次日反向卖出、开盘以涨停价位虚假申报后反向卖出、收盘以大单封死涨停后次日反向卖出这三种手法交易股票，个股的撤单量、尾市涨停价未成交量较同期比例均较高）
17	〔2018〕60号	谢一峰	连续交易、虚假申报	是否存在虚假申报（是对股票市场行情综合分析后作出的投资决策，无操纵股价的主观目的，也无操纵股价的客观行为，不构成违法行为，没有虚假申报行为 v. 账户组在标的股票已经涨停，涨停价申报买入数量较大的情况下，仍以涨停价大量委托申报，并迅速撤单，且反复使用，不以实际成交为目的、误导投资者的意图明显）
18	〔2018〕61号	郁红高	连续交易、虚假申报	是否存在虚假申报等操纵市场的故意和行为（不存在 v. 从行为特点和主观状态看，其采取了大量以涨停价申报后撤单，以高于委托前一笔市场成交价格、买1档和卖1档价格等方式申报，在多只股票上多次采用上述交易方式获利，充分印证了其具有操纵的主观故意，且行为对相关股票价格产生了明显影响）
19	〔2018〕108号	刘坚	虚假申报	是否构成操纵市场（在开盘集合竞价阶段以涨停价申买股份的主要原

序号	文号	操纵人	操纵手段	争议点
				因是前一日伦敦国际金融期货交易所的相关期货大涨，其他申买行为同理，系出于真实交易意图，但因后来感觉市场气氛不如想象那般踊跃、走势不理想就撤销了委托，其买卖委托及交易符合市场交易的规律和逻辑，不存在意图影响股价的主观想法和行为 v. 虽然当事人的行为与伦敦期货、美黄金期货前一日上涨走势相关，但在短短 2 分钟内全部撤单，并分别于开盘后 14 分钟、7 分钟开始卖出，无相关证据证实其投资基本面发生明显变化，对其交易方向迅速反转未能给予合理解释，缺乏相应证据支持）
20	〔2018〕127 号	郑领滨	虚假申报	是否构成操纵市场（有部分个股存在集合竞价阶段的申报、撤单均不超过 3 次的情况，依法不构成集合竞价阶段虚假申报 v. 对该陈述意见予以采纳）、是否存在拉抬股价的主观故意和客观行为（不存在 v. 以涨停价申买个股，申买排名第一、买成交排名第一，该股价格上涨3.43%，构成盘中拉抬）、是否构成虚假申报（不构成：个股撤单是因为无法成交的被动撤单，且对股价无影响，或以真实成交为目的，撤单是根据盘中变化、买入意愿发生变化而改变投资决策 v. 撤单行为与买入行为相对应，呈现出委托价格和委托数量一致，且间隔时间短的特点 v. 以涨停价申买该个股，占该

序号	文号	操纵人	操纵手段	争议点
				时段市场申买总量的 24%，申买排名第一；大量撤单，申买委托撤单量占其申买比例 99.79%，占市场同期撤单总量的比例为 27%，买撤单排名第一。该股当日涨停收盘，与大盘偏离度达到 7.82%）、是否构成盘中拉抬（个股只是一次交易行为，不存在连续买卖，且申报价格仅略高于前一秒成交价 v. 在股价处于涨停价情况下，以涨停价申报买入大量股份，占申报买入量的 7.58%，该只股票价格当日上涨 10%，并以涨停价收盘，与大盘偏离度达到 9.13%。不以真实成交为目的体现在：一是高比例撤单，委撤比高达 63.77%，占该期间市场撤买总量的 7.27%。二是多次将排队在前的涨停价买单撤单，同时再以涨停价申报买入）
21	〔2020〕110 号	福建旭诚资产管理有限公司、陈赟、杜闽峰、陈晗、蔡兆艺、林通	连续交易、虚假申报	是否知悉（未参与操纵事项、不知悉 v. 当事人系大股东、法定代表人、董事长，对公司具有管理职责，且负责介绍证券账户供公司使用，为涉案基金产品寻找投资资金，是直接负责的主管人员；当事人系股东、副总经理，对公司具有管理职责，负责联系维护证券账户，为直接负责的主管人员；当事人虽系执行交易指令下单，但指令带有操纵意图，依旧执行了交易指令，是其他直接责任人员）

续表

序号	文号	操纵人	操纵手段	争议点
22	〔2021〕78号	景华	连续交易、洗售、虚假申报	是否有客观的操纵行为（证券公司强制要求下的被动减持 v. 大量申报并撤单与减持并无关系）

根据《证券法》第 55 条第 1 款第 4 项，虚假申报操纵是指"不以成交为目的，频繁或者大量申报并撤销申报"，影响或意图影响证券交易价格或交易量的行为。

在执法实践中，对于该操纵手段的认定主要是根据客观行为和行为后果认定其行为的违法性，而最终是否导致人为价格并不影响对虚假申报操纵的认定。行为人通过频繁或大量申报并撤销申报的目的是诱导他人跟进买入，从而影响证券价格。对于虚假申报的行为模式，主要是通过委托申报占申报前市场待成交买量的比例高，撤单比例及其距离申报时间短，或盘中、开盘及收盘以涨停价位虚假申报后反向卖出等行为特征以认定，但撤单若不超过三次，一般不认定构成虚假申报。[1] 而撤回申报量占当日该种证券或期货合约总申报量 50% 以上，且证券撤回申报额在 1000 万元以上、撤回申报的期货合约占保证金数额在 500 万元以上的，还会被追究刑事责任。[2]

如在"张建雄"案中，买委托申报是该时段第一笔买委托，占申报前市场待成交买量的 406.59%，后买委托申报市场待成交买量大幅增加，证明行为人构成大量申报诱导他人交易的违法行

---

[1] 《中国证监会行政处罚决定书（北京新华汇嘉投资管理有限公司、王卫东）》，〔2018〕118 号，2018 年 12 月 11 日发文；《中国证监会行政处罚决定书（郑领滨）》，〔2018〕127 号，2018 年 12 月 28 日发文。

[2] 《最高人民检察院、公安部关于公安机关管辖的刑事案件立案追诉标准的规定（二）》，公通字〔2022〕12 号，2022 年 4 月 6 日发布，第 34 条第 1 款第 12 项。

为。[1]在"广州穗富投资管理有限公司、易向军、周岭松"案中，行为人撤单比例分别为66.91%、73.08%，撤单比例较高，距离申报时间短，具有明显的主观故意。[2]在"苏颜翔"案中，行为人频繁虚假申报撤单、随即反向卖出的客观行为，显示其操纵的主观心态。[3]在"赵清波、赵波林"案中，证监会指出，股价是否偏离行业指数并不影响对操纵行为的认定。[4]因此，作为一种欺诈型操纵，损害后果并不是判断行为人是否构成虚假申报操纵的必要构成要件。

（四）蛊惑交易操纵

蛊惑交易操纵也是2019年《证券法》修订之时新加入的具体操纵手段。在本书所研究的72起争议性案例中，涉及蛊惑交易操纵争议的案例有2起（见表6-4）。

表6-4 蛊惑交易操纵执法案例争议点总结

序号	文号	操纵人	操纵手段	争议点
1	〔2018〕36号	何思模	蛊惑交易	是否构成操纵市场（由上市公司实际控制人提出利润分配及公积金转增股本方案，是目前我国证券市场的惯例。且认定当事人构成操纵证券市场行为是基于当事人利用发布高送转预案拉抬股价出货，应当属于《证券法》（2013

---

[1]《中国证监会行政处罚决定书（张建雄）》，〔2009〕15号，2009年4月30日发文。

[2]《中国证监会行政处罚决定书（广州穗富投资管理有限公司、易向军、周岭松）》，〔2016〕77号，2016年6月6日发文。

[3]《中国证监会行政处罚决定书（苏颜翔）》，〔2014〕12号，2014年1月15日发文。

[4]《中国证监会行政处罚决定书（赵清波、赵波林）》，〔2014〕3号，2014年1月7日发文。

续表

序号	文号	操纵人	操纵手段	争议点
				年）第 77 条第 1 款第 1 项规定的信息型操纵 v. 首先，存在操纵市场的动机和意图。员工持股计划所持股票锁定期届满，可以开始卖出，但股价一路下跌，在这期间卖出，在向参与人分配自筹资金部分对应份额及借款部分对应份额的收益后，员工持股计划的剩余收益面临较大的股权质押融资借款利息压力。因此，当事人存在提升股价的动机。其次，所持股票证券事务代表曾按要求统计了九家上市公司的分红方案以及披露后的股价走势，在统计表中与所持股票属同一行业的三家公司用红字区分。当事人在笔录中也承认，"进行高送转，按照当时的市场行情来看是提振股价的一个有效方法"。在《股票交易异常波动公告》中所披露的员工持股计划持有股份数及占总股本比例均与披露时的实际情况不符，也即未如实披露减持情况。而易事特员工持股计划在利润分配及高送转预案提案预披露公告后的减持情况，对投资者决策有重大影响。当事人作为易事特董事长、实际控制人，利用其拥有的控制提案提出时间的能力，控制利润分配及高送转预案提案的提出并公告的时间，待股价上涨后随即将之前买入及员工持股计划持有的股票卖出获利，构成操纵市场行为。《证券法》（2013 年）第 77 条第 1 款第 1 项规定，当事人在利用信息优势的同时要有联合或者连续买卖的行为，故本案当事人的行为不适用）

序号	文号	操纵人	操纵手段	争议点
2	〔2020〕93 号	孟庆山、杨慧兴	蛊惑交易	是否对相关公告的发布时点、内容有控制力（作为时任董秘，没有权力决定是否终止、何时终止重组，仅能依据实际情况履行信息披露职责 v. 为了保证由实际控制人、董事长承担担责任的信托顺利减持且不亏钱，二人利用监管部门发布维护市场稳定的相关监管要求之时机和信息发布的优势地位，操控信息发布节奏，在相关信息均具备发布条件的情况下，择"业绩预增""增持""设立员工持股计划"三项利好优先发布，延迟发布"拟终止重组"的利空信息，并由董秘实际控制为增持而设立的增稳 2 号进行了增持股票的交易，且实际控制人对董秘就此作出奖励承诺。但与此同时，二人却通过九智 9 号信托反向操作，精准、集中、高位减持，足以证明具有操纵股价的行为）、是否对股价造成影响（判断案涉行为对股价的影响时，应当采用行业指数，且应考虑股票停牌后复牌的补跌因素影响。经计算，案涉时期个股与行业指数波动情况一致，案涉行为未对股价造成影响，不存在操纵市场的结果 v. 股价增幅 71.48%；同期，上证指数（000001. SH）增幅 10.81%，股价增幅偏离上证指数 60.67%；同期，中信一级食品饮料行业指数（CI005019. WI）增幅 19.38%，股价增幅偏离行业指数 52.1%；申万一级食品饮料行业指数（801120. SI）增幅 14.07%，股价增幅偏离行业指数 57.41%。当事人认为应该采用中信三级行业调味品指数（CI00

序号	文号	操纵人	操纵手段	争议点
				5330）计算，我会认为该指数成分股较少，受个股影响较大，而上证指数、中信一级食品饮料行业指数、申万一级食品饮料行业指数更具合理性。另外，当事人提出在考虑偏离度时应考虑补跌因素影响的申辩意见不具有合理性。综上，对当事人及其代理人的陈述申辩意见不予采纳）

根据《证券法》第 55 条第 1 款第 5 项，蛊惑交易操纵是指"利用虚假或者不确定的重大信息，诱导投资者进行证券交易"，影响或意图影响证券交易价格或交易量的行为。蛊惑交易操纵与连续交易操纵中利用信息优势联合或者连续买卖的操纵市场行为不同，连续交易操纵中要求行为人应有联合或者连续买卖的行为，本质上是一种交易型操纵，而蛊惑交易操纵的本质是利用虚假或不确定的重大信息诱导投资者交易而进行操纵，本质上是一种利用信息进行的欺诈型操纵。蛊惑交易操纵与虚假陈述也不同，行为人所发布的不一定是虚假、误导性的信息或重大遗漏，即使是不确定的重大信息，能够达到诱导投资者进行证券交易的效果，也可认定为蛊惑交易操纵。

例如，高送转信息、业绩预增、增持、设立员工持股计划等重大利好信息可以有效提高股价，行为人可利用其能够控制信息发布时间的能力，在减持之前发布此类虚假的重大利好信息，再高位减持获利。即使此类信息并非虚假信息，也可以通过控制利好与利空信息发布的时机和先后顺序，达到操纵市场的效果。[1]

---

〔1〕《中国证监会行政处罚决定书（何思模）》，〔2018〕36 号，2018 年 5 月 24 日发文；《中国证监会行政处罚决定书（孟庆山、杨慧兴）》，〔2020〕93 号，2020 年 11 月 2 日发文。

若是上市公司及其董事、监事、高级管理人员、实际控制人或其他关联人利用信息优势操纵该公司证券价格，属于对证券市场危害较为严重的行为，还应追究刑事责任。[1]

（五）抢帽子交易操纵

在本书所研究的 72 起争议性案例中，涉及抢帽子交易操纵争议的案例有 4 起（见表6-5）。根据《证券法》第 55 条第 1 款第 6 项，抢帽子交易操纵是指"对证券、发行人公开作出评价、预测或者投资建议，并进行反向证券交易"，影响或意图影响证券交易价格或交易量的行为。行为人通常通过先行建仓、公开荐股、反向卖出的系列行为进行操纵市场，具有明显的欺诈性。

表 6-5　抢帽子交易操纵执法案例争议点总结

序号	文号	操纵人	操纵手段	争议点
1	〔2008〕42 号	汪建中	抢帽子交易	是否对交易量和价格有影响（资金量相对小 v. 有对股价带来波动的可能性）、是否有操纵市场的主观恶意（没有 v. 利用投资咨询机构的地位并借助媒体影响力实施操纵的故意）
2	〔2008〕44 号	武汉新兰德、朱汉东、陈杰	抢帽子交易	是否存在操纵市场的主观故意（不存在 v. 利用在证券投资咨询行业的影响力及特定的合作模式操纵市场）、行为是否合法（基于专业分析判断推荐股票的行为合法，没有给投资者造成损失 v. 利用证券投资咨询专业优势及影响力，通过影响证券价格牟取不

---

[1]《最高人民检察院、公安部关于公安机关管辖的刑事案件立案追诉标准的规定（二）》，公通字〔2022〕12 号，2022 年 4 月 6 日发布，第 34 条第 2 款第 1 项。

续表

序号	文号	操纵人	操纵手段	争议点
				正当利益，严重损害公众投资者对证券投资咨询机构的信任，扰乱了正常的交易秩序）
3	〔2016〕87号	朱炜明	抢帽子交易	交易行为是否违法、是否公开荐股（不违法且未公开荐股 v. 通过先行建仓、公开荐股、反向卖出的系列行为构成操纵市场）
4	〔2018〕22号	廖英强	抢帽子交易	交易行为是否违法、是否公开荐股（不违法且荐股行为具有合理性和准确性 v. 通过先行建仓、公开荐股、反向卖出的系列行为构成操纵市场）

抢帽子交易操纵的认定不一定影响证券交易价格或交易量，只要有对股价带来波动的可能性，即可构成损害证券市场的操纵行为。[1]该操纵手段的行为人通常具有投资咨询机构的地位，并借助媒体影响力，推高股价，再反向卖出，严重损害公众投资者对证券投资咨询机构的信任，扰乱正常的交易秩序，不仅对市场效率造成损害，也对市场完整性造成损害。对抢帽子交易操纵的认定不应割裂交易行为与公开荐股的关系，而应将行为人的系列行为作为一个整体的行为模式进行认定，若其故意从事可能导致人为价格的行为，则应认定构成操纵市场。若是证券公司、证券投资咨询机构、专业中介机构或者从业人员，违背有关从业禁止的规定，买卖或者持有相关证券，通过对证券或者其发行人、上市公司公开作出评价、预测或者投资建议，同时进行反

---

[1] 《中国证监会行政处罚决定书（汪建中）》，〔2008〕42号，2008年10月23日发文。

向证券交易，交易成交额在 1000 万元以上的，还应追究刑事责任。[1]

三、欺诈型操纵认定标准再厘清

我国《证券法》第 55 条第 1 款中列举了约定交易操纵、洗售操纵、虚假申报操纵、蛊惑交易操纵和抢帽子交易操纵五种欺诈型操纵手段，是目前证券市场中较为典型的操纵手段，尤其是新加入的虚假申报操纵、蛊惑交易操纵和抢帽子交易操纵，是证监会在执法实践中总结的操纵手段。总体而言，我国目前的欺诈型操纵市场行为认定标准是以"操纵意图+操纵手段+影响证券价格"为模式的。在认定标准的把握上，操纵意图主要是通过客观的行为手段推定操纵的主观故意，具有一定合理性。因为欺诈型操纵手段本身就具有违法性，行为人进行约定交易、洗售、虚假申报、蛊惑交易、抢帽子交易等行为，就足以推定其操纵意图，除非有其他正当理由。至于对证券价格或交易量的影响，实质上对于欺诈型操纵市场行为的认定并不是必要的，因此在某些执法案例中，监管机构正确地指出，即使未对所交易证券的价格造成显著影响，只要有影响证券价格的可能性，也应认定构成操纵市场。[2]因此，对于欺诈型操纵认定模式，"故意+违法手段"即可认定行为人构成操纵市场。

欺诈型操纵是指行为人故意利用具有欺诈性、虚假性的手段操纵市场的行为，从行为模式上就与正常的交易行为存在明显区别。因此，在欺诈型操纵构成要件中，对不当行为的认定是核心，

〔1〕《最高人民检察院、公安部关于公安机关管辖的刑事案件立案追诉标准的规定（二）》，公通字〔2022〕12 号，2022 年 4 月 6 日发布，第 34 条第 1 款第 4 项。
〔2〕《中国证监会行政处罚决定书（汪建中）》，〔2008〕42 号，2008 年 10 月 23 日发文。

即从行为模式上，应准确认定约定交易、洗售、虚假申报、蛊惑交易与抢帽子交易等操纵手段的不同构成要件，主要从行为模式上对操纵市场进行认定。从操纵意图上，若行为人故意或有意从事了这些具有欺骗性的手段，不是因为疏忽或意外情形，应认定构成操纵市场。至于对证券价格的影响等损害后果，则并非认定欺诈型操纵的必要构成要件，主要是对行为人违法情节进行衡量的考虑因素。总之，对于欺诈型操纵的认定，若证明行为人从事了欺诈性的不当行为，且主观为故意，就应认定构成操纵市场行为，行为模式是认定构成欺诈型操纵的关键。

第三节　交易型操纵认定模式的改进

交易型操纵是通过在公开市场上表面合法的交易进行市场操纵的一种行为类型，与欺诈型操纵不同，交易型操纵不涉及欺骗、欺诈等不当行为。随着对交易型操纵的执法活动增多，其认定问题逐渐引起重视。其中最根本的问题是，表面合法的交易活动为何会具有操纵性。为了回答这一问题，本节首先分析我国交易型操纵的认定规则，并在此基础上分析我国执法实践中的交易型操纵认定标准。

一、交易型操纵现有规则

（一）交易型操纵的构成要件模糊

虽然距离我国法律首次规定禁止操纵市场行为已近 30 年，操纵市场行为认定的关键性因素仍不明确。我国首个规定操纵市场行为的法律文件是 1993 年发布的《股票发行与交易管理暂行条例》。自该条例发布以来，某些交易活动是否会被认定为非法的操纵市场行为仍很模糊，且学界未对操纵市场的法律定义达成一致。在此背景下，交易型操纵的执法实践标准也不甚清晰，典型体现在 2011 年的新理益集团有限公司操纵市场案（以下简称"新理益案"）中，新理益案是我国证监会官网公布的第一个对单独的交易型操纵手段进行行政处罚的案例。[1]

在 2009 年 5 月，新理益参与了"京东方 A"股票的非公开发行，认购"京东方 A"7 亿股。2010 年 6 月 8 日，京东方宣布增发的股票将于 6 月 10 日解除停牌。同日，"京东方 A"股价呈现下跌趋势，而 6 月 9 日，"京东方 A"股价则上涨 6.59%。随后"京东方 A"股价在 6 月 10 日至 18 日连续 4 个交易日呈现下跌趋势，尤其是 6 月 10 日，"京东方 A"股价在开盘后不久即下跌，在大部分交易时段，其跌幅均在 10% 以上。在此背景下，证监会发现新理益在 6 月 9 日连续买入"京东方 A"股，导致"京东方 A"价格上涨 5.72%，"京东方 A"6 月 9 日的股价上涨带动了 6 月 10 日的股价有一定幅度的上涨，但 6 月 10 日的股价最终仍难逃跌停。实际上，新理益在 6 月 10 日交易"京东方 A"股票时，交易价格高于若其没有在 6 月 9 日连续买入时的价格。基于上述事实，证监会认定新理益在 6 月 9 日连续买入"京东方 A"股票的行为属于操纵市场行为。

此外，在我国最早涉及跨市场操纵手段的案件是 2010 年发生的天然橡胶 RU 1010 合约操纵案。[2]行为人通过期货合约影响仓单的交易价格，从而在仓单交易市场上获利。在外部利益型操纵

---

〔1〕《中国证监会行政处罚决定书（新理益集团、刘益谦、薛飞）》，〔2011〕44号，2011 年 10 月 8 日发文。

〔2〕《中国证监会行政处罚决定书（海南大印集团有限公司、海南龙盘园农业投资有限公司、海南万嘉实业有限公司等 6 名责任人）》，〔2013〕67 号，2013 年 12 月 10 日发文。

中，行为人可能没有办法保证所交易证券的价格随着他的交易活动而变动，但他可以从与所交易证券价格相关的外部利益中获利，从而损害其交易对手在另一个市场上获利的公平机会，从这个意义上说，外部利益型操纵也是应予禁止的操纵市场行为。

新理益连续买卖"京东方 A"股票是一种操纵市场行为，还是一个乐观投资者认为"京东方 A"股票长期向好而作出的正常投资行为？在不同市场中买卖现货或期货合约是正常的交易行为还是操纵市场行为？如何在操纵市场行为和健康的交易行为之间划清界限？这是操纵市场认定研究的核心问题，而《证券法》对操纵市场行为也没有一般性的定义。根据 2019 年《证券法》第 55 条的规定，禁止以下列方式或者其他手段操纵证券市场，从而影响或者意图影响证券交易价格或者交易量：连续交易操纵、对敲、洗售、虚假申报操纵、蛊惑交易操纵、抢帽子交易操纵和跨市场操纵等。在以上操纵手段中，连续交易操纵和跨市场操纵是最具争议性的。因为它们都是通过在公开市场上的正常交易完成的，具有表面上的合法性，因而很难在表面合法的交易行为和操纵手段之间划清界限。

2019 年修订的《证券法》在这个问题的解决上提供了一定的思路，即在判断交易是否属于被禁止的操纵市场手段时增加了意图要素，但意图本身不足以确定是否应认定行为人进行了连续交易操纵或跨市场操纵。对于第 55 条第 1 款中的其余五种操纵手段，认定其为操纵市场的表现形式较为容易，因为其中都存在不当行为，通过这些不当行为推断行为人具有操纵意图是合理的。而连续交易操纵和跨市场操纵虽然是表面上的合法交易，但在没有不当行为的情况下不太可能推断出行为人具有操纵意图。

（二）认定规则不足以识别交易型操纵

实际上，《证券法》第 55 条中所列出的七种手段并不能包括所有的操纵市场行为手段，而影响或意图影响所交易证券的价格或数量所涵盖的行为又非常普遍，证券市场的任何交易活动都可能导致所交易证券的价格或数量发生变化。对于洗售、约定交易、蛊惑交易、虚假申报、抢帽子交易等操纵手段，从交易活动本身的不当行为，较易推断出操纵意图。而连续交易操纵、跨市场操纵以及其他影响所交易证券的价格或数量的交易行为在表面上是合法的，且仅影响价格或数量的意图不足以在实际的合法交易和操纵市场行为之间划清界限。意图不具有客观的可观察性，若市场上没有不当的行为或负面后果，仅以一般的操纵意图惩罚交易者是不公平的。

《证券法》第 55 条对判断操纵市场行为的不同构成要件之间的关系没有明确规定，可能导致对操纵市场行为的认定标准不清、执法的说服力不足等问题。如被禁止的交易仅影响了所交易证券的价格或数量，而行为人缺乏操纵的意图，或行为人仅存在操纵意图，却没有对市场造成损害，是否应认定为操纵市场行为等都不确定。对于操纵市场行为的认定规则不清、认定标准不明，导致执法实践标准模糊，不利于市场参与者明确自己行为的合法性，不利于证券市场功能的发挥。

我国反操纵立法对于操纵市场行为的规范是模糊的，而对于交易型操纵，法律的模糊性与认定标准的不明性问题尤为突出。传统的操纵市场行为通常涉及不当行为，例如虚构交易、虚假订单、虚假陈述以及抢帽子交易行为等，而交易型操纵表现为表面合法的交易行为，这使得其操纵性更难以被发现。对于欺诈型操纵，其认定争议较小，通过不当行为更容易推断出行为人的操纵意图，而交易型操纵则难以被发现，很难从表面合法的交易中推断出行为人的操纵意图，而仅凭一般的操纵意图本身又不足以解释表面合法的交易为什么要受到惩罚，以及应如何予以甄别。

例如，在现行《证券法》中，连续交易操纵是指如果行为人单独或与他人串通，通过集中资金优势、持股优势或利用信息优势，影响证券交易价格或证券交易量，从事联合或连续交易的行为，是应予禁止的操纵手段。但行为人掌握了资金优势、持股优势或信息优势，可能仅仅是因为他们比一般的交易者做得更好，如拥有更好的搜集信息的能力或更好的投资眼光等，而该连续交易操纵的定义使其很容易因优秀而受到证监会的处罚。

目前我国证券法中明确的交易型操纵手段包括连续交易型操纵和跨市场操纵。这两种操纵手段分别属于公开交易型操纵和外部利益型操纵两种类型的操纵市场行为。从类型化的角度而言，在这两种类型中，交易者都试图影响所交易证券的价格或数量，以便通过价格变动而获利。不同之处在于，在公开交易型操纵中，交易者寻求通过出售证券获利，而在外部利益型操纵中，交易者寻求从外部利益中获利。在公开交易型操纵中，操纵者试图以低价买入证券，但他的购买反而会因增加了市场需求而提高证券的价格。因此，操纵者必须有充分的理由相信，当他买入或卖出证券时，市场上会出现不对称的价格反应，使其卖价或买价的变动幅度低于买价或卖价的变动幅度，从而有利可图。[1]在外部利益型操纵的情况下，操纵者进行交易以影响所交易证券的价格或数量，不是因为他可以通过该交易获利，而是因为他有与所交易证券价格相关的其他利益。

二、交易型操纵执法实践

由于我国关于操纵市场纠纷的司法实践不多，本书主要结合

[1] Fox, Merritt B., Glosten, Lawrence R. and Rauterberg, Gabriel V., "Stock Market Manipulation and Its Regulation", *Yale Journal on Regulation*, Vol. 35, p. 104 (2018).

证监会 2001 年至 2021 年作出的 184 起操纵市场行政处罚决定对交易型操纵进行分析。在证券法执法实践的 20 年中，证监会总共对27 起单独采用交易型操纵手段的行为人进行了处罚。通过对证监会行政执法实践的分析，可以归纳出我国交易型操纵认定的关键性决定因素。如果行为人在公开市场中交易某证券，而该证券的价格或交易量受到其交易的影响，且他意图造成这种影响时，则很可能被认定为交易型操纵。对我国交易型操纵的规则和执法实践进行研究发现，我国的交易型操纵的认定标准是以"影响"为核心的认定模式，对这一模式进行考察可为区分操纵市场行为与正常市场行为提供一定的思路。

（一）执法概况

以 2001 年至 2021 年我国证监会作出的 184 起操纵市场行政处罚决定为样本，选取其中的 27 起交易型操纵案件进行分析（见表6-6）。研究发现，在我国的监管实践中，交易型操纵存在三个构成要件，即交易活动、一般危害和一般意图。换言之，如果一项表面合法的交易被证明影响了所交易证券的价格或数量，并且证监会能够证明该交易者具有操纵证券市场的故意，则该交易行为将被认定为交易型操纵。从反操纵立法的角度出发，研究我国执法实践中交易型操纵的认定现状，从而明确一般危害和一般意图的具体含义，有利于为该交易型操纵构成要件的证明与抗辩提供规范基础与理论基础。

表 6-6　2001—2021 年我国证监会交易型操纵认定概况

序号	文号	操纵人	操纵手段		
			行为模式	损害的认定	意图的认定
1	〔2011〕44 号	新理益集团、刘益谦、薛飞	连续买入和卖出	抬高了所交易证券的价格	涨停板效应

续表

序号	文号	操纵人	操纵手段		
			行为模式	损害的认定	意图的认定
2	〔2012〕41号	陈玉憬	连续买卖	卖出时压低了所交易证券的价格；买入时抬高了所交易证券的价格	市场流动性差
3	〔2014〕41号	浙江恒逸集团有限公司、楼翔	连续买入	未能对所交易股票的交易价格或交易量产生显著影响	定向增发
4	〔2015〕31号	姜为	在期货市场连续交易并囤积现货	抬高了所交易证券的价格	市场优势地位；跨市场效应
5	〔2015〕33号	李军、张永东	连续买入后卖出	抬高了所交易证券的价格	尾市效应；大宗交易
6	〔2015〕43号	陈宏庆	连续买入	抬高了所交易证券的价格	市场流动性差
7	〔2015〕98号	薛黎明	连续买入后卖出	抬高了所交易证券的价格	市场流动性差
8	〔2016〕39号	李宁	连续买入后卖出	抬高了所交易证券的价格	市场流动性差
9	〔2016〕68号	胡坤明	连续买入后卖出	抬高了所交易证券的价格	市场优势地位
10	〔2016〕100号	湖北洋丰股份有限公司、杨才学、柴育文等4名责任人员	连续买入后卖出	抬高了所交易证券的价格	市场优势地位；避免减持时股价下跌的损失

续表

序号	文号	操纵人	操纵手段		
			行为模式	损害的认定	意图的认定
11	〔2016〕110 号	肖海东	连续买卖	抬高了所交易证券的价格	市场优势地位
12	〔2017〕77 号	周晨	连续买入后卖出	抬高了所交易证券的价格	涨停板效应
13	〔2017〕80 号	蝶彩资产管理（上海）有限公司、谢风华、阙文彬	连续买入后卖出	抬高了所交易证券的价格	市场优势地位；市值管理；高价减持
14	〔2018〕12 号	孟祥龙	连续买入后卖出	抬高了所交易证券的价格	市场优势地位；尾市效应；开盘效应
15	〔2018〕23 号	福建卫东投资集团有限公司、卞友苏、邱一希	连续买卖	抬高了所交易证券的价格和交易量	市场优势地位；尾市效应；市场流动性差；未符合新三板创新层标准
16	〔2018〕25 号	文高永权、王交英、宋翼湘等 4 名责任人员	连续买入	抬高了所交易证券的价格和交易量	市场优势地位；市场流动性差
17	〔2018〕47 号	高勇	连续买入后卖出	抬高了所交易证券的价格	市场优势地位；涨停板效应
18	〔2018〕111 号	王炎贤	连续买入后卖出	抬高了所交易证券的价格	尾市效应

序号	文号	操纵人	操纵手段		
			行为模式	损害的认定	意图的认定
19	〔2018〕129号	雅利（上海）资产管理有限公司、吕沈强	连续买入后卖出	抬高了所交易证券的价格和交易量	市场优势地位；尾市效应
20	〔2019〕20号	舒逸民	连续买入后卖出	抬高了所交易证券的价格和交易量	市场优势地位
21	〔2019〕97号	张郁达、张晓敏	连续买入后卖出	抬高了所交易证券的价格和交易量	市场优势地位；市场流动性差；涨停板效应
22	〔2019〕108号	叶熙正	连续买入后卖出	抬高了所交易证券的价格和交易量	市场优势地位
23	〔2020〕61号	邵军、左剑明、胡继峰	连续大量买卖	影响交易量和交易价格	市场优势地位；尾市效应
24	〔2020〕81号	田文军	连续买卖	抬高了所交易证券的价格	市场优势地位
25	〔2020〕93号	孟庆山、杨慧兴	连续买入、发布利好信息	抬高了所交易证券的价格	市场优势地位；不对称的价格反应（减持）
26	〔2021〕26号	陈韶隽、黄智俊	连续买卖	抬高了所交易证券的价格	市场优势地位；不对称的价格反应（减持）

序号	文号	操纵人	操纵手段		
			行为模式	损害的认定	意图的认定
27	〔2021〕38号	张飞、张雄	连续交易	抬高了所交易证券的价格	市场优势地位；尾市效应

对于操纵市场行为认定中的损害后果，证监会作出的大部分操纵市场行政处罚决定中提到了市场参与者的行为影响了所交易证券的价格，表明这种对证券市场的损害最有可能被证明。对市场造成损害的另一个最可能的要素是对交易证券数量的影响，其他损害评价要素在证监会作出的操纵市场行政处罚决定中明显较少提及，可见在操纵市场认定中难以证明具体的市场损害。

根据《证券法》，如果行为人进行某交易影响或意图影响所交易证券的价格或交易量，则该交易具有操纵性。我国《证券法》直到2019年修订之时，才在认定操纵市场行为时加入"意图影响证券交易价格或者证券交易量"要素的规定，但证监会在之前对交易型操纵的认定实践中也一直考虑了意图的要素。特别是在认定连续交易操纵、跨市场操纵等交易型操纵时，影响价格或数量的意图是决定交易活动是否应被认定为交易型操纵的关键。因为交易型操纵手段具有表面合法性，在实践中，如果一项交易仅导致所交易证券的价格或数量发生变化，尚不足以认定其为非法，还应证明交易者具有损害证券市场的操纵意图，从而认定某笔交易为应予禁止的操纵手段，尤其是在对交易型操纵的认定中。

在2001年至2021年的184起操纵市场行政处罚案件中，操纵人以本书对交易型操纵定义的操纵手段受到处罚的案件有27起，此处计算仅包含采取的唯一操纵手段是交易型操纵的操纵市场行

为。对于同时采用多种操纵手段的，如行为人综合使用连续交易、
蛊惑交易、对敲等手段抬高股价的行为，没有计算在内。在 2011
年之前公布的有关操纵市场行为的行政处罚决定书中，行为人在
采用交易型操纵之余，往往与其他操纵手段相结合，如洗售、约
定交易等，直到 2011 年才对单独的交易型操纵手段进行处罚。新
理益案是第一起单独的交易型操纵手段被处罚的案例，因此，从
新理益案开始，自 2011 年以来到 2021 年，证监会共认定了 27 起
单独使用交易型操纵手段的案件。在证监会的执法实践中，通常
从以下三个方面认定表面合法的操纵市场行为，即行为模式、一
般损害和一般意图。如果交易者表面合法的交易影响了所交易证
券的价格或数量，并且意图造成这种影响，则其交易将被认定为
交易型操纵。

从交易行为而言，交易型操纵者通常通过低买高卖获利，因
此有一些指标可以表明可能存在交易型操纵。例如，如果交易者
连续买入某公司的股票，并且所交易的股票价格大幅上涨，该交
易者又卖出股票并获得了利润，若他在连续买入时具有操纵市场
的意图，则该连续买入行为可能是交易型操纵市场行为，即连续
买入后卖出的行为表明可能存在交易型操纵。但是，有时交易者
的抗辩理由是，其没有通过连续交易操纵市场，例如，若行为人
只买一次然后卖出，在这种情况下是否有可能存在交易型操纵？

具体而言，在"陈玉憬"案中，交易人称他只买入了一次公
司的股票，之后又一次卖出，没有连续交易，因此不应承担操纵
市场责任。但是，笔者认为，交易行为不应单独考虑，而应在市
场的整体背景下考虑。由于某些债券的流动性不足，即使其交易
少于 5 手，也可能导致所交易债券的价格发生重大变化。在该案
中，陈玉憬在 2010 年 7 月 19 日买卖 2010 年丹东城市开发建设公司
市政项目建设债两手，导致所交易债券价格下跌 5.27%。之后他交

易了 11 手该债券，导致所交易债券的价格上涨了 8.75%。[1]虽然行为人只买卖过一次，但其交易活动对所交易债券的价格产生了重大影响，因而其交易行为被我国证监会认定为交易型操纵市场行为。

此外，也有行为人辩称，他们只是连续买入，从未卖出，这意味着他们并没有通过低买高卖的策略牟利，所以没有操纵市场。虽然大多数交易型操纵市场行为的动机是从低买高卖的策略中获利，但需要强调的是，即使交易者不卖出证券，也可以从其他与所交易证券的价格相关的利益中获利，即属于外部利益型操纵。如果交易者连续交易某只股票，从而影响了所交易股票的价格或数量，即使他没有在这些连续交易中获利，也可能构成交易型操纵。例如，外部利益型操纵的典型例子是跨市场操纵，以"姜为"案为例，交易者在现货市场囤积，以期在期货市场获利，反之亦然。[2]还有其他外部利益也可能会导致交易人从事操纵市场行为，例如，投资者可能希望实现定向增发融资，或将其公司纳入新三板创新层市场，或满足上市公司赎回股份协议中的条件等。[3]甚至有做市商的员工或业务部门采用这种连续交易的策略来完成其公司的业绩考核要求。[4]因此，无论交易者是否卖出所买入的证券，如果其连续交易的行为损害了证券市场，且符合证监会的意图认定标准，都可能被认定为交易型操纵市场行为。

---

[1] 《中国证监会行政处罚决定书（陈玉憬）》，〔2012〕41 号，2012 年 8 月 28 日发文。

[2] 《中国证监会行政处罚决定书（姜为）》，〔2015〕31 号，2015 年 9 月 16 日发文。

[3] 《中国证监会行政处罚决定书（浙江恒逸集团有限公司、楼翔）》，〔2014〕41 号，2014 年 4 月 29 日发文；《中国证监会行政处罚决定书（福建卫东投资集团有限公司、卞友苏、邱一希）》，〔2018〕23 号，2018 年 4 月 3 日发文。

[4] 《集合竞价下，操纵股价仍在发生，新三板二级市场还有救么？》载 https://www.sohu.com/a/232758806_505254，最后访问日期：2022 年 3 月 2 日。

对于我国证监会所认定的损害和意图标准，可称为一般损害标准与中等意图标准，分别与特定损害标准与特定意图标准相对应（见表6-7）。从行为模式策略而言，交易者的交易行为表面上是合法的，因为这也是证券市场中其他交易者的盈利方式。因此，对于损害后果与操纵意图的认定就成为判断行为人是否构成交易型操纵的关键。

表6-7　交易型操纵不同认定标准比较

认定标准	操纵意图	损害后果
一般	故意	影响证券交易价格或交易量
中等	意图影响证券交易价格或交易量	-
特定	意图导致人为价格	导致人为价格

（二）损害后果的认定：＂影响证券交易价格或交易量＂

交易型操纵会损害证券市场，扭曲定价机制，造成交易证券的人为价格而不是实际价格。这种人为的价格会对市场效率造成负面影响，因为公开交易市场的参与者有权以未扭曲的价格执行交易，从而使证券市场能够充分发挥资本分配的作用。为了证明交易型操纵对市场的这种特定损害，应证明人为价格的存在。

但根据目前我国《证券法》第55条的规定，证监会只需要证明交易者的交易活动对证券交易价格或者交易数量产生影响即可，这减轻了证监会的举证责任。对所交易证券的价格或数量的影响从两个方面反映对证券市场的一般性损害，而非特定的损害后果。首先，这种对所交易证券的价格或数量的影响只会引起市场波动，而最终是否真的会造成人为的价格，尚不确定。其次，价格的变化可能是由证券市场的其他因素引起的，如整个市场的价格走势等，而不是交易者的交易活动。证监会通常将所交易的证券价格与市场走势进行比较，如果所交易的证券价格与市场走势出现重大偏差，则该交易活动将被认定为对市场造成了损害。但如果交易者能够证明其所交易证券价格的变动并非受其交易活动的影响，而是受新披露的信息等其他市场因素的影响，则不应认定其交易活动为操纵市场行为，因为该交易活动并未对市场造成一般性损害，更不用说特定的损害了。

依据证监会的标准，即便表面合法的交易对市场造成了一般性损害，也是假定性的，并非造成了人为价格等特定损害。因此，如果行为人能够证明所交易证券变动后的价格不是人为的价格，而是其进行交易活动后证券的真实价格，也不应认定其交易活动为交易型操纵。

（三）操纵意图的认定："意图影响证券交易价格或交易量"

行为人进行交易活动的意图也是交易型操纵的决定因素之一。如果交易者连续进行交易并影响了所交易证券的价格或数量，则其意图将是决定其行为是否应认定为交易型操纵的关键。因为正常的交易行为也可能表现为连续交易，而只要进行了交易活动就有对所交易证券的价格或数量造成影响的可能性。因此，行为人是否存在操纵的意图就成为认定其行为是否构成交易型操纵的决定性因素，而在实践中，很难证明交易者具有特定的操纵意图。但是，需要注意的是，有一些异常市场情况可能表明交易者的意图是通过表面合法的交易行为影响所交易证券的价格或数量，如市场支配地位、交易策略、市场流动性不足以及存在外部利益等。即使存在这些异常情况，也仅表明行为人可能故意影响证券的价格或数量，却无法确切证明行为人的特定意图是造成人为价格。因此，这些异常情况只能成为认定者中等操纵意图标准的指标。

首先是市场优势地位。在 63.6% 的交易型操纵案件中，证监会都将市场优势地位作为认定操纵意图的标准之一。[1]如果交易者具有资本优势、持股优势或信息优势，则应认定其具有市场支配地位。如果交易者的交易影响了所交易证券的价格或数量，且其具有市场优势地位，则其交易行为将被认定为交易型操纵，除非有证据证明相反的情况存在。虽然在证券市场中进行连续交易行为并不违法，在市场中占据优势地位也不违法，但是，如果这两种情况结合起来并导致对所交易证券的价格或数量产生影响，则交易者很可能正在操纵市场。从这个意义上说，市场优势地位是证明行为人具有操纵市场意图的有效标准，交易者必须有充分的理由来解释他的行为以免受到证监会的处罚。

其次是异常交易模式。交易模式意味着交易者以某种方式进行连续交易，表明他有意影响所交易证券的价格或数量，例如，如果交易者在收市前连续以高价进行交易，则他很可能有意影响第二天交易证券的价格或数量。这是使用市场收盘效应或尾市交易的典型例子，与利用开市效应或涨停板制度相同。具体而言，如果交易者在开市时进行高报价，即使证券价格的下跌趋势不可避免，交易者仍然可以通过高于未扭曲的价格卖出以减少损失。因为即使交易的证券价格下跌，由于限价制度，其跌幅也不能超过开盘价的10%。交易者在所交易证券的价格或数量更可能受到影响的特定时间进行连续交易的事实表明他有操纵市场的一般故意。

再其次是市场流动性不足。交易者在市场规模较小且流动性不足时进行连续交易这一事实表明他可能在故意操纵市场，一方面，如果市场本身缺乏流动性，则更有可能被操纵。例如我国2013年成立的新三板，作为第三个全国性股票交易场所，与上交所与

---

〔1〕 Baoling SUN, "An Empirical Analysis of Regulation on Open-Market Manipulation in China: An Effect-Based Approach", *US-China Law Review*, Vol. 18, pp. 109-121 (2021).

深交所相比，规模相对较小且流动性较差。新三板募集的资金是上交所的 1/9，是深交所的 1/6，相对于其募集资金的规模而言，在新三板市场发生的交易型操纵案件比在深交所和上交所发生的交易型操纵案件占比更大。由于新三板市场流动性不足，交易者即使资本或股权优势较小或信息优势较小，也容易对市场进行操纵。

另一方面，如果证券的交易量较少，则其价格或数量很容易受到影响。例如，在"陈玉憬"案中，当事人仅以 11 手交易一次证券，证券的价格就上涨 8.75%。[1]从市场条件的角度来看，市场流动性不足也与市场支配地位有关，因为在这两种情况下，交易者比其他情况下都更容易改变证券的价格或数量。因此，如果连续交易影响了所交易证券的价格或数量，而该证券的市场规模较小或流动性不足，则可以合理推断交易者可能有意操纵市场。

最后是外部利益。一般而言，交易型操纵行为人采用低买高卖的策略来获利，其试图将证券的价格或数量推向与其交易行为相反的方向，而实际上，交易者也可以仅通过影响所交易证券的价格或数量而不出售它们来获利。此时交易者赚取的是外部利益，而不是高价卖出所交易证券的利润，例如，如果一家公司欲定向增发，原始投资者可能会从公司股票价格的上涨中受益。或者有股票补偿协议，规定如果公司的股票价格在到期时高于参考价格，则公司可以向投资者收取差价。或者是市值管理服务，上市公司聘请顾问对其市值进行"管理"，以便其原始投资者可以高价减持股票。在这些情况下，私人协议中的外部利益表明交易者有意影响证券的价格或数量。此外，跨市场效应或政府对市场进行分层

〔1〕《中国证监会行政处罚决定书（陈玉憬）》，〔2012〕41 号，2012 年 8 月 28 日发文。

管理的政策也可能成为交易者影响交易价格或交易量的意图认定标准，因为其中也存在外部利益。[1]

三、交易型操纵认定标准再厘清

确定一个交易行为是否具有操纵性可从三个层面进行分析，即行为模式、损害后果和操纵意图。然而，在我国交易型操纵法律规范中，这三个要素之间的逻辑关系是模糊的，例如，判断某行为是否构成操纵市场，应证明该行为影响了所交易证券的价格，且行为人意图造成这种影响，还是只证明其中之一即可，我国《证券法》第55条中并未阐明。本书认为，证监会应证明所有这三个构成要件，以追究交易者的操纵责任，且证监会在适用本条时，对于行为人的抗辩应采取更加开放的态度，即对行为人证明其主观条件是善意而非操纵意图的标准应持宽容态度。例如，应允许被告解释其进行连续交易的目的不是影响所交易证券的价格或数量，而是基于仔细的研究和良好的市场分析而作出的合理商业决定。对于交易者而言，有必要保留其投资决策过程中的所有重要记录和其他证据，以备证明其交易是基于善意的商业意图。

此外，在我国交易型操纵立法与实践中，行为模式、损害后果和操纵意图这三个要素的含义在实践中是混乱和不明确的。特别是由于所有交易型操纵都涉及表面合法的交易，损害要件和意图要件的具体含义尚不清楚。例如，在确定交易型操纵中行为人的意图时，原告必须证明被告的交易意图影响证券交易价格或交易量，还是必须证明其意图造成人为价格（见表6-8），操纵意图的标准并不清晰。

---

[1]《中国证监会行政处罚决定书（福建卫东投资集团有限公司、卞友苏、邱一希）》，〔2018〕23号，2018年4月3日发文。

表 6-8　交易型操纵不同认定模式比较

认定模式	操纵意图	损害后果
美国模式：基于意图的认定模式	特定意图：意图导致人为价格	——
欧盟模式：基于后果的认定模式	——	特定损害：导致人为价格
中国模式：基于影响的认定模式	中等意图：意图影响证券交易价格或交易量	一般损害：影响证券交易价格或交易量
本书建议：基于损害的认定模式	一般意图：故意	特定损害：导致人为价格或对合同相对方不公平

　　在关于交易型操纵的认定模式中，行为模式、损害后果和操纵意图有着不同的含义。基于意图的认定模式在规范交易型操纵方面存在显著缺陷，意图认定的范围不当可能对正常的交易活动造成不合理的打击，且证明具体损害和意图在执法实践中是非常困难的。其最明显的缺陷是对行为人操纵意图的认定标准不够明确，无法在实践中予以清晰界定和证明，客观性不足。且若行为人从事的是表面合法的交易活动，但因没有成功或其他原因等，尚未对市场造成损害，即使该行为人的主观意图是为了操纵市场，对这种行为一律进行处罚也是不符合收益成本分析的。为了弥补基于意图的认定模式中的理论缺陷，有学者提出了损害认定模式，即如果交易者的行为对市场造成损害，并且这些交易不是疏忽或意外导致的，则他应对交易型操纵承担责任。在损害认定模式中，损害是指对市场的效率和市场的完整性造成负面影响。[1]

---

〔1〕　Fletcher, Gina-Gail, "Legitimate Yet Manipulative: The Conundrum of Open-Market Manipulation", *Duke Law Journal*, Vol. 68, p. 479（2018）.

在规范交易型操纵之时，基于影响的认定模式可能因证明标准过低而打击范围过大，不利于对社会有利的正常交易活动的发展。而从保护投资者合法权益及维护证券市场经济秩序等方面而言，以损害为核心的认定模式具有巨大潜力，能够回应操纵市场行为损害证券市场的本质。[1]此外，考虑到基于影响的认定模式降低了原告的举证责任，本书认为应采以损害为核心的认定模式。尽管规制交易型操纵主要是监管机构的使命，但行为人的抗辩也应得到重视。应重点发挥市场主体在规制交易型操纵中的作用，如市场主体应在交易型操纵监管中扮演何种角色，应参与到规制交易型操纵的哪个阶段，是否应参与到包括警示、侦查和执法的所有阶段？如何对正当的商业理由进行举证，才能排除市场主体对交易型操纵的责任？这些都是对操纵市场的甄别与监管过程中应予重点研究的问题。

（一）基于损害的认定模式之优越性

基于损害的认定模式不仅会降低交易成本，还会使市场参与者更加明确交易型操纵的责任范围，增加法律确定性，同时增强监管机构的执法灵活性，也可以使市场主体参与到监管过程中，提高监管效率。

首先，基于损害的认定模式可以降低交易成本。对交易型操纵的无效执法就像不存在反操纵立法一样，会导致市场参与者的交易成本增加，一个原因是市场参与者在其对证券的定价中必须考虑存在操纵市场行为的可能性。[2]市场参与者担心他们的交易对手会利用市场获取不公平的利润，因而会拒绝进行这些交易，或者需要以更高的成本进行交易。交易成本的增加会导致交易量

---

〔1〕 刘宪权:《涉证券、期货犯罪研究》，上海人民出版社 2021 年版，第 167 页。

〔2〕 Goshen, Zohar and Parchomovsky, Gideon, "The Essential Role of Securities Regulation", *Duke Law Journal*, Vol. 55, p. 711, p. 716（2006）.

的减少，市场的整体流动性降低。以意图或影响为中心的认定模式打击的范围过广，使未对市场造成损害的交易也可能受到惩罚，交易者可能因担心承担责任而不愿进行对市场有利的交易，从而进一步降低市场流动性并增加交易成本。

而基于损害的认定模式可以更有效地识别交易型操纵并将其与合法交易区分开来，通过基于损害的认定模式，以交易对市场或交易对手造成的损害为基础判断某交易行为是否应认定为交易型操纵，市场主体会对监管机构在发现、减少和惩罚交易型操纵行为人方面更有信心。确保只有扰乱市场的交易才会受到惩罚是构建坚实的操纵市场理论基础的必然要求，也是监管机构在执法实践中应实现的目标。通过基于损害的交易型操纵认定模式，市场参与者将更加信任市场的定价效率，放心与其交易对手自由交易，从而降低交易成本，增加市场流动性，并提高市场效率。因此，基于损害的认定模式将通过提高私人原告和监管机构的交易型操纵认定效率，打击操纵市场行为，降低交易成本。

其次，从提高市场确定性而言，基于损害的认定模式使交易型操纵认定规则更加明确。目前反操纵立法中的混淆主要源于以意图或以影响为中心的认定模式，因为对于操纵意图的证明而言，除非有短信、邮件等直接证据，根据间接证据推断行为人的操纵意图有一定的困难性与模糊性，市场参与者也无法确定他们的行为是否会被监管机构视为操纵市场行为。而以影响为核心的认定模式更无法说明操纵市场行为的违法性根源，正常的交易行为也可能对所交易证券的价格造成影响，市场参与者无法确定自己的交易是否会被认定为交易型操纵市场行为。基于损害的认定方法降低了含糊不清的意图标准，并明确表面合法的交易可能被认定为操纵性的违法性根源，该认定模式并非单独考虑行为人的操纵意图，而是将责任建立在意图认定标准与损害结果认定标准之上，将二者结合，共同认定行为人是否构成交易型操纵。因而交易者可以明确何时他们的行为可能被视为操纵，从而可以通过调整相应的交易策略以避免承担责任。

再其次，基于损害的认定模式也可为监管机构执法提供必要的灵活性，以精确打击交易型操纵，该方法不会将交易型操纵的手段限制为某特定的交易策略或行为。相反，其假定行为人操纵市场所采用的交易机制是无限的，基于损害的认定模式为立法者提供具有解释力的理论和实践工具，以有效解决交易型操纵认定问题。以交易造成的市场损害为基础构建交易型操纵认定规则，可针对破坏市场正常发挥功能的市场活动进行精准打击。该认定模式有利于监管机构更有效率地执行反操纵立法，同时通过提高对损害的认定标准，保留对监管机构权力范围的有效限制，使监管机构的执法行动有效实现其监管目标。

最后，基于损害的认定模式可有效改善监管机构证明交易型操纵的能力。在美国以意图为基础的认定模式中，司法实践多聚焦于原告对被告意图的证明，而意图难以证明又说服力低，法院经常对交易型操纵的指控持怀疑态度。将损害纳入责任基础以构建交易型操纵认定理论更容易说服司法机构，打消对交易型操纵进行惩戒的怀疑，因为该理论解释了为什么看似合法的交易仍然具有操纵性。因此，与交易型操纵的监管规则更具一致性。有了坚实的责任基础，立法者也能够更好地阐明和分析证明市场损害所必需的因素，因此，交易型操纵相关立法将得到协调发展，增强市场参与者对法律的信心。

（二）基于损害的认定模式之潜在缺点及其克服

以损害为核心的认定模式也有潜在的缺点。例如，事后执法是否能够有效禁止交易型操纵？以损害为核心的认定模式是否增加了证明交易型操纵的难度？

1. 事后监管的有效性

对于事后监管而言，以损害为核心的认定模式通过评估交易者的行为是否损害市场效率、市场完整性或两者皆有来识别交易型操纵。因此，对交易型操纵的认定与监管主要是回顾性、事后的，对某行为进行惩罚的前提是行为人在承担责任之前对市场造成了损害。虽然这种事后的监管有一定的弊端，但在交易型操纵的情况下，事后监管是最好的做法。根据监管的重点，可以将监管框架分为主要是事前和规定性的，或主要是事后和反应性的。金融监管很少完全是规定性或反应性的，通常是两者的混合，因为规定性监管或者事前监管的执法成本可能很高，而反应性的监管或事后监管要求制定适用广泛的规则，且需要提前使市场主体知晓潜在的责任基础。事后监管试图减轻已经发生的伤害，而不是首先阻止伤害的发生。[1]然而若在金融市场中，主要依赖事后监管，尤其对操纵市场行为不及时发现、制止和处罚，也可能会对市场产生重大的负面影响。

确定监管的最佳时机和监管的重点需要考虑多种因素，其中最基本的三个应予分析的维度是信息的可用性、制裁的有效性和行政成本。[2]首先，关于信息的可用性，如果监管者对其正在规范或阻止的行为掌握的信息有限，那么法律干预应该是事后的。监管机构需要有关不当行为的性质、损害程度、肇事者的身份等信息，以便有效地在事前进行监管。若没有此类信息，则最

〔1〕 Anabtawi, Iman and Schwarcz, Steven L., "Regulating Ex Post: How Law Can Address the Inevitability of Financial Failure", *Texas Law Review*, Vol. 92, p. 75, pp. 92 - 93 (2013); Langevoort, Donald C., "Managing the 'Expectations Gap' in Investor Protection: The SEC and the Post-Enron Reform Agenda", *Villanova Law Review*, Vol. 48, p. 1139, p. 1154 (2003).

〔2〕 Fletcher, Gina-Gail S., "Benchmark Regulation", *Iowa Law Review*, Vol. 102, p. 1929, p. 1938 (2017).

好让市场自由运作，并且只有在获得更准确的信息后才进行监管干预。其次，监管的时机取决于制裁在阻止不良行为方面的有效性。如果制裁可以有效打击不当行为所造成伤害的类型和范围，则对行为人实施制裁可以有效地阻止其从事不当行为。因此，如果可以在行为发生之前针对其可能造成的伤害及程度予以制裁，则该制裁应该是事前的。而如果对不当行为及其严重程度的最佳评估发生在事后，则应在事后对其进行监管。最后，还应考虑监管干预的行政成本。如果监控和维持市场秩序的成本低于事后进行调查和对不当行为提起诉讼的成本，则首选事前监管。

对于市场进行人为的干扰实际上很容易对整个经济产生广泛影响，因此在损害发生后才对那些损害市场效率和完整性的行为进行监管干预，可能为时已晚。这些担忧是有道理的，不应忽视有关金融监管干预时机的考虑，然而，在对交易型操纵的监管中，事后实施监管是最有效的。虽然交易型操纵可能且确实会对市场造成损害，但这些操纵计划产生的负面影响可以得到控制。公开交易型操纵和外部利益型操纵通常都针对单一的资产，不太可能造成系统性的市场不稳定。两种形式的交易型操纵都不会持续很长时间，操纵者通常会在短短几分钟的时间内集中市场力量进行操纵。其中，旨在扭曲金融基准的外部利益型操纵可能是负面影响最大的交易型操纵手段之一，即便如此，此类操纵计划针对的仍是特定日期的单一金融基准。因此，交易型操纵造成系统性风险的可能性非常低。[1]

此外，从法律干预时机的决定因素而言，交易型操纵也应在

---

〔1〕 Coffee, John C. , Jr. , "Bail-Ins Versus Bail-Outs: Using Contingent Capital to Mitigate Systemic Risk", available at http://ssrn. com/abstract=1858626, last visited on 2022-3-12; Schwarcz, Steven L. , "Systemic Risk", *The Georgetown Law Journal*, Vol. 97, p. 193, p. 204 (2008).

事后进行行政干预。市场损害是识别交易型操纵的关键性构成要件，这意味着监管机构在交易执行之前无法收集足够的信息并分析交易对市场的影响。因此，事前就对交易型操纵实施的制裁几乎不会发挥其应有的作用，因为无法预测交易型操纵策略将造成损害的范围或性质。监控交易型操纵的行政成本可能超过调查和诉讼的成本，因为交易型操纵主要是通过难以察觉的合法交易完成的。尽管对于交易型操纵的监管主要侧重于事后规制，但也可结合规定性的事前监管。事前监管有利于对交易型操纵的检测和威慑，可以通过预先建立的规定性机制，促进事后执法的效率。将事前监管与事后监管相结合，可以最大限度地防止交易型操纵因很长一段时间内未被发现而对市场造成严重破坏。

2. 证明难度考量

本书提出的基于损害的认定框架要求原告证明操纵意图和对市场的损害两方面。与证监会目前基于影响的认定模式相比，将操纵意图这一构成要件的证明标准从中等（意图影响证券交易价格或交易量）降低到了一般（故意），将损害后果这一构成要件的证明标准从一般（影响证券交易价格或交易量）提高到特定（导致人为价格）。根据该认定模式，交易型操纵的认定应包括操纵意图与损害后果两个构成要件。将损害后果这一构成要件的认定标准提高是因为，即使是正常的交易行为，也可能影响所交易证券的价格或交易量，换言之，基于影响的认定模式无法很好地区分正常的交易与交易型操纵，而基于损害的认定模式，将导致人为价格作为损害后果的认定标准，可以有效识别操纵市场行为，能够很好地解释交易型操纵的违法性。

对于证明损害的难度，基于影响的认定模式证明难度较低，但在区分操纵市场与正常交易行为方面比较模糊。而美国的实践证明，基于意图的认定模式的执法难度过高，美国的证监会和私人原告在仅基于意图而对交易型操纵进行执法方面并不是特别成功。法院一直对仅基于意图的操纵指控持怀疑态度。因此，在没有表现出"更多"其他因素的情况下，法院一般拒绝认定当事人的交易活动构成交易型操纵。而基于损害的方法可以回应法院的这种怀疑，说明为什么这些表面上合法的交易具有操纵性，因为该行为导致了人为价格这一损害后果。

此外，对于操纵意图这一构成要件，达到中等意图证明标准难度较高，证监会在执法过程中也没有很好地证明。通常是通过损害后果的间接证据达到证明中等操纵意图的标准，而本书提出的一般操纵意图证明标准，只需证明行为人的故意性与有意性，降低了执法机构与私人原告的举证负担。同时，基于损害的认定模式通过操纵意图与损害后果之间的互动关系，既为打击交易型操纵提供了符合其违法性根源的认定标准，也在举证方面利于对交易型操纵行为人的精确打击，有利于提高监管效率。总之，基于损害的认定模式通过证明合法交易如何可能造成市场损害，来证明认定构成操纵市场的合理性，为执法机构与司法机构提供了一种客观且可验证的方式来识别交易型操纵。

3. 事前监管措施

对于某些交易策略，应施以信息披露义务，例如，交易型操纵主要依赖于特殊的交易策略而影响证券价格或扰乱定价机制。因此，极端但有效的解决办法是完全禁止这类特殊的交易策略，既可以避免规则模糊性，也可简化执法。例如，禁止短线交易或尾市交易，使这类交易转化为被禁止的交易行为，可以在违法行为与正常的交易行为之间划出明确的界限。因此，这种对某些交易进行一刀切的禁止规定可以降低识别交易型操纵的成本，也使对该规则的执行更为容易。然而，这种对交易型操纵的应对却可能对证券市场和交易者不利。[1]此外，交易者也可能利用表现多样的交易策略损害市场效率和市场的完整性，即使禁止现在已知的某些交易活动，也无法阻止交易者开发其他具有相同效果但未被明令禁止的交易策略。因此，完全禁止这些交易活动只是对复杂问题过于简单的应对。

更为合理的监管操纵市场行为的方法是对可能成为交易型操纵的手段等交易实践课以披露义务，使交易者披露对这类交易实践的实施情况。为提高该披露监管方法的有效性，一方面应进行内部、事前的披露，另一方面应进行外部、事后的披露。首先，交易主体应制定内部的交易规范，明确何种交易策略以及在何种情况下交易员可以采用该种交易策略。内部的交易规范还应明确授权使用此类交易策略的责任主体、决定采用该种交易策略时应考虑的因素、该授权的期限以及在何种情形下该交易可以豁免批准等细节。这种事前的规范可以明确可接受行为的界限，防止对某些交易策略的滥用。违反这类交易主体自己制定的内部规范可为立法者与执法者敲响警钟，也可为进一步研究这类交易对市场的损害提供基础。因此，阻止交易型操纵等操纵手段就成为市场主体合规义务的一部分，也可成为防止不正当行为或损害市场行为的第一道防线。

在执行某些类型的交易之后，交易者应向证监会自觉地报告该交易活动。在这种披露中，交易者应说明其遵守内部交易规范的情况，也应提供进行此交易策略的正当理由。这类披露可以帮助监管者发现可能的操纵市场行为，并集中执法资源调查这类交易是否损害市场。实施事前、内部的披露规范以及事后的报告义

〔1〕　SEC, "Statement of Securities and Exchange Commission Concerning Short Selling and Issuer Stock Repurchases", available at http://www.sec.gov/news/press/2008/2008-235. htm (https://perma.cc/TG77-V8W7), last visited on 2022-3-12.

务有利于监管者、交易者及其他市场参与者通过这些步骤及披露提高交易的透明性，提高潜在损害性交易的调查效率，也可阻止交易者使用可疑且没有正当理由的交易策略，因为使用这类策略将会导致额外的监管审查或引起同行的质疑等。

基于损害的认定规则可使市场主体也参与到交易型操纵的监测、侦查和执法等监管阶段中。首先，内部合规的要求是一种自我监管的形式，应要求交易者和市场参与者自主设计他们如何利用某些交易策略的规则，因为自我监管是一种有用的工具，介于自上而下的政府监管和无监管之间，在金融市场等复杂系统的监管中具有重要意义。[1] 让市场主体参与监管可以最大限度地减少执法阻力，并促进对规则的自愿遵守。将履行内部合规义务作为从事某些类型交易的先决条件，可以使交易者成为监管过程的一环，此外，与监管机构起草的旨在普遍适用的禁令相比，公司为指导其交易员而制定的内部规则更适合市场主体的自身需求。因此，对于既可能对市场有益，又可能导致操纵市场的交易行为，应采取细致入微的监管方法。这将赋予市场主体一定的灵活性，以决定他们是否以及在什么情况下可使用这些交易策略，市场主体也可能认为采用这些可疑交易行为会受到更多的审查而自己选择不予采用，而当交易者自动决定放弃使用这些交易策略时，从事破坏性交易的可能性就会降低。

通过事后披露，市场参与者可以协助监管机构识别操纵行为，操纵市场行为是很难被发现的，基于表面合法交易的交易型操纵更是如此。披露规则有助于立法者以两种独立但相关的方式识别有害行为，一方面，交易披露可以使监管机构缩小区分合法交易

---

〔1〕 Fletcher, Gina-Gail S., "Benchmark Regulation", *Iowa Law Review*, Vol. 102, p. 1929, pp. 1967–1969（2017）.

与操纵性交易的交易范围。因为进行事后披露可以引起市场参与者对表面合法的潜在破坏性交易的关注，从而使监管机构能够迅速注意到可疑的交易型操纵，提高执法效率。另一方面，通过交易者的事后披露识别潜在的有害交易也有利于针对交易型操纵的立法过程，可为交易型操纵相关立法提供丰富的事实材料，有利于立法者分析哪些交易行为是有害的以及为什么有害等。在制定披露义务规则时，监管机构也可重点分析什么是具有破坏性的交易模式，并向市场发出信号，表明这些交易将受到额外审查，这个与市场接触的过程会使监管机构对某些交易策略有更深入的了解，并对某些策略有所警惕，化被动为主动。

　　加深市场主体对交易型操纵监管的参与度也有利于市场参与者从事反操纵立法的私人执行，提高交易型操纵者承担责任的可能性。我国反操纵立法允许私人原告根据《证券法》和《期货和衍生品法》对操纵市场行为人提出索赔。这种法律的私人执行既可以使行为人因担心被索赔而遵纪守法，又可通过私人诉讼承担部分执法成本而降低监管机构的执法成本。[1] 因此，私人诉讼是执行证券法的重要工具，有利于受害者主动维护自己的权利。以损害为基础的认定模式也有助于针对交易型操纵的私人诉讼，其明确了交易型操纵的认定规则及相关构成要件的认定标准，丰富了被告承担责任的理论基础，增加了私人索赔的请求权基础。如果交易者能够维护自己免受操纵市场行为的损害，他们就更有可能活跃地参与市场交易活动。即使有些操纵市场行为太不明显或规模太小而没有引起监管机构的注意，私人诉讼的发展也可确保这些操纵行为人受到索赔的惩罚。此外，承认对市场公平的损害

---

　　[1]　Sar, Meric, "A Regulatory Retreat: Energy Market Exemption from Private Anti-Manipulation Actions Under the Commodity Exchange Act", *Fordham Journal of Corporate and Financial Law*, Vol. 22, p. 605, p. 635 (2017).

是一项独立的追责基础也有利于私人诉讼的发展，只要私人原告能够证明被告的交易因不公平而具有操纵性，就可免于公开交易型操纵的高证明标准，更有效地向外部利益型操纵行为人索赔。

（三）基于损害认定模式之提倡

交易型操纵与欺诈型操纵不同，由于在行为模式上难以甄别，主要需要通过操纵意图与损害后果予以认定。交易型操纵可能随着证券市场的发展而不断演化，鉴于其盈利可能性和自身的隐蔽性，不断有行为人试图通过交易型操纵获利。明确交易型操纵对证券市场造成损害的原理是探究其认定规则的基础，即使是表面合法的交易行为，也可能对证券市场造成损害因而应予禁止。然而，由于交易型操纵认定基础理论及规范构造有缺陷，证监会在处理交易型操纵之时可能打击范围过广，说理缺乏公信力。与其他类型的操纵市场行为一样，不可能一劳永逸地完全消除交易型操纵的发生，但可以最大限度地减少其发生概率和对市场的负面影响。相对完善的规范基础应为监管机构、法院和私人原告提供认定交易型操纵有效规则和执法标准的同时，不阻止或惩罚对社会有益的合法交易。

1. 交易型操纵应适用基于损害的认定模式

交易型操纵的认定应采用基于损害的认定模式，证监会应改进基于影响的认定模式，转向以损害为核心的认定模式。对于交易型操纵认定规则的理论薄弱性削弱了监管机构的规制效率，采用基于损害的认定模式将为认定交易型操纵提供连贯和有说服力的基础。虽然在以意图为中心的认定理论中，人为价格概念的重要性已经得到凸显，但该理论没有完整论述交易型操纵对证券市场的损害，将交易型操纵与损害市场的概念分开，不利于从可观察的客观行为角度对潜在的交易型操纵进行认定。基于意图的认定模式将交易型操纵转化为类似于思想犯罪的概念，无法从非法行为的角度对交易型操纵的执法实践提供指导。[1]因此，若采用基于意图的认定模式，执法机构和私人原告都不易证明行为人具有特定的造成人为价格的意图，实际上会削弱其对交易型操纵的执法力度。在没有不当行为或有害影响的情况下，一般不应以恶意为由要求行为人承担责任，而基于损害的认定模式使原告能够证明其操纵指控针对的是伪装成合法交易的有害行为，而不是真正的合法交易。

此外，以损害为核心的认定模式与我国证监会正在执法实践中适用的以影响为核心的认定模式有异曲同工之处。证监会目前从损害角度的证明标准是对证券交易价格或交易量造成影响，从意图角度的证明标准是意图影响证券交易价格或交易量。该认定模式已经试图从意图与损害两个角度认定行为人的交易是否构成交易型操纵。只是在基于影响的认定模式中，损害和意图这两个构成要件的证明标准过低，无法很好地说明行为人所为交易的违法性。而基于损害的认定模式可以在说明行为违法性的同时，为执法实践提供具有客观性的认定标准。

美国证券法中的交易型操纵认定模式是基于意图的认定模式。在美国的交易型操纵司法实践中，虽然原告是以交易者的操纵意图为基础构建其指控的基础，而作为回应，法院也使用分析行为人意图的语言来分析其诉讼理由，然而，对这些案例进行细致分析表明，美国法院虽然用的是分析意图的语言，但实质上寻求的是对损害市场效率或市场公平行为模式的证明。即使是证明操纵意图的证据，通常实际上证明的也是交易是否以及如何损害了市场。以意图为核心的交易型操纵认定模式除了使规则的设计与现实的适用发生错位，还会引起思想犯罪等违背正当程序原则的根本性问题，最终阻碍法

〔1〕　Fletcher, Gina-Gail, "Legitimate Yet Manipulative: The Conundrum of Open-Market Manipulation", *Duke Law Journal*, Vol. 68, p. 479 (2018).

律对交易型操纵的有效规制。如果原告不证明被告的行为对市场造成了损害，就无法认定该行为是否具有操纵性；被告也没有机会针对这种隐含的损害责任基础进行充分抗辩。因此，将意图要件和损害要件混为一谈阻碍了交易型操纵的执法实践，而明确采用意图和损害作为责任的双重基础将减少围绕交易型操纵的执法混乱。

2. 损害的认定：人为价格与市场公平

交易型操纵的损害后果主要是指造成了人为价格，因此，人为价格的证明标准就是交易型操纵认定中的关键问题。一般而言，人为价格有两种认定方法，第一种方法将人为价格认定为"不是由市场中自然的供求力量建立的价格"。[1]"供求"一词反映的不仅是市场的总体表现，还包括其他的市场因素，包括一般市场预期的资产价格、意外的外部事件，如自然灾害或政府政策的变化以及证券的历史价格等。人为价格的第二种定义方法考虑的是价格是否偏离历史或预期的资产价格。[2]在确定价格是否被扭曲时，可考虑法定货币价格、现货市场和期货市场之间的价差，或一个月到下一个月的市场价差等。

在基于损害的认定模式中，对于意图构成要件的价格人为性标准，应改为一般性意图而非特定的意图。此外，若交易型操纵中不涉及行为人滥用市场支配力操纵证券价格，则不应要求原告证明被告具有主导市场的能力。对意图要件的证明要件进行改进将扩大以意图为核心的交易型操纵认定模式作为责任基础的适用性，将交易型操纵行为责任扩大适用于不完全依赖市场支配地位来创造人为价格的行为人。此外，将意图标准更改为一般性意图，

---

〔1〕 Powers, Colleen, "Filling the Regulatory Void in the FX Spot Market: How Traders Rigged the Biggest Market in the World", *Fordham Urban Law Journal*, Vol. 43, p. 163 (2016).

〔2〕 Perdue, Wendy Collins, "Manipulation of Futures Markets: Redefining the Offense", *Fordham Law Review*, Vol. 56, p. 367 (1987).

也可使交易型操纵的认定标准与欺诈型操纵协调一致。

扭曲证券的价格是交易型操纵损害市场的主要方式之一，但现行标准并未提供证明该损害的相关认定规则。基于意图的认定模式证明标准太高，将使交易型操纵成为无法制裁的违法行为，如在美国商品期货交易委员会（CFTC）的执法实践中，将价格的人为性作为起诉操纵市场行为的唯一标准，导致其反操纵立法后的三十多年中，仅在一个判例中得到胜诉判决。[1]若采纳基于意图的认定模式，执法机构的证明标准过高，无法有效禁止交易型操纵。而以影响为基础的认定模式证明标准又太低，容易打击基于善意的有益交易行为。因此，重新定义价格的人为性标准对于追究交易型操纵行为人的责任至关重要。

此外，应将对市场公平的损害作为外部利益型操纵的责任基础。外部利益型操纵有其自身的特殊性，虽然行为人的交易在表面上是合法的行为，也不会损害该交易所在证券市场的效率或公平，但其真正损害的是外部利益相对方的合同公平性。维护市场公平是公认的金融监管原则，不仅包括维护证券市场的公平，也应当包括维护以证券市场的价格作为估价基础的其他交易的公平性，才能有效发挥证券市场指导实体经济的社会功能。该理论基础虽然已在内幕交易立法中体现，但并未被反操纵立法视为独立的责任基础。保障市场的完整性或公平性是证券法的目标与基本原则之一，但该原则中的法律概念模糊，无法直接作为操纵市场行为的直接责任基础。交易型操纵行为人确实可能会通过创造不公平的市场条件来破坏市场完整性，导致操纵人以牺牲其他市场参与者为代价获利。要使市场公平成为市场效率之外的责任基础，

---

[1] Abrantes-Metz, Rosa M., Rauterberg, Gabriel and Verstein, Andrew, "Revolution in Manipulation Law: The New CFTC Rules and the Urgent Need for Economic and Empirical Analyses", *University of Pennsylvania Journal of Business Law*, Vol. 15, p. 357, p. 359 (2013).

需细化市场公平原则，探讨该概念的范围，特别是明确适用该原则作为责任基础的具体规范构造。

基于市场公平的具体规则应侧重于操纵者行为对其交易对手的公平性。这种责任理论的基础是让操纵者对在订立合同时违反对手方的合理预期承担责任。在这方面，违反市场诚信的责任类似于违反合同中隐含的诚信和公平交易约定。诚信和公平交易契约是订立合同的必要部分，它保护双方在订立合同时的合理期望，即使该期望并未明确说明。[1] 从另一个角度看，将市场诚信责任视为以合同为基础的规则，可能会导致合同相对人同意放弃对行为人的操纵市场进行起诉的权利。若不扭曲合同所参考估值工具的价格是合同中隐含的义务，则合同订立人也可以通过明示放弃，对该义务作出安排。在这种情况下，对市场完整性的损害无法成为民事赔偿的责任基础，然而，如果证券的价格被扭曲，执法机构仍可以损害市场效率为由提起诉讼。因此，承认对市场诚信的损害是一种私人诉因，不会限制执法机构制裁交易型操纵的法律基础，反而是一种补充性、选择性的责任基础，可使那些受不公平和剥削性交易影响最大的各方选择适用。

总之，在交易型操纵中，从行为模式而言，无法判断行为的违法性。而对于操纵意图与损害后果在交易型操纵中的认定标准，笔者认为应从两个角度予以界定：一方面，操纵意图的标准是"故意"；损害后果的标准是"导致人为价格"，即故意造成人为价格的行为是交易型操纵市场行为。另一方面，若尚未造成损害后果，操纵意图的标准是"意图导致人为价格"，即行为人若从事了"意图造成人为价格"的行为，则应认定为"试图操纵"。

---

[1] Burton, Steven J., "Breach of Contract and the Common Law Duty to Perform in Good Faith", *Harvard Law Review*, Vol. 94, p. 369, p. 371 (1980).

结 论

操纵市场行为被称为证券法上的"迷思"。自建立证券市场伊始，是否应禁止操纵市场就面临争议。一方面，某些操纵手段表现为正常的交易行为，无法从行为模式上将之与健康的市场活动相甄别，因此，亟待构建操纵市场法律规制的理论基础。另一方面，在认定一个表面合法的行为是否构成操纵市场之时，法院往往试图寻找行为之外的"其他"证据，但原告往往难以提供这一"其他"证据。若行为模式与正常的交易无异，则操纵意图与损害后果就成为证明一个行为是否构成操纵市场的关键。但操纵意图是主观构成要件，难以读取行为人的所思所想，而由于证券市场的复杂性，损害后果又难以准确衡量。因此，操纵市场行为认定中的难点问题包含两个层面，一个是操纵市场行为的违法性根源，另一个是操纵市场构成要件的认定标准。

本书旨在提供这两大问题的解决思路，并以"损害"贯穿这两大操纵市场行为认定的基础问题。总体而言，之所以应禁止操纵市场行为，源于操纵市场对证券市场的损害，操纵市场行为通过造成或意图造成人为价格损害证券市场的价格准确性与流动性，降低市场效率，阻碍证券市场发挥应有功能，或通过不公平的交易机会损害合同相对方的合理获利期待，从更广泛的意义上违背市场公平，因而是应予禁止的交易行为。

操纵市场行为应予禁止，但其行为表现形式多样，且随着技术的发展与证券投资的日益普及，操纵市场的范围更加广泛，隐蔽性更强，针对操纵市场的执法更为困难，亟待针对操纵市场建立统一的认定规则体系与明确的认定标准。本书认为，应以类型化的方法建立系统的操纵市场行为认定模式。根据操纵市场的行为特征、获利方式与违法性根源不同，操纵市场可分为欺诈型操纵与交易型操纵。交易型操纵又可进一步分为公开交易型操纵与外部利益型操纵。并在此基础上建立不同类型的操纵行为认定规则体系。

具体而言，欺诈型操纵是指行为手段具有欺骗性、虚伪性的操纵行为。该操纵类型的违法性根源在于其本质上是一种损害性知情交易。欺诈型操纵通常表现为明显的不当行为，如虚构交易、抢帽子交易、蛊惑交易等，较为容易认定。从构成要件上而言，操纵意图的认定标准是"故意"，行为模式的认定标准是"欺诈性行为"，损害后果是非必要构成要件，可作为处罚或量刑情节予以考虑。若行为人故意进行了具有欺诈性的操纵手段，则应认定构成操纵市场行为。

交易型操纵表现为合法的交易活动，因而是操纵市场行为认定中的难点所在。具体而言，公开交易型操纵是通过在证券市场的交易本身获利。行为人能够获利的关键在于能够预测到市场对其交易行为会产生不对称的价格反应，进而通过这种低买高卖的价差获利。这类行为的违法性根源在于对市场效率的损害，通过违反真实供求关系的交易，扭曲市场价格准确性与流动性，损害证券市场正常发挥功能。外部利益型操纵行为人是通过在证券市场之外的独立的合同利益获利。这一操纵市场类型的违法性根源在于对合同对手方的不公平，对证券市场公平的破坏。

由于交易型操纵的行为模式与正常的交易活动并无区别，对该类操纵市场的认定主要是对操纵意图与损害后果的判断。公开交易型操纵中操纵意图的认定标准是"故意"，损害后果的认定标准是"导致人为价格"。因此，若行为人故意制造人为价格，则应认定构成公开交易型操纵。外部利益型操纵中操纵意图的认定标准是"故意"，损害后果的认定标准是是否通过影响证券市场价格或交易量的方式"损害市场公平"。因此，若行为人意图通过影响证券市场价格获得外部利益而进行交易，对合同相对方不公平，应认定为外部利益型操纵。

受到证券市场现实复杂性所带来的挑战与笔者自身认知能力的局限，本书有关操纵市场行为的系统性认定理论并非十全十美。从反操纵立法的理论基础出发，到我国证券法中的操纵市场认定范式反思，希冀本书的操纵市场类型化理论与认定模式能够为进一步认识和研究操纵市场行为提供一定思路，笔者力所不逮之处仰仗后来学者的共同探索。

参考文献

一、著作

1. 彭冰主编：《规训资本市场：证券违法行为处罚研究》（2016），法律出版社 2018 年版。

2. 朱锦清：《证券法学》（第四版），北京大学出版社 2019 年版。

3. 朱从玖主编：《投资者保护——国际经验与中国实践》，复旦大学出版社 2002 年版。

4. 施天涛、周伦军主编：《美国证券欺诈经典案例：内幕交易与虚假陈述》，法律出版社 2015 年版。

5. 陈建旭：《证券犯罪之规范理论与界限》，法律出版社 2006 年版。

6. 周正庆、李飞、桂敏杰主编：《新证券法条文解析》，人民法院出版社 2006 年版。

7. 谢杰：《操纵资本市场犯罪刑法规制研究》，上海人民出版社 2013 年版。

8. 王林清：《证券法理论与司法适用：新〈证券法〉实施

以来热点问题研究》，法律出版社 2008 年版。

9. 刘宪权：《涉证券、期货犯罪研究》，上海人民出版社 2021 年版。

10. 伍坚：《证券错误交易处理机制研究》，上海人民出版社 2021 年版。

11. ［美］路易斯·罗思，乔尔·赛里格曼：《美国证券监管法基础》，张路 等译，法律出版社 2008 年版。

12. 汉语大字典编纂处编著：《现代汉语词典》，四川辞书出版社 2020 年版。

二、论文

1. 刘宪权：《惩治证券市场上操纵行为的刑法思考》，载《河北法学》1994 年 第 2 期。

2. 顾肖荣：《关于操纵证券市场行为认定和处罚中若干问题比较》，载《政治 与法律》1999 年第 5 期。

3. 董华春：《第八讲 期货市场中最大的毒瘤——对操纵期货市场价格行为的 认定和处罚》，载《金融法苑》2001 年第 6 期。

4. 季秀平、王朋：《操纵证券市场行为及其法律规制》，载《南京大学法律评 论》1998 年第 1 期。

5. 黄永庆：《第十三讲 简析操纵市场的种类和责任》，载《金融法苑》1999 年第 14 期。

6. 许克显：《第二十一讲"琼民源"，难说再见：兼谈操纵证券市场价格的刑 法规制》，载《金融法苑》2000 年第 6 期。

7. 张晨颖：《股市中操纵市场行为及防范的法律对策》，载《法学》2000 年第 5 期。

8. 彭冰：《建立补偿投资者的证券行政责任机制 针对内幕交易和操纵市场行 为》，载《中外法学》2004 年第 5 期。

9. 陈舜：《操纵市场违法所得的计算方法》，载《中外法学》2005 年第 6 期。

10. 李雪松：《试论证券市场操纵行为的法律规制》，载《西南政法大学学报》 2003 年第 4 期。

11. 宋一欣：《证券市场中因内幕交易和操纵市场引发的民事赔偿的有关法律 问题》，载《法律适用》2006 年第 4 期。

12. 王洪光：《论操纵证券市场民事责任之构成》，载《人民司法》2009 年第 15 期。

13. 贾纬：《操纵市场行为的认定及其民事责任》，载《人民司法》2007 年第 17 期。

14. 鲜铁可、刘博：《操纵证券市场行为的法律责任》，载《人民检察》2012 年第 4 期。

15. 董安生、郑小敏、刘燊：《我国操纵市场行为的监管：现状、反思与进路》，载《法学家》2005 年第 1 期。

16. 俞和明：《刑法中的操纵市场行为：兼议〈证券法〉相关条文的修改》，载《金融法苑》2005 年第 7 期。

17. 杨振能：《股指期货市场操纵的法律界定》，载《河北法学》2009 年第 6 期。

18. 郭文龙：《操纵证券、期货市场罪扩容研究——以股指期货刑法规制为视角》，载《朝阳法律评论》2011 年第 1 期。

19. 陈建旭：《日本证券法之操纵市场罪及其借鉴价值》，载《北方法学》2008 年第 2 期。

20. 李明良、陈洁：《证券市场操纵行为法律规制之国际比较研究——以民事法律责任为重点》，载《证券法苑》2009 年第 1 期。

21. 蔡奕：《我国台湾地区对证券市场操纵行为的法律界定与规制》，载《证券法苑》2010 年第 1 期。

22. 刘博：《完善操纵证券市场罪兜底条款的追诉标准》，载《人民检察》2010 年第 16 期。

23. 鞠曦明：《试论操纵证券市场罪中的"其他方法"》，载《犯罪研究》2010 年第 3 期。

24. 汤欣、高海涛：《操纵市场行政处罚案例全景观察》，载《证券法苑》2016 年第 2 期。

25. 徐瑶：《中国证监会 2016—2017 操纵市场案例综述》，载《法律与新金融》2017 年第 9 期。

26. 缪因知：《信息型操纵市场行为执法标准研究》，载《清华法学》2019 年第 6 期。

27. 缪因知:《利用信息优势操纵市场之执法案例解析》,载《金融法苑》2020 年第 1 期。

28. 王彦光:《做空报告监管的"南橘北枳"——论中国信息型操纵市场规则的建立》,载《金融法苑》2020 年第 2 期。

29. 张泽辰:《信息型操纵证券市场行为模式探究及风险防控——以大额持股变动与因果关系为视角》,载《法治研究》2020 年第 2 期。

30. 商浩文:《论信息型操纵证券市场犯罪的司法认定路径——以 2019 年"两高"最新司法解释切入》,载《法学》2020 年第 5 期。

31. 刘宪权:《操纵证券、期货市场罪司法解释的法理解读》,载《法商研究》2020 年第 1 期。

32. 谢杰:《市场操纵犯罪司法解释的反思与解构》,载《法学》2020 年第 1 期。

33. 徐文鸣、张玉美:《新〈证券法〉、程序化交易和市场操纵规制》,载《财经法学》2020 年第 3 期。

34. 缪因知:《操纵证券市场民事责任的适用疑难与制度缓进》,载《当代法学》2020 年第 4 期。

35. 金山、许建春、乔耀莹:《中国证券市场操纵行为研究——基于动态面板数据的实证分析》,载《广东金融学院学报》2010 年第 5 期。

36. 李志辉、王近、李梦雨:《中国股票市场操纵对市场流动性的影响研究——基于收盘价操纵行为的识别与监测》,载《金融研究》2018 年第 2 期。

37. 程啸:《论操纵市场行为及其民事赔偿责任》,载《法律科学(西北政法学院学报)》2001 年第 4 期。

38. 王忠、吴朝阳:《操纵证券市场若干问题研究》,载《国家检察官学院学报》2002 年第 4 期。

39. 程红星、王超:《跨市场操纵立法与监管研究》,载《证券法苑》2017 年第 4 期。

40. 王崇青:《"抢帽子"交易的刑法性质探析——以汪建中操纵证券市场案为视角》,载《政治与法律》2011 年第 1 期。

41. 左坚卫、张淑芬:《"抢帽子交易"型操纵证券市场罪研究》,载《法学杂志》2019 年第 6 期。

42. 谢贵春：《证券市场如何规制幌骗交易——以美国为例》，载《证券法苑》2017 年第 3 期。

43. 于莹：《论以连续交易的方式操纵证券市场价格罪》，载《法学家》2002 年第 6 期。

44. 于莹：《论以虚伪交易方式操纵证券市场》，载《国家检察官学院学报》2003 年第 5 期。

45. 王文海：《对操纵市场侵权损害赔偿的法律思考》，载《云南大学学报（法学版）》2002 年第 2 期。

46. 陈朝阳：《我国证券侵权民事责任归责分析——原则：立法与司法的冲突与协调》，载《西南政法大学学报》2003 年第 5 期。

47. 颜炳杰：《美国上市公司私有化相关法律问题》，载《北大法律评论》2008 年第 1 期。

48. 张保红：《论证券非公开发行制度的重构——以投资者规制为中心》，载《政治与法律》2015 年第 4 期。

49. 冯果：《金融法的"三足定理"及中国金融法制的变革》，载《法学》2011 年第 9 期。

50. 耿利航：《欺诈市场理论反思》，载《法学研究》2020 年第 6 期。

51. 田宏杰：《操纵证券市场行为的本质及其构成要素》，载《国家行政学院学报》2013 年第 3 期。

52. 刘宪权、林雨佳：《操纵证券、期货市场犯罪的本质与认定》，载《国家检察官学院学报》2018 年第 4 期。

53. 刘宪权、谢杰：《市场操纵犯罪的实质解构：法律与经济分析》，载《现代法学》2014 年第 6 期。

54. 张小妮、张宝山：《市场操纵行为的法律界定与规制比较研究》，载《西安交通大学学报（社会科学版）》2013 年第 3 期。

55. 张超、甘培忠：《市场操纵的规范解构和分析框架维度构建》，载《暨南学报（哲学社会科学版）》2019 年第 9 期。

56. 殷晓峰、牛广济：《中美资本市场反操纵监管比较及启示》，载《证券市场导报》2014 年第 4 期。

57. 刘畅：《美国 CFTC 防范商品期货市场操纵行为的做法与启示》，载《时代金融》2017 年第 14 期。

58. 顾功耘：《证券交易异常情况处置的制度完善》，载《中国法学》2012 年第 2 期。

59. 程红星、王超：《美国期货市场操纵行为认定研究》，载《期货及衍生品法律评论》2018 年。

60. 高海涛：《试论信息型操纵的违法性及防控对策》，载《证券法苑》2017 年第 4 期。

61. 程晓鸣、周文平：《首单操纵证券市场民事赔偿支持诉讼案件实践——基于"恒康医疗案"》，载《投资者》2019 年第 4 期。

62. 姜沇伯：《信息型操纵与虚假陈述异同》，载《中国金融》2020 年第 15 期。

63. 徐瑶：《鲜言何以遭证监会顶格处罚——详解鲜言案的四种市场操纵手段》，载《法律与新金融》2017 年第 3 期。

64. 张治红：《编造、传播虚假信息行政处罚案例综述》，载《法律与新金融》2018 年第 1 期。

65. 钟维：《欺诈理论与期货市场操纵二元规制体系》，载《清华法学》2021 年第 3 期。

66. 汤欣：《操纵市场行为的界定与〈证券法〉的修改建议》，载《中国金融》2004 年第 19 期。

67. 杜惟毅、张永开：《期货市场操纵行为的类型及认定标准研究》，载《证券法苑》2013 年第 2 期。

68. 彭祺：《高频交易监管制度的实然与应然——兼评〈证券期货市场程序化交易管理办法（征求意见稿）〉》，载《金融服务法评论》2019 年第 1 期。

69. 肖凯：《高频交易与操纵市场》，载《交大法学》2016 年第 2 期。

70. 商浩文：《美国首例"幌骗"型高频交易刑事定罪案及其借鉴》，载《华东政法大学学报》2019 年第 2 期。

71. 吴任恒：《证券期货高频交易中的市场操纵行为规制研究》，载《金融服务法评论》2019 年第 1 期。

72. 邢会强：《证券期货市场高频交易的法律监管框架研究》，载《中国法学》

2016 年第 5 期。

73. 吴任桓：《高频交易中的新型市场操纵行为认定研究》，载《法律与金融》编辑委员会组编：《法律与金融》（第四辑），法律出版社 2017 年版。

74. 刘春彦、林义涌：《欧盟反市场操纵制度的变革与启示》，载《德国研究》2021 年第 1 期。

75. 高承志等：《美国期货市场操纵相关立法沿革及实施效果研究》，载《证券法苑》2018 年第 1 期。

76. 吴凤云、赵静梅：《论市场操纵与反操纵——兼评我国证券市场操纵与反操纵现实》，载《河南金融管理干部学院学报》2000 年第 3 期。

77. 郑佳宁：《操纵证券市场行为法律认定标准的实证研究与再审视》，载《政法论丛》2016 年第 5 期。

78. 赵希：《论证券、期货市场新型操纵行为的刑法规制路径》，载《证券法苑》2018 年第 1 期。

79. 李菁等：《行为金融的投资收益率差异研究》，载《市场观察》2019 年第 9 期。

80. 闵豫南：《做市商制度与新三板市场流动性研究》，载《现代经济探讨》2020 年第 12 期。

81. 姜德华：《期货市场反操纵监管问题研究》，载《价格理论与实践》2020 年第 5 期。

82. 王天龙：《市场操纵犯罪与抢先交易行为的本质探讨——以高频撤单为视角》，载《商丘职业技术学院学报》2021 年第 6 期。

83. 张保华：《操纵市场行为的几个基本问题》，载《安徽大学学报》2005 年第 2 期。

84. 汤欣、高海涛：《证券市场操纵行为认定研究——行政处罚案例的视角》，载《当代法学》2016 年第 4 期。

85. 沈友耀、薛恒：《论高频交易操纵的规制路径》，载《现代经济探讨》2019 年第 7 期。

86. 李珍、夏中宝：《新〈证券法〉中操纵市场条款修订的得失评析》，载《金融理论与实践》2020 年第 7 期。

87. 吴崇林等：《洗售交易、机构投资者异质性与股票流动性》，载《中央财经大学学报》2022 年第 2 期。

88. 朱庆：《论股份回购与操纵市场的关联及其规制》，载《法律科学（西北政法大学学报）》2012 年第 3 期。

89. 刘沛佩：《市场操纵法律规制的监管难题与制度完善》，载《上海政法学院学报（政治论丛）》2017 年第 5 期。

三、案例

1. 《中国证监会行政处罚决定书（陈岑宇）》，〔2016〕70 号，2016 年 5 月 26 日发文。

2. 《中国证监会行政处罚决定书〔蝶彩资产管理（上海）有限公司、谢风华、阙文彬〕》，〔2017〕80 号，2017 年 8 月 10 日发文。

3. 杨绍辉与阙文彬、蝶彩资产管理（上海）有限公司证券纠纷一审民事判决书，（2018）川 01 民初 2728 号，2019 年 12 月 27 日审结。

4. 蝶彩资产管理（上海）股份有限公司与中国证监会其他一审行政判决书，（2018）京 01 行初 119 号，2018 年 12 月 20 日审结。

5. 《中国证监会行政处罚决定书（赵坚、楼金萍、朱攀峰）》，〔2019〕128 号，2019 年 11 月 18 日发文。

6. 《中国证监会行政处罚决定书（鲜言）》，〔2017〕29 号，2017 年 3 月 30 日发文。

7. 《中国证监会行政处罚决定书〔匹凸匹金融信息服务（上海）股份有限公司、鲜言〕》，〔2017〕51 号，2017 年 5 月 12 日发文。

8. 《中国证监会行政处罚决定书〔匹凸匹金融信息服务（上海）股份有限公司、鲜言〕》，〔2017〕52 号，2017 年 5 月 12 日发文。

9. 《中国证监会行政处罚决定书〔匹凸匹金融信息服务（上海）股份有限公司、鲜言〕》，〔2017〕53 号，2017 年 5 月 12 日发文。

10. 《中国证监会行政处罚决定书（邓晓波、邓悉源）》，（2011）4 号，2011 年 1 月 10 日发文。

11. 《中国证监会行政处罚决定书（王仕宏、陈杰）》，〔2018〕51 号，2018 年 7 月 4 日发文。

12. 《中国证监会行政处罚决定书（王法铜）》，〔2018〕104 号，2018 年 10 月 30 日发文。

13. 《中国证监会行政处罚决定书（袁渊）》，〔2021〕49 号，2021 年 7 月 2 日发文。

14. 《中国证监会行政处罚决定书（北京新华汇嘉投资管理有限公司、王卫东）》，〔2018〕118 号，2018 年 12 月 11 日发文。

15. 《中国证监会行政处罚决定书（福建道冲投资管理有限公司、李盛开、张秋丽）》，〔2019〕2 号，2019 年 1 月 18 日发文。

16. 《中国证监会行政处罚决定书（郑领滨）》，〔2018〕127 号，2018 年 12 月 28 日发文。

17. 《中国证监会行政处罚决定书（张建雄）》，〔2009〕15 号，2009 年 4 月 30 日发文。

18. 《中国证监会行政处罚决定书（广州穗富投资管理有限公司、易向军、周岭松）》，〔2016〕77 号，2016 年 6 月 6 日发文。

19. 《中国证监会行政处罚决定书（苏颜翔）》，〔2014〕12 号，2014 年 1 月 15 日发文。

20. 《中国证监会行政处罚决定书（赵清波、赵波林）》，〔2014〕3 号，2014 年 1 月 7 日发文。

21. 《中国证监会行政处罚决定书（何思模）》，〔2018〕36 号，2018 年 5 月 24 日发文。

22. 《中国证监会行政处罚决定书（孟庆山、杨慧兴）》，〔2020〕93 号，2020 年 11 月 2 日发文。

23. 《中国证监会行政处罚决定书（汪建中）》，〔2008〕42 号，2008 年 10 月 23 日发文。

24. 《中国证监会行政处罚决定书（新理益集团、刘益谦、薛飞）》，〔2011〕44 号，2011 年 10 月 8 日发文。

25. 《中国证监会行政处罚决定书（海南大印集团有限公司、海南龙盘园农业投资有限公司、海南万嘉实业有限公司等 6 名责任人）》，〔2013〕67 号，2013 年 12 月 10 日发文。

26. 《中国证监会行政处罚决定书（陈玉憬）》，〔2012〕41 号，2012 年 8 月

28 日发文。

27. 《中国证监会行政处罚决定书（姜为）》，〔2015〕31 号，2015 年 9 月 16 日发文。

28. 《中国证监会行政处罚决定书（浙江恒逸集团有限公司、楼翔）》，〔2014〕41 号，2014 年 4 月 29 日发文。

29. 《中国证监会行政处罚决定书（福建卫东投资集团有限公司、卞友苏、邱一希）》，〔2018〕23 号，2018 年 4 月 3 日发文。

30. 《中国证监会行政处罚决定书（刘坚）》，〔2018〕108 号，2018 年 11 月 13 日发文。

四、网址及其他

1. 《最高人民法院、最高人民检察院关于办理操纵证券、期货市场刑事案件适用法律若干问题的解释》，法释〔2019〕9 号，2019 年 6 月 27 日发布。

2. 《中国证券监督管理委员会关于印发〈证券市场操纵行为认定指引（试行）〉及〈证券市场内幕交易行为认定指引（试行）〉的通知》，证监稽查字〔2007〕1 号，2007 年 3 月 27 日发布。

3. 《最高人民法院关于审理证券市场虚假陈述侵权民事赔偿案件的若干规定》，法释〔2022〕2 号，2022 年 1 月 21 日发布。

4. 《最高人民检察院、公安部关于公安机关管辖的刑事案件立案追诉标准的规定（二）》，公通字〔2022〕12 号，2022 年 4 月 6 日发布。

5. 《上海证券交易所证券异常交易实时监控细则》，上证发〔2018〕62 号，2018 年 8 月 6 日发布。

6. 《中国金融期货交易所违规违约处理办法》，中金所发〔2021〕58 号，2021 年 11 月 19 日发布。

7. 《深圳证券交易所关于可转换公司债券程序化交易报告工作有关事项的通知》，深证上〔2021〕179 号，2021 年 2 月 5 日发布。

8. 杜卿卿：《A 股最大"盘后票"团伙落网！主犯吴承泽被判 19 年，操纵罪刑期超过徐翔》，载 https://www.yicai.com/brief/101176262.html，最后访问日期：2022 年 3 月 12 日。

9. 《证监会通报近年来市场操纵案件的执法工作情况》，载 http://www. cs-rc. gov. cn/pub/newsite/jcj/gzdt/201410/t20141031_ 262775. html，最后访问日期：2025 年 1 月 9 日。
10. 《集合竞价下，操纵股价仍在发生，新三板二级市场还有救么?》载 ht-tps://www. sohu. com/a/232758806_ 505254，最后访问日期：2022 年 3 月 2 日。

五、外文资料

（一）外文著作

Emilios E. Avgouleas, *The Mechanics and Regulation of Market Abuse: A Legal and Economic Analysis*, Oxford University Press (2005).

（二）外文期刊

1. Knepper, Zachary T. , "Future-Priced Convertible Securities & the Outlook for 'Death Spiral' Securities-Fraud Litigation", *Whittier Law Review*, Vol. 26, p. 359 (2004).
2. Kelliher, Joseph T. , "Market Manipulation, Market Power, and the Authority of the Federal Energy Regulatory Commission", *The Energy Law Journal*, Vol. 26, p. 1 (2005).
3. Donald, David C. , "Regulating Market Manipulation Through an Understanding of Price Creation", *National Taiwan University Law Review*, Vol. 6, p. 55 (2011).
4. Fox, Merritt B. , Glosten, Lawrence R. and Rauterberg, Gabriel V. , "Stock Market Manipulation and Its Regulation", *Yale Journal on Regulation*, Vol. 35, p. 67 (2018).
5. Anabtawi, Iman and Schwarcz, Steven L. , "Regulating Ex Post: How Law Can Address the Inevitability of Financial Failure", *Texas Law Review*, Vol. 92, p. 75 (2013).
6. Langevoort, Donald C. , "Managing the 'Expectations Gap' in Investor Protec-tion: The SEC and the Post-Enron Reform Agenda", *Villanova Law Review*, Vol. 48, p. 1139 (2003).

7. Schwarcz, Steven L. , "Systemic Risk", *The Georgetown Law Journal*, Vol. 97, p. 193, p. 204 (2008).

8. Burton, Steven J. , "Breach of Contract and the Common Law Duty to Perform in Good Faith", *Harvard Law Review*, Vol. 94, p. 369 (1980).

9. Korsmo, Charles R. , "High-Frequency Trading: A Regulatory Strategy", *University of Richmond Law Review*, Vol. 48, p. 538 (2014).

10. Keller, Andrew J. , "Robocops: Regulating High Frequency Trading After the Flash Crash of 2010", *Ohio State Law Journal*, Vol. 73, p. 1459 (2012).

11. Fletcher, Gina-Gail, "Legitimate Yet Manipulative: The Conundrum of Open-Market Manipulation", *Duke Law Journal*, Vol. 68, p. 479 (2018).

12. Lin, Tom C. W. , "The New Market Manipulation", *Emory Law Journal*, Vol. 66, p. 1253 (2017).

13. Dolgopolov, Stanislav, "The Doctrinal Quandary of Manipulative Practices in Securities Markets: Artificial Pricing, Price Discovery, and Liquidity Provision", *The Journal of Corporation Law*, Vol. 45, p. 145 (2019).

14. Slemmer, Daniel W. , "Artificial Intelligence & Artificial Prices: Safeguarding Securities Markets from Manipulation by Non-Human Actors", *Brooklyn Journal of Corporate, Financial & Commercial Law*, Vol. 14, p. 149 (2019).

15. Mark, Gideon, "Spoofing and Layering", *The Journal of Corporation Law*, Vol. 45, p. 399 (2020).

16. Haft, Robert J. , "The Effect of Insider Trading Rules on the Internal Efficiency of the Large Corporation", *Michigan Law Review*, Vol. 80, p. 1051 (1982).

17. Amihud, Yakov and Mendelson, Haim, "Asset Pricing and the Bid-Ask Spread", *Journal of Financial Economics*, Vol. 17, p. 223 (1986).

18. Amihud, Yakov and Mendelson, Haim, "Liquidity and Asset Prices: Financial Management Implications", *Financial Management*, Vol. 17, p. 5 (1988).

19. Kahan, Marcel, "Securities Laws and the Social Costs of Inaccurate Stock Prices", *Duke Law Journal*, Vol. 41, p. 987 (1992).

20. Glosten, Lawrence R. and Milgrom, Paul R. , "Bid, Ask and Transaction Prices in a Specialist Market with Heterogeneously Informed Traders", *Journal of Fi-*

nancial Economics, Vol. 14, p. 71 (1985).

21. Easterbrook, Frank H., "Monopoly, Manipulation, and the Regulation of Futures Markets", *The Journal of Business*, Vol. 59, p. 103 (1986).

22. Fischel, Daniel R. and Ross, David J., "Should the Law Prohibit 'Manipulation' in Financial Markets?" *Harvard Law Review*, Vol. 105, p. 503 (1991).

23. Poser, Norman S., "Stock Market Manipulation and Corporate Control Transactions", *University of Miami Law Review*, Vol. 40, p. 691 (1986).

24. Thel, Steve, "Regulation of Manipulation Under Section 10 (b): Security Prices and the Text of the Securities Exchange Act of 1934", *Columbia Business Law Review*, Vol. 1988, pp. 362–382 (1988).

25. Stoll, Hans R., "The Supply of Dealer Services in Securities Markets", *The Journal of Finance*, Vol. 33, p. 1133 (1978).

26. Coffee, John C., "Introduction: Mapping the Future of Insider Trading Law: Of Boundaries, Gaps, and Strategies", *Columbia Business Law Review*, Vol. 2013, p. 289 (2013).

27. Harris, Lawrence, "A Transaction Data Study of Weekly and Intradaily Patterns in Stock Returns", *Journal of Financial Economics*, Vol. 16, p. 112 (1986).

28. Edwards, Linda N. and Edwards, Franklin R., "A Legal and Economic Analysis of Manipulation in Futures Markets", *The Journal of Futures Markets*, Vol. 4, p. 359 (1984).

29. Friedman, Richard D., "Stalking the Squeeze: Understanding Commodities Market Manipulation", *Michigan Law Review*, Vol. 89, p. 35 (1990).

30. Grossman, Sanford, "On the Efficiency of Competitive Stock Markets Where Trades Have Diverse Information", *The Journal of Finance*, Vol. 31, p. 585 (1976).

31. Fox, Merritt B., Glosten, Lawrence R. and Rauterberg, Gabriel V., "Informed Trading and Its Regulation", *The Journal of Corporation Law*, Vol. 43, p. 817 (2018).

32. Allen, Franklin and Gale, Douglas, "Stock-Price Manipulation", *The Review of Financial Studies*, Vol. 5, p. 505 (1992).

33. Hillion, Pierre and Vermaelen, Theo, "Death Spiral Convertibles", *Journal of*

Financial Economics, Vol. 71, p. 381 (2004).

34. Multer, Maxwell K., "Open-Market Manipulation Under SEC Rule l0b-5 and Its Analogues: Inappropriate Distinctions, Judicial Disagreement and Case Study: FERC's Anti-Manipulation Rule", *Securities Regulation Law Journal*, Vol. 39, p. 102 (2011).

35. Evans, Matthew, "Regulating Electricity-Market Manipulation: A Proposal for a New Regulatory Regime to Proscribe All Forms of Manipulation", *Michigan Law Review*, Vol. 113, p. 601 (2015).

36. Kyle, A. S. and Viswanathan, S., "How to Define Illegal Price Manipulation", *The American Economic Review*, Vol. 98, p. 274 (2008).

37. Lower, Robert C., "Disruptions of the Futures Market: A Comment on Dealing with Market Manipulation", *Yale Journal on Regulation*, Vol. 8, p. 392 (1991).

38. Nelemans, Matthijs, "Redefining Trade-Based Market Manipulation", *Valparaiso University Law Review*, Vol. 42, p. 1169 (2008).

39. Putnins, Talis J., "Market Manipulation: A Survey", *Journal of Economic Surveys*, Vol. 26, p. 953 (2012).

40. Thompson, Robert B. and Sale, Hillary A., "Securities Fraud as Corporate Governance: Reflections upon Federalism", *Vanderbilt Law Review*, Vol. 56, p. 872 (2003).

41. McDermott, Edward T., "Defining Manipulation in Commodity Futures Trading: The Futures 'Squeeze'", *Northwestern University Law Review*, Vol. 74, p. 205 (1979).

42. McCabe, Lawrence Damian, "Puppet Masters of Marionettes: Is Program Trading Maniuplative as Defined by the Securities Exchange Act of 1934", *Fordham Law Review*, Vol. 61, p. 223 (1993).

43. Sale, Hillary A. and Langevoort, Donald C., "'We Believe': Omnicare, Legal Risk Disclosure and Corporate Governance", *Duke Law Journal*, Vol. 66, p. 785 (2016).

44. Bratton, William W. and Wachter, Michael L., "Shareholders and Social Welfare", *Seattle University Law Review*, Vol. 36, p. 498 (2013).

45. Pirrong, Craig, "Energy Market Manipulation: Definition, Diagnosis, and Deterrence", *The Energy Law Journal*, Vol. 31, p. 4 (2010).

46. Bratton, William W. and Levitin, Adam J. , "A Transactional Genealogy of Scandal: From Michael Milken to Enron to Goldman Sachs", *Southern California Law Review*, Vol. 86, p. 815 (2013).

47. Stout, Lynn A. , "Derivatives and the Legal Origin of the 2008 Credit Crisis", *Harvard Business Law Review*, Vol. 1, p. 6 (2011).

48. Batista, Edwin, "A Shot in the Dark: An Analysis of the SEC's Response to the Rise of Dark Pools", *The Journal of High Technology Law*, Vol. 14, p. 84 (2014).

49. Markham, Jerry W. , " 'Front-Running' —Insider Trading Under the Commodity Exchange Act", *Catholic University Law Review*, Vol. 38, p. 70 (1988).

50. Goodman, Nina Swift, "Trading in Commodity Futures Using Nonpublic Information", *Georgetown Law Journal*, Vol. 73, p. 127 (1984).

51. Brown-Hruska, Sharon and Zwirb, Robert S. , "Legal Clarity and Regulatory Discretion—Exploring the Law and Economics of Insider Trading in Derivatives Markets", *Capital Markets Law Journal*, Vol. 2, p. 254 (2007).

52. Powers, Colleen, "Filling the Regulatory Void in the FX Spot Market: How Traders Rigged the Biggest Market in the World", *Fordham Urban Law Journal*, Vol. 43, p. 163 (2016).

53. Perdue, Wendy Collins, "Manipulation of Futures Markets: Redefining the Offense", *Fordham Law Review*, Vol. 56, p. 367 (1987).

54. Haeberle, Kevin S. and Henderson, M. Todd, "Information-Dissemination Law: The Regulation of How Market-Moving Information Is Revealed", *Cornell Law Review*, Vol. 101, p. 1429 (2016).

55. Darley, John M. and Pittman, Thane S. , "The Psychology of Compensatory and Retributive Justice", *Personality & Social Psychology Review*, Vol. 7, p. 325 (2003).

56. Scopino, Gregory, "The (Questionable) Legality of High-Speed 'Pinging' and 'Front Running' in the Futures Market", *Connecticut Law Review*, Vol. 47,

p. 607（2015）.

57. Patterson, Scott, "Dark Pools: High-Speed Traders, A. I. Bandits, and the Threat to the Global Financial System", *Canadian Business*, Vol. 85, p. 68 （2012）.

58. Choi, Stephen J. , "Selective Disclosures in the Public Capital Markets", *UC Davis Law Review*, Vol. 35, p. 551（2002）.

59. Langevoort, Donald C. , "'Fine Distinctions' in the Contemporary Law of Insider Trading", *Columbia Business Law Review*, Vol. 2013, p. 459（2013）.

60. Langevoort, Donald C. , "Setting the Agenda for Legislative Reform: Some Fallacies, Anomalies, and Other Curiosities in the Prevailing Law of Insider Trading", *Alabama Law Review*, Vol. 39, p. 402（1988）.

61. Crimmins, Stephen J. , "Insider Trading: Where Is the Line?" *Columbia Business Law Review*, Vol. 2013, p. 330（2013）.

62. Bondi, Bradley J. and Lofchie, Steven D. , "The Law of Insider Trading: Legal Theories, Common Defenses, and Best Practices for Ensuring Compliance", *NYU Journal of Law & Business*, Vol. 8, p. 158（2011）.

63. Abrantes-Metz, Rosa M. , Rauterberg, Gabriel and Verstein, Andrew, "Revolution in Manipulation Law: The New CFTC Rules and the Urgent Need for Economic and Empirical Analyses", *University of Pennsylvania Journal of Business Law*, Vol. 15, p. 357（2013）.

64. Aggarwal, Rajesh and Guojun Wu, "Stock Market Manipulations", *The Journal of Business*, Vol. 79, p. 1916（2006）.

65. Peck, James and Shell, Karl, "Liquid Markets and Competition", *Games and Economic Behavior*, Vol. 2, p. 363（1990）.

66. Rauterberg, Gabriel V. and Verstein, Andrew, "Index Theory: The Law, Promise and Failure of Financial Indices", *Yale Journal on Regulation*, Vol. 30, p. 1 （2013）.

67. Verstein, Andrew, "Benchmark Manipulation", *Boston College Law Review*, Vol. 56, p. 215（2015）.

68. McGee, Robert W. , "Applying Ethics to Insider Trading", *Journal of Business*

Ethics, Vol. 77, p. 210 (2008).

69. Fisch, Jill E. , Gelbach, Jonah B. and Klick, Jonathan M. , "The Logic and Limits of Event Studies in Securities Fraud Litigation", *Texas Law Review*, Vol. 2018, p. 560 (2018).

70. Baoling SUN, "An Empirical Analysis of Regulation on Open-Market Manipulation in China: An Effect-Based Approach", *US-China Law Review*, Vol. 18, p. 109 (2021).

71. Goshen, Zohar and Parchomovsky, Gideon, "The Essential Role of Securities Regulation", *Duke Law Journal*, Vol. 55, p. 711 (2006).

72. Sar, Meric, "A Regulatory Retreat: Energy Market Exemption from Private Anti-Manipulation Actions Under the Commodity Exchange Act", *Fordham Journal of Corporate and Financial Law*, Vol. 22, p. 605 (2017).

（三）外文案例

1. City of Providence v. BATS Glob. Mkts. , Inc. , 878 F. 3d 36 (2d Cir. 2017).

2. Cargill, Inc. v. Hardin, 452 F. 2d 1154 (8th Cir. 1971), cert. denied, 406 U. S. 932 (1972).

3. Santa Fe Indus. , Inc. v. Green, 430 U. S. 462 (1977).

4. Ernst & Ernst v. Hochfelder, 425 U. S. 185 (1976).

5. United States v. GAF Corp. , 928 F. 2d 1253 (2d Cir. 1991).

6. United States v. Milken, 759 F. Supp. 109 (S. D. N. Y. 1990).

7. The Federal Corp. , 25 S. E. C. , 230.

8. Chiarella v. United States, 445 U. S. 222 (1980).

9. Anchorbank, FSB v. Hofer, 649 F. 3d 610 (7th Cir. 2011).

10. GFL Advantage Fund, Ltd. v. Colkitt, 272 F. 3d 189 (3d Cir. 2001).

11. United States v. Mulheren, 938 F. 2d 364 (2d Cir. 1991).

12. Fezzani v. Bear, Stearns & Co. , 777 F. 3d 566 (2d Cir. 2015).

13. Koch v. SEC, 793 F. 3d 147 (D. C. Cir. 2015), cert. denied, 136 S. Ct. 1492 (2016).

14. Scott v. Brown, Doering, McNab & Co. , (1892) 2 Q. B. 724.

15. R. v. Aspinall (1876) 2 Q. B. D. 48.

16. Ralph W. Moore, 9 Agri. Dec. 1299 (1950).

17. CFTC v. Kraft Foods Grp. , Inc. , 153 F. Supp. 3d 996 (N. D. Il. 2015).

18. ScripsAmerica, Inc. v. Ironridge Global LLC, 56 F. Supp. 3d 1121 (C. D. Cal. 2014).

19. Nanopierce Techs. , Inc. v. Southridge Cap. Mgmt. LLC. , No. 02 Civ. 0767 LBS, 2002 WL 31819207, 2 (S. D. N. Y. Oct. 10, 2002).

20. In re Coll. Bound Consol. Lit. , Nos. 93 Civ. 2348 (MBM), 94 Civ. 3033 (MBM), 1995 WL 450486 (S. D. N. Y. July 31, 1995).

21. Markowski v. SEC, 274 F. 3d 525 (D. C. Cir. 2001).

22. SEC v. Masri, 523 F. Supp. 2d 361 (S. D. N. Y. 2007).

23. CFTC v. Amaranth Advisors, L. L. C. , 554 F. Supp. 2d 523 (S. D. N. Y. 2008).

24. Jacobellis v. Ohio, 378 U. S. 184 (1964).

25. In re Gelber Grp. , LLC, CFTC Docket No. 13-15, 2013 WL 525839 (C. F. T. C. Feb. 8, 2013).

26. United States v. Chiarella, 588 F. 2d 1358 (2d Cir. 1978).

27. United States v. Coscia, 177 F. Supp. 3d 1087 (2016).

28. Trillium Brokerage Servs. , LLC, Letter of Acceptance, Waiver and Consent No. 20070076782-01 (FINRA, Sept. 13, 2010).

29. CFTC v. Moncada, No. 12 Civ. 8791, 2014 WL 2945793 (S. D. N. Y. Dec. 4, 2012).

30. In re Gelber Grp. , 2013 WL 525839.

31. In re Bunge GlobalMlas. , 2011 WL 1099346.

（四）外文网址及其他

1. Regulation (EU) No 596/2014 of the European Parliament and of the Council of 16 April 2014 on market abuse (market abuse regulation) and repealing Directive 2003/6/EC of the European Parliament and of the Council and Commission Directives 2003/124/EC, 2003/125/EC and 2004/72/EC.

2. Clark-Joseph, Adam D. , "Exploratory Trading (Working Paper, 2013) ", available at http://www. nanex. net/aqck2/4136/exploratorytrading. pdf (http://per-

ma. cc/TFH4-VQE8），last visited on 2022-3-12.

3. International Organization of Securities Commissions：Investigating and Prosecuting Market Manipulation, Report of the Technical Committee of the International Organization of Securities Commissions, May 2000.

4. "CFTC Charges U. K. Resident Navinder Singh Sarao and His Company Nav Sarao Futures Limited PLC with Price Manipulation and Spoofing", available at http://www/ cftc. gov/PressRoom/PressRelesases/pr7156 - 15, last visited on 2022 - 3-12.

5. Irwin, Scott H. and Sanders, Dwight R. , "The Impact of Index and Swap Funds on Commodity Futures Markets 6 - 7 (OECD, Food, Agriculture and Fisheries Working Paper No. 27, 2010) ", available at http://www. oecd. org/trade/agricultural - trade/5534528. pdf (https：/perma. cc/WX5H - MNZD), last visited on 2022-3-12.

6. Langevoort, Donald C. , "What Were They Thinking? Insider Trading and the Scienter Requirement", in Stephen Bainbridge ed. , *Research Handbook on Insider Trading*, Edward Elgar Publishing Ltd. , 2013.

7. Elliott, Douglas J. , "Market Liquidity：A Primer", available at https://www. brookings. edu/wp-content/uploads/2016/07/Market-Liquidity. pdf, last visited on 2022-3-12.

8. SEC, "Statement of Securities and Exchange Commission Concerning Short Selling and Issuer Stock Repurchases", available at http://www. sec. gov/news/press/2008/2008-235. htm (https://perma. cc/TG77-V8W7), last visited on 2022-3-12.

9. Geiger, Keri and Mamudi, Sam, "High-Speed Trading Said to Faces N. Y. Probe into Fairness", available at http://www. bloomberg. com/news/2014 - 03 - 18/high-speed-trading-said-to-face-n-y-probe-into- faimess. html, last visited on 2022-3-12.

10. Barr, Colin, "Vanguard Dethrones Fidelity", available at http://finance. fortune. cnn. com/2010/09/30/vanguard-dethrones-fidelity, last visited on 2022-3-12.

11. Coffee, John C. , Jr. , "Bail-Ins Versus Bail-Outs：Using Contingent Capital to

Mitigate Systemic Risk", available at http://ssrn. com/abstract = 1858626, last visited on 2022-3-12.

12. Popper, Nathaniel, "High-Speed Trading No Longer Hurtling Forward", *The N. Y. Times*, Oct. 14, 2012.

13. JPMorgan Chase & Co. , Annual Report (Form 10-K) (Feb. 28, 2013).

14. Zweig, Jason, "Staying Calm in a World of Dark Pools, Dark Doings", *Wall Street Journal*, Oct. 24, 2009.